RENDEZ-VOUS

FRANÇAIS • 1er cycle du secondaire

Carole Tremblay

RECUEIL DE TEXTES B

GRAFICOR

CHENELIÈRE ÉDUCATION

RENDEZ-VOUS
Français, 1er cycle du secondaire

Recueil de textes B

Carole Tremblay

© 2006 Les Éditions de la Chenelière inc.

Direction de la collection : Ginette Lambert
Édition : Ginette Létourneau
Coordination : Ginette Duphily et Maïe Fortin
Révision linguistique : André Duchemin et Ginette Duphily
Correction d'épreuves : Michèle Levert et André Duchemin
Direction artistique et mise en pages : Valérie Deltour
Recherche de textes : Caroline Ricard
Recherche iconographique et demandes de droits :
    Marie-Chantal Laforge assistée de Christine Guilledroit
Impression : Imprimeries Transcontinental

Illustrations

(b.)= bas, (a.p.)= arrière-plan, (p.p.)= premier plan.

Christine Battuz : p. 57 à 59, 111, 170 à 172, 235.

Stéphane Bourrelle : p. 83, 150-151.

Roselyne Cazazian : p. 84 à 86, 164-165, 190 à 193.

Christine Delezenne : p. 15 à 19, 36 à 41, 60 à 63,
    74 à 76, 120 à 123, 124-125, 148, 155, 160 à 163,
    194 à 199, 206-207 (a.p.), 221 à 223, 226 à 228,
    230 à 234 (a.p.).

Élizabeth Eudes-Pascal : p. 208.

Frefon : p. 28-29, 134.

Vincent Gagnon : p. 8-9, 65 à 69, 70 à 71, 87, 94 à 96,
    107 à 110, 136-137 (a.p.), 145 à 147, 157 à 159, 188,
    210 à 213 (bordure), 218 à 220, 242, 244-245.

Philippe Germain : p. 136-137 (p.p.), 140-141, 246.

Stéphane Jorisch : p. 50, 97, 129 à 132, 149, 183 à 185,
    209 à 213, 214.

Dany Lavoie : p. 144, 178-179.

Alain Massicotte : p. 30, 32.

Gabriel Morrissette : p. 78, 80, 142-143, 173 à 175.

Ninon Pelletier : p. 64, 92-93, 106, 156.

PeruBros : p. 77, 99 à 101, 181-182, 248 à 251.

Bruce Roberts : p. 229.

Éric Thériault : p. 10 à 14, 44 à 46, 88 à 91, 126 à 128,
    152-153, 154 à 158 (b.), 176-177, 186-187, 202 à 205.

Jean-François Vachon : p. 22 à 27, 51 à 53, 112 à 117,
    206 (p.p.), 215 à 217.

Anne Villeneuve : p. 154.

GRAFICOR

CHENELIÈRE ÉDUCATION

7001, boul. Saint-Laurent
Montréal (Québec)
Canada H2S 3E3
Téléphone : (514) 273-1066
Télécopieur : (514) 276-0324
info@cheneliere.ca

ISBN 978-2-7652-0032-1

Dépôt légal : 2e trimestre 2006
Bibliothèque et Archives nationales du Québec
Bibliothèque et Archives Canada

Imprimé au Canada

3 4 5 6 ITIB 10 09 08 07

Nous reconnaissons l'aide financière du gouvernement du Canada par l'entremise du Programme d'aide au développement de l'industrie de l'édition (PADIÉ) pour nos activités d'édition.

Gouvernement du Québec – Programme de crédit d'impôt pour l'édition de livres – Gestion SODEC.

DANGER
LE PHOTOCOPILLAGE TUE LE LIVRE

TABLE DES MATIÈRES

MYSTÈRE ET BOULE

Là-bas, une porte entrouverte...
Derrière cette porte, il y a...
une énigme à résoudre
avec indices et fausses pistes.
Comment y arriver ?
Élémentaire, mon cher Watson !

Là-bas, une porte entrouverte...
Derrière cette porte, il y a...
une information à trouver,
des secrets à percer.
Comment s'y prendre ?
Ouvrez l'œil !

DE GOMME !

Miss Marple est une vieille demoiselle dotée d'un grand sens de l'observation et d'un esprit vif. Devant un auditoire composé de vieux amis, elle raconte comment elle a réussi à résoudre une intrigue criminelle.

MISS MARPLE au CLUB DU MARDI

« La cuisinière et la bonne avaient toutes les deux prétendu que le mourant avait parlé de poisson. J'étais convaincue maintenant, absolument convaincue qu'il fallait chercher dans ces
5 propos la solution du mystère. Je rentrai décidée à aller au fond des choses.

Avez-vous jamais remarqué, poursuivit miss Marple après un temps de réflexion, combien nous sommes conditionnés par ce qu'on appelle,
10 je crois, le contexte ? Si vous parlez de temps, selon les circonstances, l'un pensera que vous parlez du temps qui passe, l'autre du temps qu'il fait, un troisième de tant, d'une quantité. Ainsi, quand nous rapportons une conversation, en règle
15 générale nous ne rapportons pas les paroles exactes. Nous employons d'autres mots qui nous semblent signifier la même chose.

J'interrogeai séparément la cuisinière et Dorothy. Je demandai à la cuisinière si elle était
20 sûre que son maître avait bien parlé d'un tas de poissons. Elle me répondit qu'elle en était tout à fait sûre.

— Ce sont ses paroles exactes ou a-t-il mentionné une espèce particulière de poisson ?

25 — C'est ça, dit la cuisinière, c'était une espèce particulière de poisson mais je ne me rappelle pas laquelle. Un tas de — mais de quoi ? Pas de ces poissons qu'on met sur la table. Des perches ? Des plies ? Non, cela ne commençait pas par un P.

30 Dorothy se souvint aussi que son maître avait mentionné un poisson précis: un poisson plutôt exotique. Une pile de… De quoi, déjà?

— A-t-il dit une pile ou un tas?

— Une pile, je crois. Mais je n'en suis pas
35 sûre. C'est si difficile de se rappeler les mots exacts, mademoiselle, surtout quand ils n'ont aucun sens. Pourtant, plus j'y pense, plus je jurerais qu'il a dit une pile, et que le poisson commençait par un C. Mais ce n'était ni carrelet ni colin.

40 La suite, c'est ce dont je suis le plus fière, dit miss Marple, parce que, bien sûr, j'ignore tout des médicaments. […] Mais je savais qu'il se trouvait dans la maison divers ouvrages de médecine, dont l'un renfermait un index des principaux
45 remèdes. Voyez-vous, j'avais dans l'idée que Geoffrey avait dû avaler un certain poison et qu'il avait essayé de dire lequel.

Je commençai par la lettre C, mais rien ne paraissait convenir. Je passai alors à la lettre P, et
50 presque immédiatement je tombai sur… sur quoi, à votre avis?»

Elle regarda autour d'elle, retardant l'heure de son triomphe.

«Pilocarpine! Figurez-vous un homme qui
55 peut à peine parler, essayant de s'arracher ce mot! Comment sonnerait-il aux oreilles d'une cuisinière qui ne l'a jamais entendu? Est-ce que cela ne ressemblerait pas à une "pile de carpes"?

— Grands dieux! s'écria sir Henry.

60 — Je n'aurais jamais pensé à ça, dit le révérend Pender.

— Très intéressant! Vraiment très intéressant, reconnut Mr Petherick.

Je consultai aussitôt la page indiquée dans
65 l'index. Je lus l'article consacré à la pilocarpine et à ses effets sur les yeux, et bien d'autres choses qui n'avaient aucun rapport avec l'affaire, quand je tombai enfin sur une phrase décisive: *A été employée avec succès comme antidote dans les cas d'em-*
70 *poisonnement par atropine.*»

Agatha Christie, *Miss Marple au club du mardi*,
© Éditions du masque.
© Librairie des Champs-Élysées, 1991, pour la
nouvelle traduction française, p. 97 à 99.

Agatha Christie

Les romans policiers d'Agatha Christie (1891-1976) comptent parmi les plus grands succès littéraires du 20ᵉ siècle. C'est en 1926 que cette écrivaine britannique devient célèbre grâce au roman *Le meurtre de Roger Ackroyd*.

Elle crée également deux illustres détectives: Hercule Poirot et miss Marple. Ces deux enquêteurs réussissent à résoudre des intrigues complexes et à déjouer les plus adroites machinations.

Doigt de poussière

Cette nuit-là — où tout commença et où tant de choses changèrent pour tou-jours —, Meggie avait glissé un de ses livres préférés sous son oreiller et comme la pluie l'empêchait de dormir, elle se redressa, se frotta les yeux pour en chasser la fatigue et attrapa le livre. Quand elle l'ouvrit, le froissement des pages fut comme
5 une promesse. Meggie trouvait que ce premier murmure était différent pour chaque livre, selon qu'elle en connut déjà l'histoire ou non. Maintenant, il lui fallait de la lumière. Elle avait caché une boîte d'allumettes dans le tiroir de sa table de nuit. Mo lui avait défendu d'allumer des bougies la nuit. Il n'aimait pas le feu.

— Le feu dévore les livres, disait-il, mais enfin, Meggie avait douze ans et elle
10 était en âge de faire attention.

Meggie adorait lire à la lueur de la bougie. Sur le rebord de sa fenêtre, elle avait trois photophores et trois chandeliers. Elle était justement en train de maintenir son allumette allumée au-dessus d'une des mèches noires lorsqu'elle entendit les pas dehors. Inquiète, elle souffla l'allumette — des années plus tard, elle s'en souvenait
15 parfaitement! — et regarda dehors. C'est alors qu'elle le vit.

La nuit pâlissait sous la pluie et l'inconnu n'était guère plus qu'une ombre. Seul son visage, tourné vers la maison, était éclairé. Ses cheveux étaient collés sur son front trempé. La pluie ruisselait sur lui, mais il n'y prenait pas garde. Il était immo-bile, les bras serrés contre la poitrine comme s'il voulait se réchauffer, au moins un
20 peu. Il regardait fixement la maison.

Il faut que je réveille Mo! songea Meggie. Mais elle resta assise, le cœur battant, scrutant la nuit comme si l'inconnu lui avait communiqué son immobilité. Soudain, il tourna la tête et Meggie eut l'impression qu'il la regardait droit dans les yeux. Elle sauta de son lit, si vite que le livre ouvert tomba par terre. Pieds nus, elle se pré-
25 cipita dans le couloir sombre. Il faisait frais dans la vieille maison, bien que l'on fût déjà fin mai.

Dans la chambre de Mo, la lumière était allumée. Il restait souvent éveillé très tard et lisait. Meggie avait hérité de lui sa passion des livres. Quand elle avait fait un cauchemar et qu'elle venait se réfugier près de lui, rien ne l'aidait mieux à s'en-
30 dormir que la respiration régulière de Mo et le bruit des pages qu'il tournait. Rien ne chassait mieux les mauvais rêves que le froissement du papier imprimé.

Mais la silhouette devant la maison n'était pas un rêve.

Le livre que Mo lisait cette nuit-là avait une couverture en lin bleu pâle. De cela aussi, Meggie se souviendrait plus tard. Tant de choses sans importance restent
35 fixées dans la mémoire!

— Mo, il y a quelqu'un dans la cour!

Son père leva la tête et la regarda, l'air absent, comme toujours quand elle l'in-terrompait au milieu de sa lecture. Il lui fallait un petit moment avant de revenir de l'autre monde, de ce labyrinthe de lettres.

40 — Il y a quelqu'un? Tu es sûre?

— Oui. Il regarde notre maison.

Mo reposa son livre.

— Qu'est-ce que tu as lu avant de t'endormir ? *Dr. Jekyll et Mr. Hyde* ?

Meggie fronça le front.

45 — S'il te plaît, Mo ! Viens avec moi.

Il ne la croyait pas mais il la suivit. Meggie le tirait derrière elle avec tant d'impatience qu'il trébucha contre une pile de livres.

Contre quoi d'autre aurait-il pu trébucher ? Dans cette maison, les livres s'amoncelaient partout. Il n'y en avait pas seulement sur les étagères comme chez les
50 autres gens, non, ils s'entassaient sous les tables, sur les chaises, dans les coins. Il y en avait dans la cuisine et dans les toilettes, sur le téléviseur et dans la penderie, de petits tas, de grands tas, des livres volumineux, des minces, des vieux, des neufs… Ils accueillaient Meggie avec leurs pages grandes ouvertes sur la table du petit déjeuner, ils chassaient l'ennui des jours gris… et parfois, ils vous faisaient trébucher.

55 — Il est planté là, sans bouger ! chuchota Meggie en entraînant Mo dans sa chambre.

— Il a des poils sur la figure ? C'est peut-être un loup-garou.

— Arrête !

Meggie lui lança un regard sévère, bien que ses plaisanteries lui fassent oublier
60 sa peur. Elle commençait à douter elle-même de la présence de l'homme sous la pluie… jusqu'à ce qu'elle s'agenouille devant sa fenêtre.

— Regarde ! Tu le vois ? murmura-t-elle.

Mo regarda dehors, à travers la pluie battante et resta silencieux.

— Tu n'avais pas juré qu'il ne viendrait pas de cambrioleur chez nous parce qu'il
65 n'y a rien à voler ? demanda Meggie à voix basse.

— Ce n'est pas un cambrioleur, répondit Mo mais, lorsqu'il se détourna de la fenêtre, il avait l'air si grave que le cœur de Meggie se mit à battre encore plus vite. Va au lit, Meggie, c'est une visite pour moi.

Et il sortit de la chambre, avant que Meggie ait pu lui demander quelle pouvait
70 bien être cette visite, au milieu de la nuit. Inquiète, elle le suivit. Dans le couloir, elle l'entendit enlever la chaîne de la porte d'entrée et, quand elle arriva dans le vestibule, elle vit son père debout dans l'embrasure de la porte.

La nuit s'engouffra dans la maison sombre et humide, et le ruissellement de la pluie prit une sonorité menaçante.

75 — Doigt de poussière ! cria Mo dans la nuit, c'est toi ?

Doigt de poussière ? Qu'est-ce que c'était que ce nom ? Meggie ne se souvenait pas de l'avoir entendu et pourtant il lui était familier, comme un lointain souvenir qui ne voulait pas vraiment prendre forme.

D'abord, personne ne répondit. On n'entendait que les murmures et les chu-
80 chotements de la pluie, comme si soudain, la nuit avait une voix. Puis des pas s'approchèrent de la maison et l'homme que Meggie avait vu dans la cour surgit de la pénombre. Il portait un long manteau que la pluie plaquait contre ses jambes et, quand il s'avança dans la lumière qui s'échappait de la maison, Meggie crut apercevoir, l'espace d'un instant, une petite tête poilue sur son épaule qui émergeait
85 furtivement de son sac à dos avant d'y disparaître de nouveau.

L'inconnu passa sa manche sur son visage mouillé et tendit la main à Mo.

— Comment vas-tu, Langue magique ? demanda-t-il. Depuis le temps !

Mo hésita, puis serra la main que l'autre lui tendait.

— Oui, cela fait bien longtemps, dit-il en regardant derrière le visiteur comme
90 s'il s'attendait à voir surgir une autre silhouette dans la nuit. Viens, tu vas attraper la mort. Meggie m'a dit que tu étais dehors depuis un moment déjà.

— Meggie ? Ah oui, bien sûr !

Doigt de poussière suivit Mo dans la maison. Il observa Meggie avec tant d'insistance qu'elle en fut gênée et ne sut où poser les yeux. Finalement, elle le dévi-
95 sagea à son tour.

— Elle a grandi.

— Tu te souviens d'elle ?

— Bien sûr.

Meggie remarqua que Mo fermait la porte à double tour.

100 — Quel âge a-t-elle ?

Doigt de poussière lui sourit. C'était un étrange sourire. Meggie n'aurait pas su dire si c'était un sourire moqueur, hautain ou tout simplement gêné. Elle ne lui rendit pas son sourire.

— Douze ans, répondit Mo.

105 — Douze ans ! Mon Dieu !

Doigt de poussière écarta de son front ses cheveux dégoulinants. Ils lui tombaient jusqu'aux épaules. Meggie se demanda de quelle couleur ils pouvaient bien être quand ils étaient secs. Les poils de sa barbe autour de la bouche aux lèvres fines étaient roux, comme la fourrure du chat errant auquel Meggie mettait parfois
110 une soucoupe de lait devant la porte. Les poils poussaient aussi sur ses joues, comme la barbe naissante d'un jeune homme. Mais ils ne pouvaient cacher les balafres, trois grandes balafres pâles qui donnaient l'impression que le visage de Doigt de poussière avait été cassé puis recollé.

— Douze ans ! répéta-t-il. Bien sûr. À l'époque, elle avait... trois ans, n'est-ce pas ?

115 Mo hocha la tête.

— Allez, viens, je vais te donner de quoi te changer.

Et il s'empressa d'entraîner son visiteur à sa suite, comme s'il avait soudain hâte de l'éloigner de Meggie.

— Et toi, Meggie, lui lança-t-il, va dormir.

120 Sans rien ajouter, il referma la porte de son atelier derrière lui. Meggie se retrouva dans le couloir, frottant l'un contre l'autre ses pieds gelés. [...]

Un pressentiment mêlé d'angoisse l'envahit : avec cet inconnu au nom à la fois étrange et familier, quelque chose de menaçant était entré dans sa vie. Et elle regretta de toutes ses forces — si fort que cela lui fit peur — d'être allée chercher 125 Mo au lieu de laisser Doigt de poussière dehors, jusqu'à ce que la pluie l'emporte.

Lorsque la porte de l'atelier s'ouvrit de nouveau, elle sursauta.

— Tu es toujours là ! dit Mo. Va au lit, Meggie, allez !

Il avait cette petite ride au-dessus du nez qui n'apparaissait que lorsque quelque chose l'inquiétait vraiment, et il la regardait sans la voir, comme si en pensées il était 130 complètement ailleurs. Le pressentiment de Meggie grandit, déployant au-dessus d'elle des ailes noires.

— Mets-le dehors, Mo ! dit-elle tandis qu'il l'entraînait vers sa chambre. S'il te plaît ! Mets-le dehors ! Je ne peux pas le voir !

Mo s'appuya contre le chambranle de sa porte.

135 — Quand tu te réveilleras demain, il sera parti. Promis.

— Promis ? Sans croiser les doigts ?

Meggie le regarda droit dans les yeux. Elle voyait toujours quand Mo mentait, même s'il se donnait beaucoup de mal pour le lui cacher.

— Sans croiser les doigts ! dit-il et pour le prouver, il leva les deux mains.

140 Puis il referma la porte derrière lui, tout en sachant qu'elle n'aimait pas cela. Meggie appuya son oreille contre la porte et écouta.

Cornelia Funke, *Cœur d'encre*, traduit de l'allemand
par Marie-Claude Auger, Paris, Hachette, 2004, p. 10 à 17.

Cornelia Funke

Cornelia Funke est une illustratrice de livres pour les jeunes qui, un jour, a décidé de troquer ses pinceaux contre une... plume. Née en 1958, cette auteure allemande possède une imagination débordante. Les univers et les personnages qu'elle crée, souvent insolites, sont décrits avec force détails. Dans ses récits, les jeunes s'affirment comme des individus à part entière qui n'hésitent pas à traiter d'égal à égal avec les adultes.

RAUGE POISON

«Avons-nous vraiment besoin de tout ça?» demande Xavier en désignant ce qui se trouve sur la table: le carnet d'enquête et plusieurs crayons, le plan du quartier, deux sachets de plastique contenant de gros jujubes rouges et givrés au centre mou, une petite lampe de poche, un canif, trois grosses craies de couleur que Sabine a trouvées
5 dans les affaires de Stéphanie, trois rouleaux de vingt-cinq cents, des mouchoirs de papier, des pastilles pour la gorge, des barres tendres, des biscuits, des jus…

«Mieux vaut prévenir que guérir, énonce Sabine d'un ton sentencieux.

— Et mieux vaut prévoir que guéroir», approuve Jérôme d'un ton tout aussi sentencieux.

10 Sabine soupire. Pas moyen d'être sérieux, avec ce garçon…

«Ça, dit Sabine en montrant les jujubes, ce sont les bonbons que l'assassin utilise pour mettre de l'hépacourine. Il va falloir qu'on surveille deux distributeurs qui en contiennent. Il y en a un dans le petit dépanneur qui se trouve à côté d'ici, précise-t-elle en désignant l'endroit exact sur le plan du quartier, et un dans l'entrée de la
15 pharmacie située près de la rue Chambord.»

La veille au soir, Xavier et elle ont suivi à la lettre le plan qu'ils avaient élaboré dans la journée. Ils ont recoupé les trajets suivis par Mathieu, Julie-Anne et Andrew dans les heures ayant précédé leur mort et noté les lieux où ils avaient pu aller tous les trois. Ensuite, ils ont consulté la liste des machines à bonbons établie par Sabine quelques
20 jours plus tôt ainsi que les échantillons recueillis dans ces machines. C'est ainsi qu'ils se sont rendu compte que seules deux machines offrant de gros jujubes rouges et givrés au centre mou se trouvaient sur les portions de trajet communes aux trois victimes.

Sabine tend une grosse craie et un rouleau de vingt-cinq cents à chacun des garçons.

«Nous sommes trois. Il y a deux machines à surveiller. La meilleure façon de ne
25 pas éveiller les soupçons, c'est de bouger continuellement, de nous relayer… Un de
nous trois va surveiller le distributeur du dépanneur. Un autre va surveiller celui de la
pharmacie. Le troisième va faire la navette entre les deux et remplacer celui qui est
posté à son point d'arrivée. Comme ça, on n'attirera pas l'attention de l'assassin en
restant trop longtemps au même endroit.

30   — Et puis, on va toujours être en contact les uns avec les autres, fait remarquer
Jérôme.

        — Pas vraiment, corrige Sabine. On va être en contact régulier, mais pas en contact
constant. L'aller-retour entre les deux points doit prendre sept ou huit minutes. Ça fait
donc des périodes de sept ou huit minutes pendant lesquelles ceux qui surveillent sont
35 tout seuls. Et, en sept ou huit minutes, l'assassin a le temps de déposer ses bonbons
empoisonnés dans une machine, de s'éloigner sans trop se presser et de disparaître à
tout jamais… ou jusqu'au prochain meurtre. C'est pour ça que j'ai apporté des craies.
Si l'un d'entre nous voit l'assassin, il doit pouvoir le prendre en filature tout en indiquant aux autres par où il est parti. Quelques flèches tracées sur le trottoir, et le tour
40 est joué ! Quand celui qui fait la navette entre les deux points arrive, il commence par
avertir celui qui est posté à l'autre endroit, et tous les deux peuvent ensuite rejoindre
rapidement celui qui file l'assassin ! »

        Sabine a expliqué son plan à toute vitesse, les yeux brillants et la voix pétillante
d'excitation.

45   Xavier se gratte la tête.

        «Tu ne veux quand même pas qu'on arrête l'assassin nous-mêmes ? demande-t-il
d'une voix inquiète.

        — Mais non, je vous l'ai déjà dit hier ! répond aussitôt Sabine. C'est pour ça que
j'ai apporté tous ces vingt-cinq cents. Dès qu'on aperçoit l'assassin, on téléphone à
50 mon père. Et si on découvre où il habite, c'est encore mieux: on donne son adresse
à mon père. Tenez, voici ses différents numéros de téléphone: maison, cellulaire,
téléavertisseur», ajoute-t-elle en tendant un bout de papier à chacun des garçons.

        Jérôme examine le bout de papier d'un air indécis.

        «Et pourquoi on ne l'avertirait pas tout de suite, ton père ? suggère-t-il sans trop
55 d'espoir. La police est quand même mieux équipée que nous pour faire de la surveillance, non ? Et ils n'ont pas juste une craie et un rouleau de vingt-cinq cents pour se
défendre en cas de danger… »

        Sabine secoue la tête avec véhémence.

«M'avez-vous écoutée quand je vous ai expliqué tout ça hier? Je vous répète que
60 mon père ne nous croira pas tant qu'on ne lui présentera pas l'assassin!

[…]

Oublions mon père pour l'instant, dit-elle d'une voix ferme en remettant le
matériel dans son sac à dos. Il sera toujours temps d'aviser si on tombe sur lui pendant
la journée. Pour tout de suite, l'important, c'est de commencer notre surveillance.»

65 Elle se lève, reprend son sac à dos et enfile son poncho.

«Tremble, assassin! dit Jérôme en se levant à son tour. Quasimodo* arrive…»

Le trio va d'abord repérer les deux distributeurs et s'assure qu'aucun bonbon ne
se trouve déjà dans le godet. Puis, Sabine se poste près du dépanneur, Xavier s'installe
dans l'entrée de la pharmacie, et Jérôme effectue son premier trajet entre les deux.

70 C'est le début d'une longue attente. […]

Des heures et des heures à surveiller, à vérifier si la vieille dame qui vient d'acheter
des bonbons n'en a pas laissé d'autres dans le godet, à compter les jeunes à casquette
qui, comme le propriétaire du labrador, secouent les distributeurs dans l'espoir
d'obtenir des bonbons gratis, à observer les allées et venues des employés du dépan-
75 neur et de la pharmacie, à se méfier des gros à lunettes, des maigres à parapluie, et
même des bébés…

_____

* Un poncho par-dessus un sac à dos dessine en effet une silhouette qui, selon les amis de Sabine,
évoque celle du célèbre bossu!

Des heures et des heures à marcher sous la pluie, à geler, à avoir mal aux pieds, à attendre le plus longtemps possible avant d'aller aux toilettes, à regretter de ne pas avoir apporté une plus grande quantité de barres tendres, de biscuits et de boîtes de jus…

80 Des heures et des heures à se demander si tout cela a un sens et s'ils vont finir par trouver l'assassin…

Des heures et des heures…

[…]

Vers dix-sept heures, le trio montre des signes de découragement.

85 «On s'est trompés, dit Jérôme d'une voix lugubre. On ne trouvera jamais l'assassin…

— La journée n'est pas encore finie, proteste Sabine.

— Peut-être, mais n'oublie pas que Xavier et moi devons être à l'Oratoire dans une heure. La Vigile pascale commence à huit heures, et M. Chamberland veut qu'on répète avant… Tu ne peux quand même pas continuer la surveillance toute seule…»

90 Sabine soupire. Elle s'imagine mal en train de courir sans arrêt de la pharmacie au dépanneur, et vice-versa. Jérôme a raison, elle ne peut pas continuer la surveillance toute seule. Elle refuse pourtant de s'avouer vaincue.

«Je vais rester ici encore un peu, dit-elle. On ne sait jamais…»

Au même instant, Xavier fait son apparition dans l'entrée de la pharmacie.

95 «Tu as vu l'heure? dit-il à Jérôme. Il faut qu'on parte.»

Jérôme approuve d'un signe de tête.

«C'est exactement ce que je disais à Sabine.»

Xavier se tourne vers Sabine.

« Tu rentres à la maison ou tu viens à l'Oratoire avec nous ?

100 — Elle veut rester ici ! répond Jérôme.

— Ici ? répète Xavier en ouvrant des yeux étonnés. Mais pour quoi faire ?

— Surveiller, répond Sabine avec hauteur. C'est pour ça qu'on est là, non ? »

Xavier hésite un instant avant de continuer.

« Es-tu sûre que ce soit prudent ? demande-t-il enfin. Ou même que ça va donner
105 quelque chose ? »

Sabine ne répond pas. Puis, voyant que les garçons ne bougent pas, elle leur lance :

« Allez, partez ! Vous allez être en retard ! »

Les deux garçons se regardent, indécis.

« Dépêchez-vous ! insiste Sabine. L'autobus arrive ! »

110 Xavier et Jérôme s'éloignent en courant.

C'est à dix-sept heures quinze, très exactement, que Sabine aperçoit l'assassin.

Michèle Marineau, *Rouge poison*,
Montréal, Éditions Québec/Amérique, 2000,
p. 249 à 255 et 258 à 260.

Michèle Marineau

Michèle Marineau est née à Montréal en 1955. Elle a étudié la médecine, l'histoire de l'art et la traduction avant de se lancer, avec succès, dans l'écriture de romans pour les jeunes. Elle est aussi l'auteure de *La route de Chlifa*.

Tout acte criminel se déroule dans un endroit précis, le lieu du crime. Le premier souci de la police est d'isoler ce lieu afin qu'aucun indice ne soit détruit. Dès lors, seuls les enquêteurs
5 auront accès à cette zone. [...] Leur œil exercé et leur savoir-faire vont leur permettre de découvrir des indices qu'ils enverront aux laboratoires de police scientifique afin qu'ils soient examinés. Les premières analyses médico-
10 légales datent du début du 20ᵉ siècle, avec la parution, en 1910, du livre du Français Edmond Locard, *La Théorie d'échange*. Cet ouvrage établit simplement qu'un criminel emporte toujours quelque chose venant du lieu de son for-
15 fait [...] et y laisse des éléments d'identification (empreintes digitales, de semelles, etc.). Ce sont ces indices que les enquêteurs recherchent.

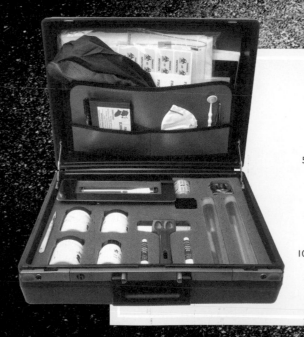

La plupart des investigations commencent sans préavis et un temps précieux peut être économisé si les policiers disposent d'un matériel prêt à l'emploi dès qu'ils arrivent sur le lieu du crime. Cette
5 mallette contient les poudres nécessaires au relevé des empreintes digitales, des sacs en plastique et des tubes en verre pour stocker les indices. Une combinaison, une casquette, des gants et des protections pour chaussures sont également fournis
10 afin d'éviter toute introduction de corps étrangers sur le lieu des recherches, ainsi que tout contact indésirable avec les indices.

En plein air, il est tout aussi crucial de ne pas déranger le secteur où des éléments intéressants sont susceptibles de se trouver. Vêtu d'une combinaison en plastique, avec des
5 gants et des protections pour les chaussures, ce policier recherche des indices [...]. Pour rassembler ses découvertes, il utilise les outils d'une mallette spécialement prévue à cet effet. C'est un travail long et laborieux, et la
10 zone à explorer, à la différence des crimes commis entre quatre murs, est parfois très étendue.

Brian Lane, *Crimes et enquêtes*, adapté de l'anglais par Christine Monnatte, Paris, © Éditions Gallimard, et Londres, © 1998 Dorling Kindersley Limited, p. 40-41.

Mademoiselle Stoner est inquiète des circonstances entourant la mort de sa sœur survenue dans la demeure du docteur Roylott, leur beau-père. Elle demande l'aide de Sherlock Holmes, qui procède à un examen minutieux des lieux.

LE LIT ATTACHÉ

Le bâtiment était en pierres grises, avec des murs parsemés de mousse; la partie centrale était élevée, les deux ailes incurvées comme des pinces de crabe étalées de chaque côté. Dans l'une des ailes, les vitres étaient cassées et des madriers bloquaient les fenêtres; le toit révélait une crevasse; en somme, c'était le château de la ruine.

5 La partie centrale avait été vaguement restaurée; le bloc de droite faisait même presque neuf; des stores aux fenêtres et la fumée bleuâtre qui s'échappait des cheminées indiquaient que la famille résidait là. Une sorte d'échafaudage avait été dressé contre l'extrémité du mur et il y avait bien un trou dans la pierre mais, lors de notre inspection, nous n'aperçûmes aucun ouvrier. Holmes marchait lentement dans le
10 jardin mal entretenu et il examina très attentivement l'extérieur des fenêtres.

— Celle-ci, je crois, est la fenêtre de la chambre où vous dormiez habituellement; celle du centre est celle de la chambre de votre sœur; la dernière, près du bâtiment central, est celle de la chambre du docteur Roylott?

— Oui. Mais je dors à présent dans la chambre du milieu.

15 — Tant que dureront les travaux, je suppose? Au fait, ils ne me paraissent pas bien urgents, ces travaux?

— Aucune réparation n'était immédiatement nécessaire. Je crois qu'il s'agit là d'un prétexte pour m'obliger à changer de chambre.

— Ah, ah! Cette suggestion est à retenir… Sur l'autre côté de l'aile s'étend le
20 couloir sur lequel ouvrent les trois portes, n'est-ce pas? Mais il y a aussi des fenêtres qui donnent sur le couloir?

— Oui, mais elles sont très petites: trop étroites pour livrer le passage à quelqu'un.

— Donc, comme vous vous enfermiez toutes les deux la nuit, vos chambres étaient inabordables de ce côté-là. Je vous demanderai maintenant d'avoir la bonté de nous
25 mener à votre chambre et de mettre les barres aux persiennes.

Mlle Stoner s'exécuta. Holmes, après avoir soigneusement regardé par la fenêtre ouverte, s'efforça d'ouvrir les persiennes de l'extérieur, mais il n'y parvint pas. Il ne découvrit aucune fente par où un couteau aurait pu se glisser pour soulever la barre. À l'aide de sa loupe, il examina les charnières; elles étaient en fer solide, solidement
30 encastrées dans la maçonnerie massive.

— Hum! fit-il en se grattant le menton avec perplexité. Ma théorie se heurte à quelques difficultés. Quand ces persiennes sont fermées avec la barre, personne ne peut s'introduire par la fenêtre… Bien: allons voir si l'intérieur apportera plus d'atouts à notre jeu.

35 Une petite porte latérale nous conduisit dans le couloir. Holmes refusa de s'intéresser à la troisième chambre et nous pénétrâmes dans la deuxième, celle où couchait à présent Mlle Stoner et où sa sœur avait trouvé la mort. C'était une pièce modeste, exiguë: le plafond était bas et la cheminée béante, comme dans beaucoup de vieilles maisons de campagne. Une commode claire occupait un coin; un lit étroit
40 avec une courtepointe blanche en occupait un autre; à gauche de la fenêtre, il y avait une table de toilette. Ces meubles, plus deux petites chaises cannées et un tapis carré au centre, composaient le décor. Les poutres et les panneaux des murs étaient en chêne mangé aux vers; ils paraissaient dater de la construction même de la maison. Holmes tira une chaise dans un coin, s'assit et inspecta silencieusement chaque détail
45 de la pièce pour les graver dans sa mémoire.

— Où sonne cette sonnette ? demanda-t-il en désignant un gros cordon à sonnette qui pendait à côté du lit, avec le gland posé sur l'oreiller.

— Dans la chambre de bonne.

— Elle a été récemment installée, on dirait…

50 — Oui ; elle l'a été voici trois ou quatre ans.

— C'est votre sœur qui l'a réclamée ?

— Non. Je ne crois pas qu'elle s'en soit jamais servie. Nous avions pris l'habitude de nous débrouiller sans domestique.

— Vraiment, je ne vois pas la nécessité d'un aussi joli cordon de sonnette…
55 Excusez-moi, mais je voudrais m'occuper du plancher.

Il se mit à quatre pattes, le visage contre terre, ou plutôt collé à la loupe qu'il promenait sur le plancher. Il examina avec le plus grand soin les interstices entre les lames. Il procéda ensuite à l'inspection des panneaux de bois sur les murs. Enfin, il alla vers le lit et le considéra pendant quelques minutes ; son regard grimpa et redescendit
60 le long du mur. Brusquement il empoigna le cordon de sonnette et le tira.

— Tiens, c'est une fausse sonnette ! s'exclama-t-il.

— Elle ne sonne pas ?

— Non. Elle n'est même pas reliée à un fil. Très intéressant ! Regardez vous-même : le cordon est attaché à un crochet juste au-dessus de la petite ouverture de la bouche
65 d'aération.

— C'est absurde ! Mais je ne l'avais pas remarqué !

— Très étrange ! marmonna Holmes, pendu au cordon de sonnette. Il y a un ou deux détails bien surprenants dans cette chambre ! Par exemple, il faut qu'un architecte soit fou pour ouvrir une bouche d'aération vers une autre pièce, alors qu'il aurait
70 pu, sans davantage de travail, l'ouvrir sur l'extérieur !

— Cela aussi est très récent, indiqua Mlle Stoner.

— Aménagé à la même époque que la sonnette ?

— Oui. Il y a eu diverses modifications légères apportées dans cette période-là.

— Curieuses, ces modifications ! Un cordon à sonnette qui ne sonne pas, un ven-
75 tilateur qui ne ventile pas… Avec votre permission, mademoiselle Stoner, nous allons maintenant nous transporter dans l'autre chambre.

La chambre du docteur Grimesby Roylott était plus grande que celle de sa belle-fille, mais elle n'était guère mieux meublée. Un lit de camp, une petite étagère de livres pour la plupart d'un caractère technique, un fauteuil près du lit, une chaise en
80 bois plein contre le mur, une table ronde et un gros coffre en fer étaient les principales choses qui frappaient le regard. Holmes fit le tour de la pièce en examinant chaque objet avec la plus grande attention.

— Qu'y a-t-il là-dedans? demanda-t-il en posant sa main sur le coffre.

— Les papiers d'affaires de mon beau-père.

85 — Oh! vous avez vu l'intérieur?

— Une fois, il y a plusieurs années. Je me rappelle qu'il était plein de papiers.

— Il ne contient pas un chat, par hasard?

— Un chat? Non. Quelle idée…

— Parce que… Regardez!

90 Il montra un petit bol de lait qui était posé sur le coffre.

— Non, nous n'avons pas de chat. Mais il y a ici un guépard et un babouin.

— Ah! oui, c'est vrai! Après tout, un guépard ressemble à un gros chat; mais un bol de lait ne lui suffirait guère, j'imagine! Il y a un point que je voudrais bien éclaircir…

95   Il s'accroupit devant la chaise de bois et en examina le siège de tout près.

— Merci ! Voilà qui est réglé, dit-il en se relevant et en remettant sa loupe dans sa poche. Tiens ! quelque chose d'intéressant…

L'objet qui avait capté son regard était une courte lanière pendue à un coin du lit. La lanière, cependant, était enroulée sur elle-même à une extrémité comme pour faire
100 un nœud coulant.

— Qu'est-ce que vous en pensez, Watson ?

— C'est une laisse de chien assez banale. Mais je ne vois pas pourquoi ce nœud…

— Pas si banale que cela, n'est-ce pas ? Ah, mon cher, le monde est bien méchant ! Et quand un homme intelligent voue son intelligence au crime, il devient le pire de
105 tous !… Je crois que nous en avons vu assez, mademoiselle Stoner. Si vous nous y autorisez, nous ferons maintenant un tour de jardin.

[…]

— Sérieusement, Watson, me dit Holmes alors que nous étions en train de contempler la nuit, savez-vous que j'ai quelques remords à vous avoir emmené ce soir ? Il y a
110 certainement du danger dans l'air !

— Est-ce que je pourrai vous aider ?

— Votre présence peut s'avérer déterminante.

— Alors je vous suivrai.

— C'est très chic de votre part.

115 — Vous avez parlé de danger… Évidemment vous avez vu dans ces chambres bien plus que je n'y ai vu moi-même !

— Non. Ce qui est possible, c'est que j'aie poussé mes déductions plus loin que vous. Mais nous avons vu les mêmes choses, vous et moi.

— Je n'ai rien vu de particulier, sauf ce cordon à sonnette dont l'installation
120 répond à un but que je suis incapable de définir.

— Vous avez vu aussi la bouche d'aération.

— Oui. Mais je ne vois pas ce qu'il y a d'extraordinaire à établir une sorte de communication entre deux pièces : le trou est si petit qu'un rat pourrait à peine s'y glisser.

— Je savais, avant d'arriver à Stoke Moran, que nous trouverions une bouche
125 d'aération.

— Mon cher Holmes !…

— Oui, oui, je le savais ! Rappelez-vous que, dans la déclaration de Mlle Stoner, il y avait ce trait que sa sœur était incommodée par l'odeur des cigares du docteur Roylott. D'où la nécessité absolue d'une communication quelconque entre les deux
130 chambres. Communication qui ne pouvait être que petite : sinon, elle aurait été repérée lors de l'enquête menée par le coroner. J'avais conclu qu'il s'agissait d'une bouche d'aération.

— Soit. Mais quel mal voyez-vous à cela ?

— Tout de même il y a d'étranges coïncidences de dates. Voici une bouche d'aéra-
135 tion qui est aménagée, un cordon qui pend et une demoiselle, couchée dans son lit,
qui meurt. Ça ne vous frappe pas ?

— Je ne vois pas le lien.

— Vous n'avez rien observé de particulier à propos du lit ?

— Non.

140 — Il est chevillé au plancher. Avez-vous déjà vu un lit attaché ainsi ?

— Je ne crois pas.

— La demoiselle ne pouvait pas remuer son lit, le déplacer. Il devait par consé-
quent être maintenu toujours dans la même position par rapport à la bouche d'aération et au cordon, ou plutôt à la corde, puisque cet objet n'a jamais servi à sonner une
145 cloche ou à actionner une sonnerie.

— Holmes ! m'écriai-je. Il me semble que je devine obscurément le sens de vos
paroles. Mon Dieu ! Nous sommes arrivés à temps pour empêcher un crime aussi subtil
qu'horrible.

Sir Arthur Conan Doyle, *Le ruban moucheté et autres aventures de Sherlock Holmes*,
traduit de l'anglais par Bernard Tourville, Paris, Éditions Gallimard, coll. «Folio Junior»,
1997, p. 148 à 154 et 157-158. © Éditions Robert Laffont, 1975, pour la traduction.

Arthur Conan Doyle

Arthur Conan Doyle (1859-1930) est encore médecin quand, en 1879, il commence à publier des romans policiers. Le succès de son premier roman, *Une étude en rouge*, mettant en scène son héros Sherlock Holmes, l'incite à se consacrer exclusivement à l'écriture. L'écrivain britannique devient célèbre dans le monde entier grâce aux *Aventures de Sherlock Holmes*. *Le chien des Baskerville*, publié pour la première fois en 1907, est un des romans les plus célèbres de cette série. Le personnage de Sherlock Holmes, le détective aux fantastiques pouvoirs de déduction, est si vraisemblable que des milliers de lecteurs croient en son existence ! Arthur Conan Doyle est aussi l'auteur de nombreux romans et nouvelles fantastiques et historiques. Il est considéré comme l'un des grands précurseurs de la science-fiction.

10 règles pour

1
Le lecteur et le détective doivent avoir des chances égales de résoudre le problème. Tous les indices
5 doivent être pleinement énoncés et décrits en détail.

2
L'auteur n'a pas le droit d'employer vis-à-vis du lecteur des «trucs» et des
10 ruses autres que ceux que le coupable emploie lui-même vis-à-vis du détective.

3
Le véritable roman policier doit être exempt de
15 toute intrigue amoureuse. Y introduire de l'amour serait, en effet, déranger le mécanisme du problème purement intellectuel.

4
20 Le coupable ne doit jamais être découvert sous les traits du détective lui-même ni d'un membre quelconque de la police. Ce
25 serait de la tricherie aussi vulgaire que d'offrir un sou neuf contre un louis d'or.

5
Le problème policier doit être résolu à l'aide de
30 moyens strictement réalistes. Apprendre la vérité par le spiritisme, la clairvoyance ou les boules de cristal est strictement interdit. Un lecteur
35 peut rivaliser avec un détective qui recourt aux méthodes rationnelles. S'il doit rivaliser avec les esprits et la métaphysique, il a perdu d'avance.

6
40 Le coupable doit toujours être une personne qui ait joué un rôle plus ou moins important dans l'histoire, c'est-à-dire quelqu'un que
45 le lecteur connaisse et qui l'intéresse. Charger du crime, au dernier chapitre, un personnage qu'il vient d'introduire ou qui a joué dans
50 l'intrigue un rôle tout à fait insignifiant, serait, de la part de l'auteur, avouer son incapacité de se mesurer avec le lecteur.

le crime d'auteur

7

⁵⁵ L'auteur ne doit jamais choisir le criminel parmi le personnel domestique tel que valets, laquais, croupiers, cuisiniers ou autres. Ce serait ⁶⁰ une solution trop facile.

8

Les sociétés secrètes, les maffias, les camarillas, n'ont pas de place dans le roman policier. L'auteur qui y touche ⁶⁵ tombe dans le domaine du roman d'aventures ou du roman d'espionnage.

9

La manière dont est commis le crime et les ⁷⁰ moyens qui doivent mener à la découverte du coupable doivent être rationnels et scientifiques. La pseudo-science, avec ses appareils ⁷⁵ purement imaginaires, n'a pas de place dans le vrai roman policier.

1 0

Le fin mot de l'énigme doit être apparent tout au ⁸⁰ long du roman, à condition, bien sûr, que le lecteur soit assez perspicace pour le saisir. Je veux dire par là que, si le lecteur relisait le livre ⁸⁵ une fois le mystère dévoilé, il verrait que, dans un sens, la solution sautait aux yeux dès le début, que tous les indices permettaient de conclure ⁹⁰ à l'identité du coupable et que, s'il avait été aussi fin que le détective lui-même, il aurait pu percer le secret sans lire jusqu'au dernier ⁹⁵ chapitre. Il va sans dire que cela arrive effectivement très souvent et je vais jusqu'à affirmer qu'il est impossible de garder secrète jusqu'au ¹⁰⁰ bout et devant tous les lecteurs la solution d'un roman policier bien et loyale-ment construit. Il y aura toujours un certain nombre ¹⁰⁵ de lecteurs qui se montre-ront tout aussi sagaces que l'écrivain. […] C'est là, préci-sément, que réside la valeur du jeu.

S. S. Van Dine,
20 règles pour le crime d'auteur
(extraits), 1928.

FAUSSE IDENTITÉ

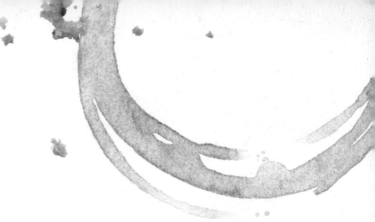

C huck Benson fit descendre son dernier beigne glacé au sucre avec une gorgée de café — deux crèmes deux sucres — de chez King Donut.

5 Il passa sa langue sur ses lèvres pour effacer les dernières traces de sucre et attira à lui une pile de journaux — des journaux du nord-est du pays. Il s'agissait non pas de grands quotidiens — ceux-là étaient réservés aux agents qui avaient de l'an-
10 cienneté dans la boîte — mais de feuilles de chou hebdomadaires ou semi-hebdomadaires publiées dans des trous perdus dont personne n'avait entendu parler, à moins d'y vivre ou d'y être né. Chuck n'avait pas beaucoup d'ancienneté — pas
15 encore. Et s'il avait l'intention d'en acquérir, ce ne serait surtout pas en moisissant ici, dans le sous-sol de la Sous-section des journaux et périodiques de la Division information du Service de renseignements de l'agence.

20 Chuck Benson épluchait sa pile de journaux locaux avec la précision d'une machine. Il savait exactement quoi lire — tous les articles ou rubriques contenant des noms — et quoi écarter — actualité politique, chroniques sociales (sauf
25 le carnet mondain), articles d'opinion et édito-riaux. Il savait quoi regarder — essentiellement les photographies — et quoi ignorer — annonces publicitaires, bandes dessinées, mots croisés. Personne dans le service ne pouvait passer un
30 journal au peigne fin aussi vite que lui. Il faut dire que personne n'était aussi ambitieux que Chuck Benson. Il allait leur montrer de quelle étoffe il était fait. Du moins tel était son plan.

Il était arrivé à la Sous-section des journaux
35 et périodiques en pensant bien être promu le mois suivant à un autre poste. Quinze mois plus tard, il retrouvait chaque matin son mètre cube de journaux locaux à éplucher. Ces derniers temps, il lui était arrivé de se poser des questions,
40 tout en mastiquant son beigne et en avalant son café — deux crèmes deux sucres — de chez King Donut: pourquoi me raconter des histoires ? se disait-il. Au rythme où vont les choses, je ne sor-tirai jamais d'ici. Je vais finir couvert de toiles
45 d'araignées, mes cheveux vont blanchir, et je resterai coincé ici jusqu'à la retraite.

Il parcourut la première page d'un hebdo-madaire du centre de l'État de New York, puis attaqua la deuxième en promenant son doigt sur
50 les colonnes imprimées, laissant de côté tout ce qui n'était pas un nom. Son doigt s'arrêta sur la photo d'une poignée de jeunes qui brandissaient des pancartes. Les États-Unis avaient beau être un pays extraordinaire, il fallait toujours qu'il y
55 ait quelque part des jeunes qui protestent contre quelque chose. Cette fois, il s'agissait des embal-lages en plastique utilisés par une chaîne de ham-burgers du coin. Protégeons l'environnement, pouvait-on lire sur les pancartes. Sauvons la
60 planète ! Non à la pollution instantanée !

Un des visages des protestataires attira soudain son attention. Il l'examina soigneusement, puis le chassa de son esprit. C'était impossible. À moins d'un miracle, ce n'est pas dans une feuille de chou
65 locale qu'il allait dénicher son billet gagnant, la clé de sa carrière. Il y avait une chance sur un million.

Il scruta à nouveau la photo et le visage qui l'intéressait. La fille était jeune, quinze ou seize ans peut-être... à peu près l'âge qui corres-
70 pondait. Ses cheveux semblaient pâles sur la photo en noir et blanc; elle avait l'air d'une blonde, pas d'une brune. Mais excepté la couleur des cheveux — et comment se fier à ça de nos jours ? — tout le reste éveillait ses
75 soupçons. Les grands yeux écartés, le petit nez effronté, la bouche généreuse qui, sur la photo, exprimait la désapprobation, et ces pommettes ! Sauf à une autre occasion, jamais auparavant il n'avait vu de telles pommettes.

80 Chuck fit pivoter sa chaise vers le terminal d'ordinateur et tapa son numéro d'identification et son mot de passe. Avec la souris, il passa d'un fichier à l'autre jusqu'à ce qu'il localise le RPDAO. Il entra son code d'autorisation, un
85 second numéro d'identification et deux autres mots de passe.

C'était étrange de voir ces images sur l'écran. La première fois que Chuck avait vu le fichier, il avait jeté un regard sceptique à Ed Nolan, qui
90 avait suivi sa formation avec lui. Ce n'était pas sérieux, lui avait-il dit. Comment un ordinateur peut-il, à partir de la photo d'un gamin de dix ans, reconstituer la même personne vingt-cinq ans plus tard? C'était pourtant ce que faisait le logi-
95 ciel Recherche des personnes disparues assistée par ordinateur (RPDAO).

— Mais comment savoir si ça marche? Comment peuvent-ils vérifier si l'ordinateur a fait du bon travail? avait-il demandé à Nolan.

100 — J'en ai fait le tour, avait répondu celui-ci, et crois-moi, ça marche. L'ordinateur intègre et combine les données sur l'ossature du visage de la personne avec la génétique et les lois de la probabilité.

105 Mais Chuck ne l'avait pas cru. Jusqu'à ce que deux jours plus tard Nolan lui montre une photographie.

— C'est moi, ça, quand j'étais gamin. Mon père a pris cette photo quand j'avais huit ans.

110 Il tendit ensuite à Chuck une feuille de papier avec une image d'ordinateur imprimée au laser.

— Et voilà l'image que l'ordinateur a recomposée à partir de la photo.

Chuck avait été ébahi par la ressemblance du
115 portrait. Et convaincu. Mais il trouvait encore étrange de penser qu'un ordinateur pouvait prendre la photo d'un enfant et le transformer en un adulte de n'importe quel âge. C'était comme voyager dans le temps.

120 Il parcourut le fichier, sans s'attarder aux petites images dans le coin supérieur droit des fenêtres. Il s'agissait des versions digitalisées de photographies d'enfants. C'était les «avant». Il s'occupait plutôt des «après», les images géné-
125 rées par ordinateur de ce à quoi pouvaient ressembler ces enfants aujourd'hui, une fois devenus adultes et à condition d'être encore en vie. Il passa des douzaines d'«avant» et d'«après» jusqu'à ce qu'il trouve l'image qu'il cherchait. Il
130 reprit son journal pour retrouver la photo des manifestants. Après avoir soigneusement étudié le visage de la jeune fille, il le compara à l'image de l'«après» qui occupait presque tout l'écran. Si ce n'était pas elle, c'était sa sœur jumelle; seuls
135 des jumeaux pouvaient se ressembler à ce point. Ce qui voulait dire qu'il tenait probablement là sa promotion, parce que là où tout le monde avait échoué, lui avait réussi: il venait de localiser la fille de Mike Alexander. Et à partir du moment
140 où on savait où elle était, il y avait bien des chances pour qu'on y trouve aussi son père.

Norah McClintock, *Fausse identité*, traduit de l'anglais par Claudine Vivier, Montréal, Éditions Hurtubise HMH, 1998, p. 14 à 20.

Norah McClintock

Norah McClintock est une Torontoise née à Montréal. Elle partage son temps entre son travail d'éditrice du journal d'un organisme de bienfaisance, sa vie familiale et l'écriture de romans.

Disparitions mystérieuses, enquêtes angoissantes, secrets révélés, voilà quelques-uns des ingrédients favoris de ses romans.

LES MISSIONS DE
SURVEILLANCE

Pour capturer les criminels comme pour surveiller des réseaux de personnes suspectes, la collecte de renseignements est essentielle. Autrefois, la tactique était élémentaire. Les enquêteurs travaillaient avec des informateurs issus du milieu pour rassembler les éléments d'information leur permettant d'intervenir au bon moment. Aujourd'hui, les progrès techniques facilitent les enquêtes, les missions de surveillance et la recherche d'informations.

DÉTECTION À L'ULTRAVIOLET

Pour tromper les cambrioleurs, on peut marquer les objets de valeur avec une substance invisible sous un éclairage normal, mais qui apparaît clairement sous une lampe à rayons

5 ultraviolets (fluorescence). Ce produit marque les mains du voleur quand il manipule les objets. Un autre moyen consiste à utiliser une substance incolore jusqu'à ce qu'elle soit en contact avec de l'eau. Sans le vouloir, le voleur s'enduit les

10 mains de ce produit en dérobant l'article. Lentement, l'humidité de la peau provoque une réaction, entraînant une coloration vive du produit. Les marqueurs à fluorescence ultraviolette servent aussi à inscrire le nom ou l'adresse

15 du propriétaire sur un objet. Si ce dernier est retrouvé, il pourra être restitué.

GARDER L'ŒIL OUVERT

L'invention du circuit fermé de télévision dans des lieux exposés aux agressions permet de lutter contre le crime. Une caméra transmet les signaux à un écran de télévision par des câbles

5 ou des liaisons téléphoniques en circuit fermé. Ce système, utilisé par les banques ou les magasins, donne à la police des images précises de personnes prises en flagrant délit et peut faciliter leur identification. Ce système peut aussi

10 être utilisé au tribunal pour interroger des témoins trop jeunes ou trop émotifs qui se trouvent alors dans une pièce annexe en direct avec la salle d'audience.

PILE BRANCHÉE

Extérieurement, rien ne distingue cette prise électrique d'une autre. Même une fois démontée, l'écoute qui y est dissimulée est invisible. Ce système transmet tous les bruits émis dans la pièce à un récepteur éloigné. Un autre système transmet les sons par

5 l'intermédiaire des fils électriques à un récepteur branché sur le même circuit.

Brian Lane, *Crimes et enquêtes*, adapté de l'anglais par Christine Monnatte, Paris, © Éditions Gallimard. et Londres, © 1998 Dorling Kindersley Limited, p. 38-39.

Les chiens
des auxiliaires

Les chiens, dont l'odorat est beaucoup plus développé que celui de l'homme, sont devenus des auxiliaires de police particulièrement efficaces. Ils sont capables de retrouver un fugitif uniquement grâce à l'odeur. Un dressage approprié permet d'obtenir de ces animaux intelligents des résultats remarquables. Lancés sur les traces d'un suspect, ils parviennent le plus souvent à le rattraper et attendront toujours l'ordre de leur maître pour lâcher prise. Depuis longtemps déjà, les chiens aident à débusquer les criminels. Dans l'Angleterre du 19e siècle, les œuvres de Charles Dickens et d'Arthur Conan Doyle décrivent leurs prouesses. […] Au 20e siècle, l'accent a été mis sur leurs talents de détective. De nos jours, dans la police comme dans d'autres forces de sécurité, on les entraîne à flairer la drogue et les explosifs.

ÉQUIPEMENT SPÉCIAL

Les chiens policiers ont un autre avantage sur les enquêteurs : ils peuvent explorer de petits espaces. Ce chien est en train de fouiller un réduit dissimulé derrière une trappe. Pour que son maître puisse voir à l'intérieur, l'animal porte un harnais spécial, équipé d'une petite caméra vidéo et d'un éclairage, avec les batteries nécessaires à leur fonctionnement.

policiers, irremplaçables

SUPER ODORAT

Dans le monde entier, les services des douanes et de la répression du trafic des stupéfiants utilisent des chiens pour détecter les pro-
5 duits chimiques illicites qui ont été dissimulés. Les épagneuls bretons, les cockers et les labradors figurent parmi les races les plus répandues dans la recherche de substances comme la cocaïne et la marijuana. Mais les chiens ne
10 servent pas seulement à flairer les drogues. Aux États-Unis, le ministère de l'Agriculture a sa propre brigade de beagles pour dépister les trafics frauduleux de fruits et de viande dans les aéroports.

15 VALISE SUSPECTE

Dans les aéroports, les chiens sont également utilisés pour inspecter les soutes à bagages. Ils savent reconnaître et détecter les odeurs de toute une série de produits de contre-
20 bande, tels que les stupéfiants ou les produits nécessaires à la fabrication d'explosifs. S'ils repèrent une valise suspecte, ils alertent aussitôt leur maître.

ENTRAÎNEMENT SPÉCIAL

25 Seuls les chiots dotés d'un bon caractère sont sélectionnés pour l'entraînement rigoureux nécessaire à l'apprentissage d'un chien policier. À 14 semaines, le chiot est confié à un maître-chien qui l'accueille chez lui, comme
30 un membre de la famille. À partir de un an, le chien reçoit une formation de base pendant 14 semaines : il apprend à obéir à la voix et aux signes de la main, à poursuivre et à maîtriser un fugitif. L'entraînement inclut également des
35 exercices de gymnastique pour développer sa souplesse et sa résistance.

Brian Lane, *Crimes et enquêtes*, adapté de l'anglais par Christine Monnatte, Paris, © Éditions Gallimard, et Londres, © 1998 Dorling Kindersley Limited, p. 54-55.

Janie INTERVIENT

[Plongés dans l'angoisse,]en proie à la peur et à l'indécision, les Sanford oublièrent [complètement]Janie, discrètement recroquevillée dans le grand fauteuil près de la cheminée. Elle aurait dû être au lit depuis longtemps, quoiqu'une entorse au programme fût parfois tolérée, cette jeune personne s'étant, avec passion, spécialisée
5 dans les phalènes, les chauves-souris, les grillons et autres créatures nocturnes.[À onze ans, maigrichonne, godiche, criblée de taches de rousseur, sauvée de justesse de la laideur par d'immenses et limpides yeux bruns, rayonnant d'intelligence et de vivacité,]Janie était sans conteste une «experte» en histoire naturelle et biologie; intrinsèquement, toute considération d'âge mise à part.

10 Tandis que Mr Sanford faisait passer la bande magnétique pour la troisième fois (peut-être dans le faible espoir que le son de la voix de son fils l'aiderait à résoudre le dilemme[qu'elle avait suscité) Janie prenait placidement des notes et «gambergeait». Pour elle, c'était un peu comme s'il s'agissait de jeter les bases et d'étudier les données d'un nouveau «topo» à l'école de Kenilworth.

15 «On me retient prisonnier, papa, annonçait la voix du garçon (sur un ton léger manifestement voulu). Je ne sais pas où, bien sûr. Mais si tu ne laisses pas tomber cette réunion du conseil municipal, lundi prochain, ils vont "prendre des mesures". Il n'est pas question de me tuer; on m'a demandé de bien insister là-dessus. Il est question de mes… (ici, une légère hésitation dans la voix) doigts. Je ne peux pas en
20 dire plus; sauf que pour l'instant ça va.»

«Les doigts de Bill! s'indigna Mrs Sanford, éplorée (comme à chaque audition de la bande). Les horribles individus!

— C'est bien pourquoi je suis sûr qu'Ed Corey est derrière tout ça, gronda son mari. C'est tout à fait son genre. Si je ne peux pas voter, en n'assistant pas à la réu-
25 nion, le Conseil cédera le terrain de Glen Davon à sa compagnie, et notre dernière chance d'obtenir un parc convenable s'envolera.

— Il faut faire ce qu'ils exigent, soupira-t-elle. On ne peut pas risquer de sacrifier les mains de Bill.»

Le visage de Sanford revêtit une expression sinistre, à la fois douloureuse et
30 courroucée. Il lui arrivait parfois de souhaiter que son garçon fût dépourvu d'un tel don. Cela faisait de longues années, lui semblait-il alors, qu'ils étaient l'objet de leur incessante vigilance, ces précieux doigts, ces menus doigts prestigieux. Pourquoi diable Bill n'avait-il pas montré des dispositions pour les mathématiques ou autre chose, dans un domaine où les mains n'ont pas une telle importance? Mais c'était
35 ainsi; et dans une semaine exactement, il jouerait le *Troisième Concerto pour piano* de Beethoven avec l'orchestre symphonique, à moins que les truands de Corey n'aient brisé les doigts du gosse. Ils n'hésiteraient pas un seul instant, avec une aussi juteuse opération foncière à la clef; et pour un musicien, une main blessée, c'était extrêmement grave. Le dommage risquait d'être irrémédiable, en dépit de toutes
40 les prouesses de la médecine et de la chirurgie. Pouvait-on courir pareil risque?

«Eh bien, voilà, exhala-t-il lourdement, on a fait une douzaine de fois le tour de la question, et je ne connais toujours pas la réponse. Faut-il avertir la police, ou suivre à la lettre leurs instructions, s'incliner, et laisser Corey rafler la mise?

— Je n'ai pas changé d'avis, dit son épouse. Pour moi, à côté de la carrière de
45 Bill, la création d'un parc, ça ne compte pas.

— S'il n'y avait que ça! Tout le monde pensera que je me suis laissé acheter. Sur le plan politique, ici, je serai fichu.

— Je sais, et c'est terriblement injuste. Mais avons-nous le choix? Si tu avertis la police, que pourra-t-elle faire? Où iront-ils le chercher, Bill? Il peut être à deux pas
50 comme à cent kilomètres. Comment veux-tu qu'ils le trouvent avant la réunion, d'ici trois jours seulement, et sans la moindre indication pour orienter leurs recherches?

— Peut-être que je pourrais les aider, lança une petite voix allègre, pleine d'as-surance, et Mrs Sanford sursauta.

— Janie! s'écria-t-elle. Tu es restée là tout le temps? Ça alors! Il est presque
55 minuit, ma petite fille.

— J'ai écouté l'enregistrement de Bill – et ça m'a donné à penser, des tas de choses, émit doctement la jeune créature.

— Ça n'est pas un jeu, maugréa son père. C'est une affaire très sérieuse.

— Je le sais. Moi aussi, je suis très sérieuse, papa.»

60 Cette réponse se colorait d'une nuance assez prononcée de reproche. Elle les aimait beaucoup, ses parents, mais, souvent, elle trouvait qu'ils manquaient de logique et d'objectivité dans leur comportement quotidien; pas assez réfléchis; trop émotifs, sentimentaux, impulsifs. Mais aussi, allez du jour au lendemain changer quelqu'un qui vous déclare péremptoirement, automatiquement, sans y regarder de
65 plus près, que les chauves-souris et les insectes sont des bestioles déplaisantes; toute une éducation à refaire. Cela pourrait prendre des années, songeait Janie à l'instant même, désabusée, réprimant un soupir.

« Épargne-nous tes élucubrations et va te coucher, mon enfant, lâcha Mr Sanford avec quelque brusquerie. Ta mère et moi avons à discuter d'un grave problème et
70 il nous faut du calme, de la tranquillité.

« Tu sais, enchaîna-t-il (se retournant vers sa femme), il devrait se ramasser, Corey, avec sa sale combine. Même si je m'abstiens, il tombera sur un bec. Un des votes sur lesquels il comptait va lui manquer, celui de Hugh Norton. Ce cher Hugh a eu la bonne idée de se faire esquinter avec sa bagnole dans un accident de la cir-
75 culation à Redwood Falls, et il ne pourra pas être là. J'ai appris la nouvelle juste avant de rentrer. Résultat: les votes "pour" vont équilibrer les "contre", et le vote du maire Leavitt sera décisif. Il appuiera le projet de parc; c'est un type bien, et il s'est engagé à fond.

— Il sent le pain de seigle rassis, commenta la voix claire et incisive de Janie.

80 — Janie, voyons! » la rabroua Mrs Sanford. Malgré la gravité de la situation, son mari ne put s'empêcher de sourire.

« Le fait est qu'il aime à tâter du kummel, Ivy, dit-il, et j'avoue qu'il l'empestait le jour où Janie l'a rencontré. Ça n'en a pas seulement l'odeur, d'ailleurs, ça a aussi nettement le goût du seigle. Je préfère le whisky.

85 — Écoute, papa, dit Janie. Pour Bill, j'ai vraiment une idée. Vraiment! Ça devrait marcher.

— Bon, très bien, soupira sa mère, quêtant du regard l'approbation de Mr Sanford. Inutile de vouloir s'en débarrasser quand elle s'est fourré quelque chose dans le crâne. Allez, Bébé, vas-y; comme ça, on pourra peut-être te mettre au lit avant
90 l'aube. »

« Bébé » fit tiquer Janie, et elle grimaça; mais elle sentait bien que ce n'était pas le moment de faire une scène à cause de ce révoltant vocable.

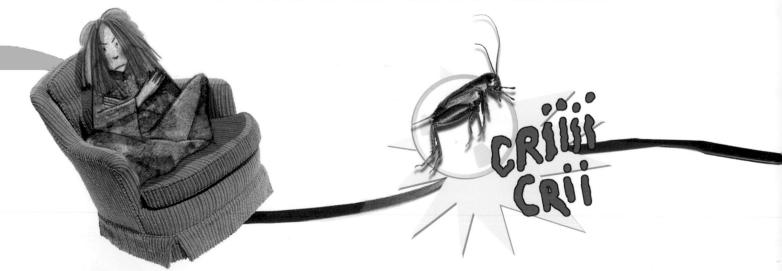

CRIIiii
CRIii

«Vous n'avez fait qu'écouter Bill, déclara-t-elle, sentencieuse et sévère, et tous les sons importants de la bande vous ont échappé.

95 — C'est-à-dire? s'enquit son père.

— Eh bien, les grillons, pour commencer.

— Les grillons! Qu'est-ce que ça nous apporte, les grillons? Ils pullulent, il y en a partout.

— Oui, mais il y a un rapport très simple et très précis entre le nombre de stridu-
100 lations à la minute et la température ambiante. Lutz l'indique dans son "Manuel". J'ai fait le calcul, et j'ai obtenu vingt degrés.»

Les Sanford se regardèrent, vaguement décontenancés.

«Bon, nous savons quelle chaleur il faisait. À quoi ça nous avance? demanda sa mère.

105 — Au coucher du soleil et pendant une pareille vague de chaleur, c'est bas comme température, maman. Il n'y a pas beaucoup d'endroits par ici où on pour-rait la relever.

— Qu'est-ce qui te fait penser que la bande a été enregistrée au coucher du soleil, peux-tu me le dire? s'informa Mr Sanford.

110 — Tu n'as même pas entendu les mauvis, et les merles? Les grillons commencent à striduler au crépuscule, en général; et les oiseaux se taisent pour la plupart une fois la nuit tombée; j'en ai donc déduit…

— Laisse, j'ai compris! coupa son père. Ma tête n'est pas qu'un paquet d'os, seulement aux deux tiers.

115 — Ça ne nous dit pas où Bill se trouve! dit son épouse d'une voix plaintive.

— Ensuite, il y a les grenouilles, poursuivit l'inexorable Janie (en les fixant tour à tour de ses énormes yeux bruns, chauds et doux comme du caramel fondu). Mauvis et grenouilles, ça veut dire de l'eau.

— Là, tu marques un point, admit Mr Sanford. Mais pourtant, mon petit chou,
120 ça n'est pas suffisant comme indices. J'ai bien peur…

— Depuis mars, on n'a pratiquement pas eu de pluie, lui rappela sa fille. Tu sais à quel point la sécheresse a sévi dans toute la région. Vraiment, papa, à des kilomètres et des kilomètres à la ronde, il y a fort peu d'endroits qui ne soient à présent complètement asséchés. Alors, en tenant
125 compte des mauvis (et ça veut dire aussi des joncs; ils les adorent) et des martins-pêcheurs, par-dessus le marché, je me suis dit…

— Des martins-pêcheurs ? répéta-t-il, paraissant déglutir avec peine.

— Ce sont des oiseaux. On peut en entendre un qui pépie à l'arrière-plan. Donc, je me suis dit que c'était sur le vieux domaine du ranch Larrabee qu'il fallait
130 chercher. Il a des tas d'hectares avec beaucoup de vieilles bâtisses et de cabanes, des joncs, des étangs ; et il y a là en particulier une petite vallée où le soleil ne pénètre pas ou à peine. Je parie que c'est le bon endroit, dans la zone basse, là où l'air frais s'installe et se tasse, comme qui dirait. C'est là que doit être Bill.

— Fred, murmura Mrs Sanford, ça se tient, ce qu'elle dit.

135 — On pourrait téléphoner au vieux Mr Renfrew du ranch Santa Clara, suggéra Janie. Il établit lui-même sa météo. Il pourrait au moins nous dire ce qu'il a relevé comme température aux abords du domaine Larrabee, pas loin de l'endroit en question. »

Mr Sanford la considéra avec une stupeur émerveillée.

140 « J'appellerai le chef de la police, le shérif Thompson, demain à la première heure, et je lui demanderai d'organiser des recherches – ou plutôt une sorte de raid – dans ce coin du ranch Larrabee. Il pensera probablement que je travaille du chapeau, mais Janie peut avoir vu juste. Il faut essayer ; on n'a rien à perdre. Après tout, si elle se trompe – et je ne me risquerais pas à parier là-dessus, car elle le connaît
145 comme sa poche, le comté ; elle l'a parcouru dans tous les sens avec le groupe écolo de ton ami Eddie Taylor – mais enfin, si elle se trompe, je pourrai toujours renoncer au vote de lundi pour soustraire Bill aux représailles de ces truands. Et après ça, ajouta-t-il, farouche, il aura affaire à moi, ce salopard de Corey ! »

Mais Janie avait tapé en plein dans le mille. Sous la conduite avisée d'un shérif
150 chevronné, au terme d'une approche concentrique, silencieuse et circonspecte, les policiers surprirent et maîtrisèrent, tout déconfits, les deux individus qui retenaient Bill prisonnier dans une cabane délabrée. Celle-ci se trouvait dans un épais taillis au bord d'un étang – avec des joncs, naturellement, et des mauvis emplissant l'air de leur allègre gazouillis.

155 Plus tard, le même jour, le shérif déclara à Mr Sanford :

« Ces deux minables voyous ne savent même pas qui a loué leurs services. D'après eux, il était masqué et déguisé à ce moment-là, et aussi quand il a enregistré le message du gosse. Le seul renseignement qu'ils prétendent pouvoir fournir, ajouta-t-il, l'air écœuré, c'est que le type sentait le pain de seigle. Ils doivent
160 me prendre pour un demeuré ! »

La mâchoire inférieure de Mr Sanford tomba et il se tourna bouche bée vers sa femme, dont les yeux se transformaient en soucoupes. Janie piaula, puis fut prise d'un petit fou rire aigu imitant une volière de mauvis en folie.

« Non ! Ça, par exemple ! s'exclama son père. Le maire ! »

165   — Quou – a – ah?» expectora le shérif Thompson.

Il s'avéra ultérieurement que le maire Leavitt, se trouvant dans une dramatique situation financière, s'était laissé acheter pour un bon prix. Sanford s'abstenant, son vote décisif aurait enterré le projet de parc.

Janie n'assista pas au triomphe de son frère à la salle de concert; un cas de force
170 majeure l'en empêcha. Les phalènes commençaient à émerger de leurs chrysalides, et, ainsi qu'elle l'expliqua à ses parents en termes poignants:

«Vous ne voudriez tout de même pas que ces pauvres petites choses viennent au monde dans un total isolement, sans personne pour veiller sur elles!

— Non, je ne pourrais pas supporter un pareil poids sur ma conscience», confirma
175 gravement Sanford, et il entraîna sa femme vers la sortie (ce serait un miracle, à présent, s'ils arrivaient à temps pour le premier mouvement).

«En tout cas, murmura-t-il, en un perceptible aparté théâtral [qui fit s'empourprer les joues de sa fille,] elle n'a pas encore, à onze ans, le détachement cynique de certains savants à sang de poisson.»

180 Puis il ajouta, d'une voix sonore, en se retournant avant de franchir le seuil:

«Bonne fête des Mères, Janie!»

Arthur Porges, «*Janie Zeroes In*», traduit de l'américain par Philippe Kellerson,
© 1966, H.S.D. Publications, paru dans *Histoires à trembler de la tête
aux pieds*, histoires présentées par Alfred Hitchcock,
Paris, Hachette Jeunesse, p. 45 à 56.

Arthur Porges

Arthur Porges est un écrivain américain né en 1915. Il a écrit de très nombreuses histoires d'aventures et de science-fiction dans des revues américaines durant les années 1950 et 1960. Il a la réputation d'être un excellent conteur qui manie un humour parfois glacé.

SORTIR
DES

SENTIERS BATTUS

Dans leur laboratoire ou dans leur cuisine,
des gens cherchent, se posent
des questions, veulent savoir.
Des inventions naissent de leurs essais
et de leurs erreurs.
Des découvertes se font grâce à leur désir
de comprendre.

Dans le tourbillon de la vie, des gens empruntent
d'autres voies, suivent d'autres chemins.
Des projets magnifiques naissent de leurs rêves.
Des vies différentes se tissent
grâce à leur passion.

Partout, des gens sortent des sentiers battus
pour penser autrement et vivre autrement.

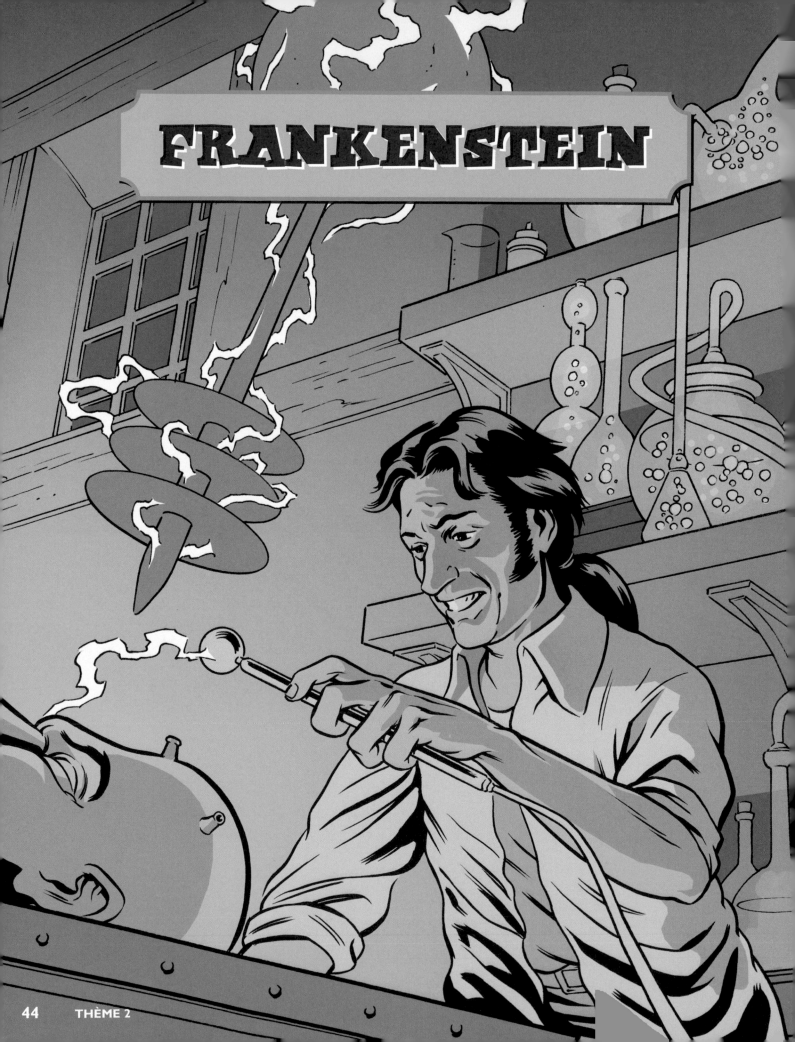

À dater de ce jour, la physique et plus spécifiquement la chimie, au sens le plus large du terme, devinrent presque mes seules préoccupations. Je lisais avec ardeur les œuvres géniales et savantes que les chercheurs modernes ont consacrées à ces sujets. J'assistais à des conférences, et je cultivais la compagnie des hommes de science 5 attachés à l'université. [...] Mon assiduité fut tout d'abord hésitante et incertaine, mais au fil de mes études elle s'affermit et devint bientôt si ardente et enthousiaste que souvent les étoiles s'estompaient dans la lumière de l'aube tandis que je m'activais encore dans mon laboratoire.

On conçoit aisément qu'avec un tel zèle mes progrès furent fulgurants. Mon exalta-
10 tion faisait l'étonnement des étudiants, et mes progrès, celui de mes maîtres. [...] Deux années s'écoulèrent ainsi sans que je retourne à Genève; je me consacrais corps et âme à mes travaux, espérant qu'ils déboucheraient sur quelques découvertes majeures. La fascination qu'exerce la science n'est compréhensible que par ceux qui l'ont éprouvée. Dans d'autres disciplines vous suivez le trajet emprunté par vos prédécesseurs mais
15 vous ne pouvez aller plus loin qu'eux, tandis que l'espoir de découvertes et d'émer-veillements irrigue toute recherche scientifique. Un individu doté d'une intelligence moyenne, qui se concentre sérieusement sur un champ précis, arrivera immanqua-blement à le maîtriser de façon magistrale. Moi qui poursuivais inlassablement le même objet, qui m'y donnais entièrement, je fis des progrès si rapides qu'au bout de ma
20 deuxième année d'études j'avais découvert des moyens d'améliorer divers instruments de chimie, ce qui me valut l'estime et l'admiration de tous les universitaires. [...]

La composition de l'organisme humain et, à la vérité, de tout animal doté de vie, était l'un des phénomènes ayant le plus retenu mon attention. Je m'interrogeais sou-vent sur l'origine du principe de vie. La question était audacieuse, car touchant à un
25 mystère que nul n'avait jamais su résoudre. [...] Je songeais à cela et décidai d'appro-fondir l'étude des branches de la physique ayant trait à la physiologie. Si je n'avais été animé par un enthousiasme naturel, cette étude m'aurait paru ennuyeuse et presque intolérable. Quiconque veut analyser les causes de la vie doit, pour commencer, se tourner vers la mort. Je me familiarisai avec l'anatomie, mais ce n'était pas suffisant; je
30 devais aussi observer le dépérissement et la corruption du corps humain. [...]

Souvenez-vous que je ne décris pas les élucubrations d'un dément. Ce que j'affirme en ce moment est aussi vrai que l'éclat du soleil dans le ciel. […] Après des jours et des nuits d'un labeur intensif et épuisant, je perçai le secret de la création et de la vie. Mieux encore, je devins moi-même capable d'animer la matière inerte.

35   […]

Je me trouvais en possession d'un pouvoir si étonnant que j'hésitai longtemps sur la manière de l'employer. J'étais désormais en mesure d'animer la matière; mais préparer un corps susceptible de la recevoir, un organisme avec ses réseaux délicats de fibres, de muscles et de veines, demeurait toujours une œuvre d'une difficulté impen-
40 sable. Je m'interrogeai pour savoir s'il me fallait tenter de créer un être semblable à moi-même ou un organisme plus simple. Mon imagination avait cependant été trop exaltée par mon premier succès pour m'autoriser à douter de ma capacité à dispenser la vie à un animal aussi complexe et prodigieux que l'homme. Les matériaux dont je disposais à l'époque ne paraissaient pas appropriés à la réalisation d'une entreprise
45 aussi ardue; pourtant, à aucun moment je ne doutai de ma réussite finale. Je me préparai à affronter une multitude de revers; mes travaux risquaient de se solder à chaque fois par un échec et mon œuvre de ne jamais atteindre à la perfection. Il me suffisait néanmoins de songer aux progrès qu'enregistraient tous les jours la science et la mécanique pour reprendre espoir et me dire que mes tentatives actuelles poseraient
50 au moins les fondements de succès futurs. En outre, l'ampleur et la complexité de ma tâche ne m'apparaissaient pas comme des preuves de son caractère utopique. C'est dans cet état d'esprit que j'entrepris de créer un être humain. La petitesse des organes ralentissait considérablement mon travail, aussi je résolus, contrairement à mon intention première, de réaliser un être de taille gigantesque — mesurant environ huit pieds
55 de hauteur, et d'une largeur proportionnelle. Ayant pris cette décision et rassemblé et conservé plusieurs mois les matériaux nécessaires à mon œuvre, je me mis au travail.

Mary Shelley, *Frankenstein,* 1818.
Traduit de l'anglais par Paul Couturiau,
© Éditions du Rocher, 1988.

Mary Shelley

Mary Shelley (1797-1851) est née en Angleterre dans un milieu littéraire non conformiste. Elle apprend très jeune le grec, le latin, l'italien et le français. C'est à la suite d'un pari qu'elle entreprend la rédaction de son roman *Frankenstein*, dans lequel un savant crée de toutes pièces un homme. L'idée de créer un individu artificiel, sans l'aide de Dieu mais grâce à la science, est extraordinairement moderne pour l'époque. Le roman, paru en 1818, connaît un très grand succès, qui ne se dément pas encore aujourd'hui. *Frankenstein* a fait l'objet de plusieurs adaptations cinématographiques.

INVENTIONS

• Le stéthoscope •

À 22 ans, René Laennec (1781-1826) sort premier du Concours général de médecine et de chirurgie. Il devient vite un praticien réputé, publie des articles scientifiques et commence ses propres recherches, notamment en confrontant des signes de
5 maladies observés sur des patients avec des lésions constatées sur des cadavres. Un jour, alors qu'il ausculte une jeune femme qui souffre sans doute de troubles cardiaques, Laennec, par pudeur et gêné par l'embonpoint de la patiente, forme un rouleau avec un cahier de papier et l'ap-
10 plique sur la poitrine de la malade. Il entendit mieux les battements du cœur qu'avec aucune autre méthode employée à l'époque. Il décida de créer un instrument adéquat. Il utilisa d'abord un rouleau de papier ficelé, puis un cylindre de bois, un vieux hautbois, avant de finalement mettre au point, à 37 ans,
15 le stéthoscope.

John D. Harris, *Inventions : Le grand livre 2004*, Neuilly/Seine, © Michel Lafon, 2003, p. 126-127.

René Laennec.

• Le Canada dans l'espace •

Ceux que la conquête de l'espace fascine savent sans doute que le premier homme à marcher sur la Lune est l'astronaute américain Neil Armstrong, le 20 juillet 1969. Mais ce que
5 l'on sait moins c'est que juste avant qu'Armstrong ne pose ses pieds sur la Lune, ce sont des pattes canadiennes qui ont d'abord touché le sol lunaire. En effet, le module lunaire 5, baptisé *Eagle*, qui a permis à la navette *Apollo 11* de se poser sur la
10 Lune, était équipé d'un train d'atterrissage fabriqué à Longueuil.

Les pattes du module lunaire

Une entreprise américaine a dessiné et conçu le module lunaire. Cependant, c'est une compa-
15 gnie de Longueuil qui avait la meilleure expertise pour l'usinage des longues tubulures d'aluminium entrant dans la composition des pattes. [...] Les

spécialistes ont fait preuve d'audace et d'ingé-
niosité pour fabriquer ces tubulures uniques. Le
20 concept même de leur fabrication n'existait pas,
les ingénieurs ont dû imaginer une solution et ont
même adapté la machinerie pour permettre la
mise au point de ces pattes.

68 jambes

25   Il a fallu prendre un cylindre d'aluminium
plein, le vider afin que la paroi du tube ainsi
obtenu présente une épaisseur de 60 millièmes
de pouce (1,6 mm), soit l'équivalent de l'épaisseur de 10 cheveux humains. La patte était cons-
30 tituée de deux tubes qui glissaient l'un dans
l'autre. À l'intérieur se trouvait un amortisseur
destiné à ne servir qu'une seule fois, fait d'une
cartouche en nid d'abeille d'aluminium qui se
déformait lors de l'impact sur la Lune, absorbant
35 ainsi l'énergie. De telles pattes n'auraient pu
résister à la charge de l'atmosphère terrestre
mais l'atmosphère de la Lune représente 1/6 de
celle de la Terre. Tout y est six fois plus léger.
Avant la fin de l'été 1967, l'entreprise longueuil-
40 loise a livré à la NASA 68 jambes (et pieds!) de
trains d'atterrissage pour les 15 modules lunaires
(quatre jambes par train plus deux trains de
réserve).

[…]

45 Le «bras canadien»

Quelques années après les jambes, ce fut le
bras qui permit au Canada de se distinguer dans
l'aventure spatiale. Alors que les Américains et
les Soviétiques sont engagés dans la course à la
50 conquête de l'espace, au début des années 70, le
Canada continue de développer des créneaux
stratégiques en sciences et technologies spatiales.
La robotique est un de ceux-là.

C'est ainsi qu'en 1973 prend forme le projet
55 qui mènera à l'une des plus célèbres inventions
canadiennes: construire le premier télémanipu-
lateur pour la navette spatiale *Columbia*. Le bras
robotisé sera conçu pour exécuter des tâches
complexes sur orbite, comme le déploiement et
60 le retrait de satellites. […]

Le «bras canadien» est calqué sur le bras
humain. Des fils de cuivre remplacent le système
nerveux, des fibres de graphite, l'ossature et des
moteurs électriques jouent le rôle des muscles.
65 Le bras est muni de plusieurs articulations rota-
tives, deux au niveau de l'épaule, une au coude et
trois au poignet. Il ne pèse que 480 kg mais peut
soulever une charge de 30 000 kg et utilise moins
d'électricité qu'une bouilloire électrique. Son cer-
70 veau est constitué d'un ordinateur perfectionné.
Le 12 novembre 1981, après huit ans d'efforts et
de travail acharné, *Columbia* lance le plus célèbre
système de robotique spatiale, le «bras canadien». En 1998, il a fêté sa 50e mission couronnée
75 de succès.

Le livre mondial des inventions: Supplément Québec 2001,
Paris, Éditions XO, 2000.
Texte légèrement modifié à des fins pédagogiques.

• La huitième merveille du monde •

Ainsi surnomme-t-on le pont de Québec, reconnu comme un chef-d'œuvre de l'ingénierie. Sa construction, qui a débuté en 1900, a été semée d'embûches, secouée par des tragédies, mais elle a finalement été achevée 17 ans plus tard, en septembre 1917. Le pont a été inauguré officiellement par le prince de Galles en 1919. Depuis le milieu du siècle précédent, les ingénieurs examinaient toutes les possibilités afin de franchir le fleuve Saint-Laurent sans parvenir à s'entendre sur la technique à adopter. Mais ils s'entendaient sur une

chose : pour favoriser le développement économique de la région, il fallait absolument trouver une façon de relier le réseau ferroviaire de la rive sud à celui de la rive nord. Après de multiples consultations, même auprès de l'ingénieur français Gustave Eiffel, on retient le pont de type cantilever plutôt que le pont suspendu parce qu'il offre de meilleures garanties de solidité pour les poids lourds. Le mot «cantilever» vient de l'anglais *cant* qui signifie rebord et *lever*, levier. C'est un système (sans câbles) de poutres «en porte-à-faux», ancrées solidement de part et d'autre du fleuve. Il se compose d'immenses bras métalliques dont certains se dirigent vers le milieu du fleuve et d'autres vers le rivage. Le

pont de Québec est le plus long pont cantilever au monde avec sa travée principale longue de 1800 pieds. Le génie de ceux qui l'ont conçu et construit est salué à travers le monde, mais cette réalisation ne s'est pas faite sans drames. Le 29 août 1907, alors que les travaux vont bon train, le pont s'écroule. Bilan : 76 victimes. On met deux ans à nettoyer la rive sud, encombrée de 9000 tonnes de ferraille. Dès 1910, le gouvernement canadien décide de reprendre les travaux [...]. Le 11 septembre 1916, au moment où les ouvriers s'apprêtent à hisser la travée centrale, le mécanisme de levage cède et la masse métallique plonge dans le fleuve : 13 personnes sont tuées. L'année suivante, la travée est reconstruite et installée. L'ouvrage est enfin complété et le premier train franchit le fleuve en octobre 1917. Ce n'est que 12 ans plus tard qu'une voie carrossable sera aménagée entre les deux voies ferrées. Deux autres voies routières se sont ajoutées depuis, mais le pont de Québec conserve des voies ferrées qui permettent le transport de marchandises aussi bien que de voyageurs.

Le livre mondial des inventions : Supplément Québec 2001,
Paris, Éditions XO, 2000.
Texte légèrement modifié à des fins pédagogiques.

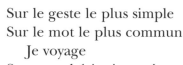

NOCTURNE

Sur le geste le plus simple
Sur le mot le plus commun
 Je voyage
Sur votre hésitation même
5 Sur votre regard perdu
 Je voyage
N'essayez pas de me suivre
Ou m'empêcher de partir
 J'appareille
10 Vers une terre inconnue
Où des pleurs d'enfant m'appellent
 J'appareille
Vers une douleur aiguë
Qui ne m'a pas dit son nom.
15 Mais qui chante
La vieille complainte humaine
Que méprise le tambour ?
 Mais qui chante
Et qui me parle d'amour
20 De sa voix la plus lointaine ?

Gilles Vigneault, «Nocturne», dans *L'armoire des jours*,
Montréal, Nouvelles éditions de l'Arc, 1998, p. 17.

Gilles Vigneault

Le poète, compositeur et interprète Gilles Vigneault est une figure centrale de la chanson québécoise. Il est né à Natashquan en 1928. Inspiré par les grands espaces, les gens de son coin de pays, il compose des chansons qui lui valent une renommée internationale. La fraternité humaine, l'engagement social et politique sont au cœur de ses préoccupations, lui qui souhaite plus que tout «aller vers l'autre». Gilles Vigneault écrit aussi des nouvelles et des contes.

LOUIS BRAILLE,

UN INVENTEUR PRÉCOCE

Institut des jeunes aveugles à Paris.

Braille maîtrise le procédé

Des points! Louis était fasciné. On peut imaginer les enfants, timides et indécis dans leurs premiers essais, tandis qu'un murmure d'intérêt
5 montait dans la salle, au fur et à mesure que les doigts exploraient les formes différentes, puis la montée de l'excitation tandis qu'ils se rendaient compte à quel point il leur était plus facile de distinguer celles-ci que les contours des grandes lettres
10 en relief des livres auxquels ils étaient habitués.

[...]

Tout au long de l'hiver, les élèves travaillèrent avec enthousiasme sur l'invention de Barbier. Ils étaient fascinés à l'idée de pouvoir enfin écrire et
15 d'être capables de pouvoir vraiment lire. Braille et Gauthier passèrent de nombreuses heures, en dehors des classes, à s'adresser mutuellement des messages pour s'exercer.

Difficultés du procédé de Barbier

20 Mais plus Braille se familiarisait avec le sonographe, plus il devait admettre que ce système posait des problèmes quasi insurmontables. Pour commencer, on ne pouvait s'en servir pour épeler; il était conçu pour représenter les mots sous
25 forme d'une collection de sons. On ne pouvait placer ni virgules, ni points, ni la moindre ponctuation, le capitaine Barbier n'ayant prévu aucune combinaison de points pour cela. On ne pouvait non plus mettre d'accents ni écrire de
30 chiffres. Pas de mathématique possible. Pas de notation musicale, non plus.

Et il y avait tant de points pour chaque mot! Chaque symbole pouvait comporter jusqu'à six points, et une seule syllabe arrivait à en compter
35 jusqu'à vingt! C'était trop pour pouvoir les sentir avec un seul doigt, trop dans un groupe pour s'en souvenir sans erreur.

Certes, le procédé était infiniment mieux que celui des lettres en relief de Valentin Haüy; mais il
40 fallut tout de même admettre, en fin de compte, qu'il y avait trop de points et que ces points n'en disaient pas assez.

Braille rencontre le capitaine Barbier

Braille hasarda quelques améliorations. Celles-
45 ci semblaient efficaces et, excité, il les montra au Dr Pignier*. Impressionné, le directeur suggéra d'en parler à Barbier et le capitaine, lui aussi intéressé, vint une deuxième fois à l'école.

Il n'existe aucun compte rendu détaillé de la
50 rencontre de Braille et de Barbier, mais nous savons que le capitaine n'en revenait pas de se trouver en face d'un garçon de treize ans qui prétendait avoir résolu des problèmes ayant échappé à sa propre sagacité. Et s'il admit volontiers l'uti-
55 lité des améliorations suggérées par Braille, il ne

_____

* Le Dr Pignier est le directeur de l'école.

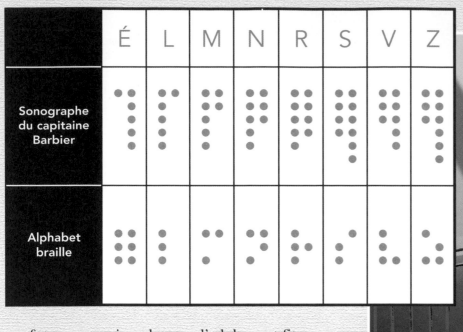

	É	L	M	N	R	S	V	Z
Sonographe du capitaine Barbier								
Alphabet braille								

fut pas convaincu lorsque l'adolescent fit remarquer avec insistance qu'il fallait envisager une transformation plus radicale pour réduire le nombre des points et introduire la ponctuation.

60 [...]

Braille expérimentateur

Face à l'obstination du capitaine Barbier, pour qui son système était aussi bon qu'il avait besoin de l'être, Braille renonça à le convaincre. Il
65 restait néanmoins certain que ce système pouvait être amélioré. Avec ou sans Barbier, il chercherait, il simplifierait. Il trouverait quelque chose d'efficace, de facilement manipulable, capable de faire tout ce qui relevait de l'écriture
70 et de la lecture, avec la même flexibilité que l'alphabet des voyants.

Et c'est ainsi qu'un gamin de treize ans se mit en quête de ce procédé idéal. Il y travaillait pendant tous les instants qu'il pouvait voler aux
75 leçons, n'hésitant pas [...] à s'y atteler la nuit, dans le silence du dortoir, et à s'y remettre le matin, dès avant l'aube. Il profita aussi de ses vacances à Coupvray pour calculer, expérimenter, revoir et améliorer sans cesse.

80 Sa première tâche consistait à réduire le nombre de points afin que chaque symbole soit immédiatement interprété, au premier contact du doigt. Il devait également éliminer toute disposition de points ou de traits qui pourrait se
85 confondre avec une autre; chaque groupe de points devait avoir des caractéristiques qui le différenciaient nettement des autres.

Il y avait une solution, il en était convaincu. Il suffisait de la trouver.

90 L'aube de l'alphabet braille

En octobre, à la rentrée, Louis sentait que son système était prêt. Il avait trouvé le moyen de former toutes les lettres de l'alphabet, les accents, la ponctuation et les signes mathéma-
95 tiques à l'aide de seulement six points et quelques traits horizontaux. Le groupe de points pour chaque signe était maintenant si petit qu'il n'était pas nécessaire de déplacer le doigt: on

Tablette et poinçon pour écrire en braille.

Livre en braille.

sentait tout le groupe d'un coup, comme l'œil
100 voit une lettre d'un coup.

Son ami Gauthier, mis au courant, ne pouvait
contenir son excitation. Des groupes d'élèves se
réunirent autour du jeune Braille, qui écrivait
avec une vitesse et une précision confondantes.
105 En quelques heures, toute l'école était au
courant et le Dr Pignier fit venir Braille pour
qu'il lui montre ce qu'il avait trouvé. Le
directeur, fasciné, le regarda faire sa démonstra-
tion: cela paraissait si simple, si précis, si clair!
110 Six points seulement! Et avec ses six points, cet
extraordinaire enfant avait trouvé le moyen de
former soixante-trois combinaisons. Il y avait vraiment quelque chose là-dedans!

Il restait quelques détails à régler, admit
115 Braille, le plus sérieusement du monde. Sans
hésiter, le directeur félicita le jeune élève et l'invita à continuer ses recherches.

Il fallut peu de temps à ses camarades pour
apprendre le système de Braille. Il ne se tradui-
120 sait pas par toutes les frustrations qu'ils avaient
connues avec les points du capitaine Barbier.
[...]

Pour la première fois, des étudiants aveugles
pouvaient prendre des notes, recopier les pas-
125 sages qui les intéressaient, voire des livres entiers,
s'envoyer des lettres, tenir un journal, écrire des
histoires: tout ce qui jusqu'ici leur avait été
totalement interdit. Pour les aveugles, c'était
indiscutablement l'aube d'une ère nouvelle.

Beverley Birch, *Louis Braille : L'inventeur du langage
qui permit aux aveugles de lire*, © Beverley Birch.

Joanne Liu,

MÉDECIN

E lle exerce depuis près de 10 ans l'un des métiers les plus durs qui soient: la médecine d'urgence dans des pays dévastés par la guerre, la pauvreté, la famine, les désastres naturels.

L'automne dernier, le Québec découvrait le travail exceptionnel de cette pédiatre québécoise née de parents chinois. Joanne Liu revenait de cinq semaines passées au Darfour, cette région du Soudan, en Afrique, où sévit depuis 2003 et dans l'indifférence quasi générale une effroyable crise humanitaire. «De 200 à 300 personnes faisaient la file chaque matin devant la clinique. Il manquait de médecins. Je m'occupais des enfants. Chaque jour, j'en voyais mourir une vingtaine.» Des mois plus tard, l'émotion née de l'horreur quotidienne vécue là-bas est toujours présente dans la voix de Joanne Liu, qui dirige l'aile canadienne de Médecins sans frontières (MSF).

«Je n'avais pas du tout envie d'être un médecin avec une grosse maison et une piscine creusée. J'ai toujours cru à l'engagement social. Je suis hypersensible devant la tragédie humaine, je fonds quand je vois les images d'enfants décharnés.» Malgré tout, une fois sur le terrain, elle ne flanche jamais.

Et c'est comme ça depuis sa première mission officielle, en Mauritanie, en 1996. Elle est le seul médecin, travaille jour et nuit. Elle a 30 ans. «J'étais avec une équipe de huit, au milieu de nulle part, dans un camp de 400 000 réfugiés.» Puis, elle passe six

mois au Sri Lanka. De mission en mission, elle se retrouve en 1999 à Paris, au bureau de direction des programmes de MSF. «Je n'ai jamais eu de si grosses responsabilités.» En plus de gérer un budget de plusieurs millions de dollars et d'organiser des programmes d'aide internationale, elle fait des remplacements d'urgence sur le terrain, en Tchétchénie et au Congo-Brazzaville.

En 2002, aspirant à un peu de stabilité, la docteure Liu revient à Montréal. Depuis, elle fait deux missions d'urgence par année pour MSF, tout en travaillant comme pédiatre à l'hôpital Sainte-Justine, à Montréal, et dans les régions éloignées, au Québec ou au Nouveau-Brunswick. «Je vais là où il manque de médecins. Si je le fais au niveau international, je peux le faire au Canada.»

[...]

Ces dernières années, la pédiatre s'est rendue dans les Territoires palestiniens, en Haïti, au Nigeria, au Darfour aussi, bien sûr. Une goutte d'eau dans l'océan : c'est ainsi que Joanne décrit l'apport de MSF à la cause humanitaire. «Il est de plus en plus clair pour moi que notre contribution est très minimale.» Peu importe : elle ne lâchera pas. En janvier dernier, elle repartait, cette fois pour l'Asie du Sud-Est, dévastée par le tsunami.

Danielle Laurin, «Joanne Liu (Médecin)», *Châtelaine*, avril 2005, p. 75.

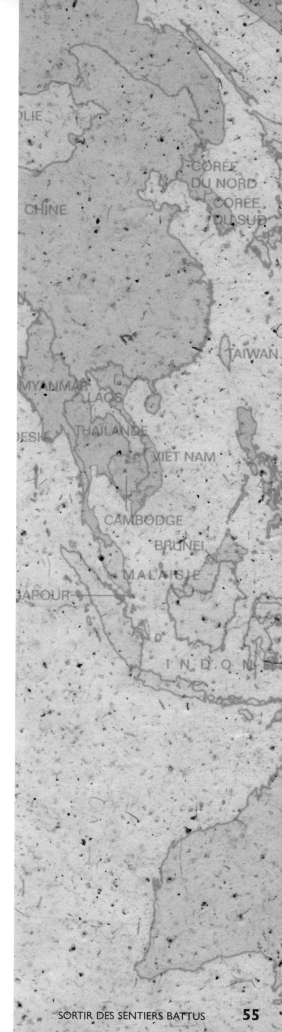

LÉONARD, LE GÉNIE

Turk et De Groot, *Léonard, génie à la page*, Bruxelles,
© Éditions du Lombard (Dargaud-Lombard s. a.), 2003, p. 68.

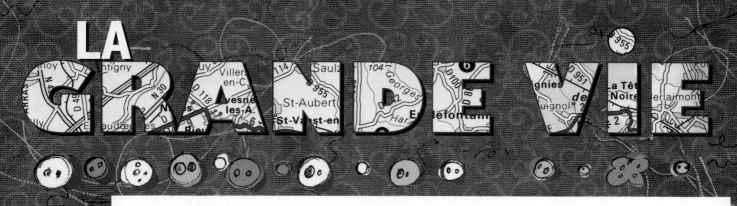

LA GRANDE VIE

Elles s'appellent Pouce et Poussy, enfin, c'est le petit nom qu'on leur a donné, depuis leur enfance, et pas beaucoup de gens savent qu'en réalité elles s'appellent Christèle et Christelle, de leur vrai nom. On les a appelées Pouce et Poussy parce qu'elles sont comme des sœurs jumelles, et pas très grandes. Pour dire vrai, elles
5 sont même petites, assez petites. Et très brunes toutes les deux, avec un drôle de visage enfantin, et un bout de nez, et de beaux yeux noirs qui brillent. Elles ne sont pas belles, pas vraiment, parce qu'elles sont trop petites, et un peu trop minces aussi, avec de petits bras et des jambes longues, et des épaules carrées. Mais elles ont du charme, et tout le monde les aime bien, surtout quand elles se mettent à rire,
10 un drôle de rire aigu qui résonne comme des grelots. Elles rient souvent, partout, dans l'autobus, dans la rue, dans les cafés, lorsqu'elles sont ensemble. […]

C'est probablement comme cela qu'elles ont eu l'idée de se lancer dans cette grande aventure. À l'époque, elles travaillaient toutes les deux dans un atelier de confection, où elles cousaient des poches et des boutonnières pour des pantalons
15 qui portaient la marque Ohio, U.S.A. sur la poche arrière droite. Elles faisaient cela huit heures par jour et cinq jours par semaine, de neuf à cinq avec une interruption de vingt minutes pour manger debout devant leur machine. «C'est le bagne», disait Olga, une voisine. Mais elle ne parlait pas trop fort parce que c'était défendu de parler pendant le temps de travail. Celles qui parlaient, qui arrivaient en retard, ou
20 qui se déplaçaient sans autorisation devaient payer une amende au patron, vingt francs, quelquefois trente, ou même cinquante. Il ne fallait pas qu'il y ait de temps mort. Les ouvrières s'arrêtaient à cinq heures de l'après-midi exactement, mais alors il fallait qu'elles rangent les outils, qu'elles nettoient les machines, et qu'elles apportent au fond de l'atelier toutes les chutes de toile ou les bouts de fil usés, pour
25 les jeter à la poubelle. Alors, en fait, le travail ne finissait pas avant cinq heures et demie. […]

Elles racontaient toujours la même histoire, une histoire sans fin qui les entraînait loin de l'atelier, avec ses barres de néon, son toit de tôle ondulée, ses fenêtres grillagées, le bruit assourdissant de toutes les machines en train de coudre inlas-
30 sablement les mêmes poches, les mêmes boutonnières, les mêmes étiquettes Ohio Made in U.S.A. Elles s'en allaient déjà, elles partaient pour la grande aventure, à travers le monde, dans les pays qu'on voit au cinéma: l'Inde, Bali, la Californie, les îles Fidji, l'Amazonie, Casablanca. Ou bien dans les grandes villes où il y a des monuments magiques, des hôtels fabuleux avec des jardins sur le toit, des jets d'eau, et
35 même des piscines avec des vagues, comme sur la mer: New York, Rome, Munich, Mexico, Marrakech, Rio de Janeiro. C'était Pouce qui racontait le mieux l'histoire sans fin, parce qu'elle avait lu tout cela dans des livres et dans des journaux. […]

C'était un jeu, simplement, pour rêver, pour oublier le bagne de l'atelier et toutes les his-
40 toires avec les autres filles et avec le patron Rossi. Et puis, peu à peu, ça a pris corps, et elles ont commencé à parler pour de vrai, comme si c'était quelque chose de sûr. Il fallait qu'elles partent, elles n'en pouvaient plus. Pouce
45 et Poussy ne pensaient plus à rien d'autre. Si elles attendaient, elles deviendraient comme les autres, vieilles et tout aigries, et de toute façon, elles n'auraient jamais d'argent. Et puis, à supposer que le patron Rossi ne les mette pas
50 à la porte, elles savaient bien qu'elles ne tien-draient plus très longtemps maintenant.

Alors, un jour, elles sont parties. C'était la fin du mois de mars, et il pleuvait sur la ville, toute grise et sale, il pleuvait une petite pluie
55 froide qui mouillait tout, même les cheveux, même les pieds dans les bottes, même les draps de lit.

Au lieu d'aller à l'atelier, les deux filles se sont retrouvées devant la grande gare, à l'abri
60 de l'auvent, avec un seul billet de train aller pre-mière classe pour Monte-Carlo. Elles auraient bien voulu aller à Rome, ou à Venise, pour com-mencer, mais elles n'avaient pas assez d'argent. Le billet de première classe pour Monte-Carlo
65 avait déjà mangé la plus grande partie de leurs économies.

Pour maman Janine*, elles avaient préparé une carte postale, sur laquelle il y avait écrit: «Nous partons en vacances. Ne t'inquiète pas.
70 Baisers.» Et ensemble, en riant, elles ont mis la carte postale dans la boîte aux lettres.

Quand elles se sont retrouvées dans le beau train, assises sur les banquettes neuves recou-vertes de feutre gris, avec le tapis bleu marine

---

* Maman Janine est la mère adoptive de Christèle et de Christelle.

75 sous leurs pieds, leur cœur battait très vite, plus vite qu'il n'avait jamais battu. Alors le train s'est ébranlé, a commencé à rouler à travers la banlieue laide, puis à toute vitesse le long des talus. Pouce et Poussy s'étaient installées tout

80 contre la vitre, et elles regardaient le paysage tant qu'elles pouvaient, au point qu'elles en oubliaient de parler, ou de rire. C'était bien de partir, enfin, comme ça, sans savoir ce qui se passerait, sans même savoir si on reviendrait.

85 Elles n'avaient pas pris de bagages, pour ne pas effrayer maman Janine, juste un sac de voyage avec quelques affaires, sans rien pour manger ou pour boire. Jusqu'à Monte-Carlo, le voyage était long, et elles n'avaient plus beaucoup d'ar-

90 gent. Mais c'est à peine si l'une d'elles ressentait, de temps à autre, une légère inquiétude. De toute façon, cela faisait partie du plaisir.

J.M.G. Le Clézio, «La grande vie», dans *La ronde et autres faits divers*, Paris, © Éditions Gallimard, 1982, p. 7 à 17.

Jean-Marie Gustave Le Clézio

Écrivain au style direct, poétique et lumineux, Jean-Marie Gustave Le Clézio est né en France le 13 avril 1940. L'écriture prend très tôt une importance essentielle dans sa vie; il commence d'ailleurs à écrire dès l'âge de sept ans. C'est pour lui «une question de vie», déclare-t-il. Son premier roman qui paraît lorsqu'il a 23 ans est aussitôt récompensé par un prix littéraire. Dans beaucoup de ses romans et nouvelles, comme dans *Mondo et autres histoires* ou *Lullaby*, les personnages sont des enfants ou des adolescents qui manifestent un refus de l'insertion dans le monde des adultes. Selon Le Clézio, la jeunesse est un moment privilégié, celui où s'exprime le mieux l'immense besoin de liberté et de pureté de l'être humain.

L'arguez les amarres

À quinze ans, je rêvais d'écrire et de voyager. La campagne où je vivais avec mes huit frères et sœurs me paraissait insupportablement exiguë. Je voulais voir le monde. Les montagnes posées au bout de notre ferme dressaient en l'air leurs sommets obscurcis d'ombre et me faisaient l'effet d'une barrière aux piquets pointus,

5 infranchissables. Je me croyais prisonnière. Les vastes étendues qui m'entouraient, vertes en été, blanches en hiver, je les parcourais sans les voir. Je descendais à la rivière, un carnet sous le bras, et là, je m'imaginais être ailleurs. Je parlais de la mer sans savoir que je venais de la traverser, sans me rendre compte que les courses à travers champs me préparaient à l'immensité de l'océan. Plus tard, beaucoup plus

10 tard, j'ai compris la chance qui m'avait été donnée de grandir sous le couvert des ormes, dans le doux roulis du blé mûr.

À vingt ans, j'ai bouclé mon sac à dos et je suis partie pour la France. J'ai tourné quelques mois autour du pot, puis j'ai atterri en Bretagne où je me suis embarquée sur un petit sloop en bois de l'école des Glénans. Pas de moteur, pas de cabestans :

15 nous atteignions les ports à la seule force des voiles maniées à bout de bras. Un soir, nous avons remonté une rivière au soleil couchant. Comme le vent venait de face — on dit vent debout — il fallait louvoyer. En d'autres mots, nous devions zigzaguer d'un côté à l'autre de la rivière, parce que les voiles ne se gonflent qu'à la condition de recevoir le vent à au moins trente-cinq degrés d'angle. Autrement, pas moyen

20 de faire avancer un bateau. Ce soir-là, donc, nous avons gagné Auray, la vieille ville fortifiée, pointant tantôt vers l'est, tantôt vers l'ouest, et recevant chaque fois les mêmes éclaboussures de rose et de rouge tant le soleil saignait. Ce fut un instant inoubliable. Un jour, me suis-je juré, je reviendrais à Auray.

Et j'y suis retournée. Plus de quinze ans plus tard et après bien des détours, mais

25 j'y suis retournée. Cette fois, je n'étais pas seule. J'avais un complice, Robert, communément appelé mari, un vrai compagnon d'aventure qui avait lui aussi longuement roulé sa bosse. Ensemble, nous avions construit un bateau d'acier et navigué de Montréal à New York, aux Bermudes, aux Antilles, aux Bahamas et retour à Montréal. Nous avions vécu cinq ans en Afrique et donné naissance à deux beaux

30 enfants blonds qui avaient maintenant trois et quatre ans. Et nous avions conçu le projet d'un autre bateau, plus grand et plus léger, qui serait construit au chantier Garcia, en Normandie.

La coque achevée, nous l'avons fait déménager à Étel, en Bretagne, où le
35 chantier Rameau se chargerait des aménagements intérieurs et nous, de tout le reste: peinture, électricité, électronique, plomberie, gréement, etc. Tandis que je finissais mon premier roman, commencé au
40 Zaïre — Gabrielle et Arnaud fréquentaient la maternelle —, le *Mouton Noir* prenait forme tout près d'Auray, tout près de mes rêves et de mes souvenirs. J'allais mettre la main à la pâte aussi souvent que possible,
45 écartelée parfois entre mes fonctions de mère, d'écrivain, d'épouse et de marin, mais toujours heureuse de retrouver l'odeur du bois et la compagnie des artisans. À la fin de la journée, Robert et moi passions de
50 longs moments assis côte à côte sur un madrier, à regarder les enfants jouer et notre projet grandir. La fatigue se muait en espoir. Bientôt, très bientôt nous serions de nouveau sur l'eau.

[…]

55 Au printemps de 1991, le *Mouton Noir* a pris la route. En suivant la rivière d'Étel pour atteindre la mer, toute proche, nous avons vu Dédé*, seul sur la berge, et notre cœur s'est gonflé, assailli par ces émotions contradictoires qui accompagnent les grands départs: excitation, tristesse, hâte, regret… Tassés à l'avant du bateau qui avançait seul, sous pilote automatique, nous avons contemplé une dernière fois ce
60 village que nous avions tant aimé, à la fois pour lui-même et pour les amis qu'il nous avait donnés. Puis l'Atlantique nous a pris, poussant devant l'étrave du *Mouton Noir* les dauphins promis aux enfants. Une autre page de notre aventure s'ouvrait […].

***

---

* Dédé est le propriétaire du chantier Rameau. Il est devenu un ami de la famille pendant la construction du voilier.

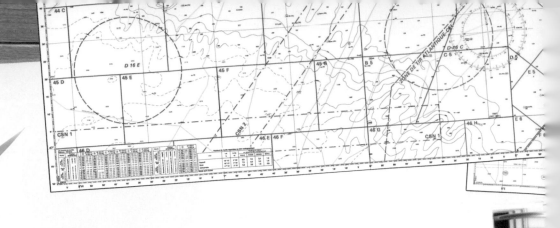

À Lisbonne, nous avons hésité. Prendre à gauche, vers la Méditerranée, ou prendre à droite, vers l'Amérique ? Nos parents avaient rarement vu leurs petits-
65 enfants et se faisaient vieillissants : nous avons pris à droite.

[…]

Traverser l'Atlantique ne nous effrayait pas. Nous étions bien préparés. Il faisait nuit quand nous avons quitté les Canaries. À leur réveil, Gabrielle et Arnaud s'étaient réhabitués au roulis. Aussitôt, ils ont parcouru le pont pour recueillir les
70 poissons volants qui y avaient atterri pendant leur sommeil. Aucune question de leur part sur la terre que nous ne reverrions pas avant trois semaines, aucune inquié- tude puisque nous, les parents, n'en avions pas non plus. Chaque jour, la route par- courue était tracée sur une grande carte épinglée à une cloison. Les enfants choisissaient la couleur quotidienne et cet étrange serpent zébré s'allongeait petit
75 à petit vers la Barbade.

Trois jours avant l'arrivée, nous avons croisé un bateau et la conscience du temps s'est installée parmi nous. Jusque-là nous avions vécu sans attente, préoccupés seu-
80 lement par la météo, la force du vent, le poisson au bout de la ligne, le repas à préparer. Pour notre tribu en transhu- mance, rien ne comptait, hormis la survie. Et soudain la terre était là, invisible et
85 pourtant tellement présente. Nous avons commencé à imaginer l'arrivée dans les îles, l'odeur des fleurs, le goût de la crème glacée, la joie de marcher et d'aller au marché. La hâte de découvrir un pays nou-
90 veau s'est emparée de nous et nous nous sommes mis à compter. Les jours, les heures, les minutes, et enfin la Barbade est apparue, émeraude posée sur son socle turquoise.

Les Antilles d'île en île, les Bahamas, New York : ce périple a duré plus d'un an. En août 92, nous sommes rentrés au Québec. Pendant deux ans, nous y avons vécu avec l'intensité du voyage, mais goûtant chaque jour le bonheur et le confort d'être chez soi. Puis est venu le moment de reprendre la route, non parce que cette décision nous était imposée mais parce qu'elle s'imposait elle-même. Nos racines manquaient d'eau. Après l'Atlantique, nous mourions d'envie de traverser le Pacifique. Nous avons donc saisi une occasion d'emploi à Vancouver et pendant trois ans, y avons creusé un autre nid, partageant notre temps entre les montagnes et les eaux de la Colombie-Britannique, naviguant, explorant et nous recréant une famille au milieu d'amis très chers.

En avril 97, nous avons de nouveau largué les amarres avec, cette fois, la volonté affirmée de boucler notre tour du monde. Devant Vancouver la très belle, le *Mouton Noir* a fait quelques bonds joyeux pour saluer ses amis et leur dire que partout où nous irions ils seraient avec nous.

Marie-Danielle Croteau, *Les carnets du Mouton Noir*,
Waterloo, Éditions Michel Quintin, coll. «Grande Nature», 1999,
tome 1 : *L'hiver en été*, p. 11 à 21.

Marie-Danielle Croteau

Marie-Danielle Croteau est née en Estrie. Après avoir exercé divers métiers dans les relations publiques et l'information, elle réalise, enfin, son rêve le plus cher : vivre en mer. Accompagnée de son mari et de ses deux jeunes enfants, Marie-Danielle Croteau fait le tour du monde à bord du voilier *Le Mouton Noir*, devenu maison et école pour cette aventure hors du commun. Elle tient, jour après jour, la chronique de cette odyssée familiale. Elle a publié depuis plusieurs romans.

Le jeu

J'ai nagé jusqu'à l'autre rive
Pour y chercher des jeux nouveaux.
Je n'ai trouvé qu'un nid de grives
Caché à l'ombre d'un ormeau.

5   J'ai marché le long de la rive
Pour y chercher des cailloux bleus.
J'ai trouvé quatre sources vives
Et j'ai recommencé le jeu.

J'ai traversé le marécage
10 Pour faire des tresses d'osier.
Les poissons parmi les herbages
Me prenaient pour un échassier.

Au soleil couchant, quatre grues
Ont essayé de m'entraîner.
15 J'aimais leurs mines incongrues
Mais je voulais m'en retourner.

[…]

Demain matin, sur l'autre rive,
J'irai recommencer le jeu.
20 Ceux qui n'ont pas peur, qu'ils me suivent.
Ça fera moins de malheureux.

© Sylvain Garneau, *Les Trouble-fête*,
Montréal, Éditions Déom, 1963.

Sylvain Garneau

Le poète québécois Sylvain Garneau (1930-1953) a publié deux recueils de poèmes, *Objets trouvés* et *Les Trouble-fête* avant de trouver la mort à l'âge de 23 ans. Son univers poétique est marqué par un subtil dosage entre le réel et l'imaginaire.

Embauchée depuis peu chez José Pacheco, un peintre renommé dans l'Espagne du 17e siècle, Maria est fascinée par l'univers qu'elle découvre. Elle se renseigne sur le métier de peintre auprès d'Angel, l'apprenti de don José.

La fille au pinceau d'or

— Il faut du temps pour devenir peintre ? voulut-elle savoir.

— Bien sûr ! Des années !

— Que doit-on faire ?

— Au début, on est apprenti comme moi. Le maître nous enseigne comment fabri-
5 quer les pinceaux, broyer les couleurs, préparer les vernis, les toiles, les panneaux de
bois… Après, on étudie le dessin et les différentes techniques pour appliquer les couleurs sur la toile. Puis on commence un peu à peindre. Au bout de quatre ans, on passe
compagnon, et on apprend alors à réaliser toutes sortes de peintures : des portraits, des
paysages, des tableaux d'histoire… Il faut savoir tout représenter. Ensuite, si le maître
10 t'en juge capable, tu deviens maître à ton tour, et tu ouvres ton propre atelier.

— Y a-t-il des filles qui deviennent peintres ?

Angel pouffa :

— Ben non ! Bien sûr que non ! Ce n'est pas un métier pour les femmes !

Le visage de Maria s'assombrit :

15 — Tu veux dire qu'il n'y a pas de filles qui peignent ? Jamais ?

— Oh, peut-être ! Les riches, pour s'amuser, comme la fille
Mentero y Sevilla.

[…]

Le cœur de Maria se serra. Elle qui n'était pas riche,
20 elle qui n'était que la bonne de don José, aurait-elle
tout de même une chance ?

— Tu me montreras comment on broie les couleurs ?

Angel sourit :

— Tu t'intéresses à la peinture ?

25 Maria hocha la tête.

— Tu sais, tu ne pourras pas être peintre.
T'es une fille, tu comprends ? Il n'y a jamais
de fille apprentie…

— Quand même, tu veux bien ?

30 — Quoi ?

— Me dire comment on fabrique les couleurs…

— Si tu veux ! Mais à quoi ça va te servir ?

Maria n'avait pas de réponse. Tout ce qu'elle savait, c'est qu'elle en avait très envie.

Il faisait encore nuit lorsque Angel et Maria se glissèrent dans l'atelier désert. Don
35 José était absent de Madrid et ne devrait rentrer que le lendemain. Quant à Juan et
Baltasar, ils ne descendraient qu'au matin. L'apprenti et sa nouvelle élève avaient une
bonne heure devant eux.

[…]

Angel déposa les fragments sur une petite table, dont le centre était légèrement
40 creusé, et les arrosa d'eau claire prélevée dans un pichet. Puis, à l'aide d'une pierre
taillée en forme d'œuf, il commença à les broyer. Ils se transformèrent peu à peu en
une poudre d'un rouge intense, que Maria observa bouche bée. L'apprenti sourit,
amusé de son étonnement. Il fit ensuite glisser la poussière rouge dans un récipient,
puis disposa de nouveaux morceaux de racine sur l'établi.

45 — À ton tour !

La jeune fille essaya d'imiter ses gestes, mais la pierre était plus difficile à manier
qu'elle ne l'avait pensé.

— Attends ! Utilise la force de ton bras, pas seulement celle de ta main… Décris
des huit avec ton poignet.

50 Maria suivit ses conseils.

— Parfait ! approuva enfin Angel. Maintenant, fais bien attention !

Il prit une fiole sur une étagère et versa quelques gouttes de liquide sur la poudre.

— C'est du liant : huile de lin, térébenthine et sels cuits au bain-marie, expliqua-t-il.

— Du sel ? Comme pour la cuisine ?

55 Le garçon sourit :

— Pas vraiment ! Ces sels-là sont fabriqués à partir
d'excréments humains brûlés ! C'est une vieille recette
mise au point par les peintres italiens il y a une centaine
d'années. Ils aident la peinture à sécher.

60 — Et le liant, il en faut combien de gouttes ?

— C'est une question de coup de main, lui confia-t-il.
Si tu en mets trop, la peinture sera molle. Si tu en mets
trop peu, elle sera lourde.

À présent, les premières lueurs du jour filtraient
65 par la porte de la cour. Il était temps de finir la leçon.

[…]

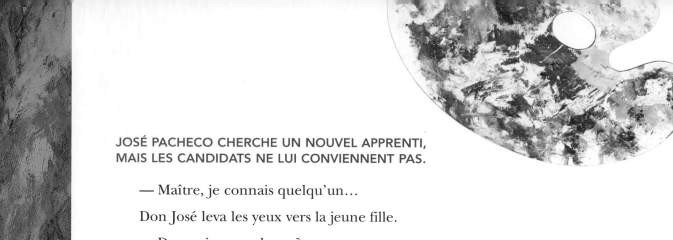

JOSÉ PACHECO CHERCHE UN NOUVEL APPRENTI, MAIS LES CANDIDATS NE LUI CONVIENNENT PAS.

— Maître, je connais quelqu'un…

Don José leva les yeux vers la jeune fille.

— De quoi me parles-tu?

70 — Je… je connais quelqu'un qui pourrait vous aider à l'atelier. Enfin, je veux dire… Moi, je pourrais…

— Toi? s'étonna le peintre.

Maria rougit, soudain honteuse de son audace. José Pacheco remarqua ses joues empourprées. Bien que troublée, elle soutenait son regard. Il s'aperçut que le petit
75 éclat d'or dans le brun de son iris brillait comme une flamme. Elle semblait réellement passionnée.

— Il n'y a jamais eu de femmes dans un atelier, articula-t-il enfin.

— Cela ne me dérange pas.

Don José ne put s'empêcher de sourire. Quelle drôle de fille! Elle ne ressemblait
80 vraiment pas aux bonnes qu'il avait engagées jusque-là. Après tout, pourquoi ne pas la laisser travailler avec eux? Elle paraissait intelligente et n'était pas maladroite: depuis qu'elle faisait le ménage à l'atelier, elle n'avait rien cassé, et elle remettait toujours tout en place. Elle serait sans doute capable d'apprendre les rudiments nécessaires… Et lui, cela n'empêcherait pas qu'il continue à rencontrer des garçons pour le poste d'ap-
85 prenti. Sans doute finirait-il par embaucher l'un d'entre eux, sauf qu'il n'y aurait plus d'urgence. Oui, c'était une bonne idée.

— C'est d'accord! annonça-t-il.

— C'est vrai? Vous voulez bien?

— Puisque je te le dis! Tu commenceras demain.

90 […]

— Angel, tu vas montrer à Maria comment préparer les couleurs.

L'apprenti regarda la jeune fille, stupéfait. Toutefois, l'étonnement laissa peu à peu place à l'admiration. Ainsi, elle avait réussi à convaincre le maître de la faire travailler à l'atelier!

95 La réaction de Juan fut toute différente. Il était furieux.

— Mais, maître, c'est impossible! C'est la bonne!

— Et alors? N'a-t-elle pas dix doigts et deux yeux comme toi? rétorqua José Pacheco.

Vexé, Juan se rembrunit. Angel s'approcha de Maria et l'interrogea à voix basse :

100 — Le maître sait-il que tu sais ?

Elle comprit qu'il parlait de ses leçons secrètes et secoua la tête. L'apprenti parut soulagé.

— Alors, viens, je vais faire semblant de te montrer !

Le jeune garçon passa la matinée à apprendre à Maria les gestes qu'elle maîtrisait
105 déjà. Trier les pigments, les rincer à l'eau, les broyer finement. Lorsqu'elle se mit à l'œuvre, le maître l'épia du coin de l'œil, curieux de voir comment elle s'y prenait.

Penchée sur l'établi, Maria pilonnait un morceau d'os carbonisé. Don José regardait le mouvement régulier de son épaule et de son poignet. C'était parfait. D'ordinaire, les apprentis mettaient plusieurs jours avant d'y parvenir… Il s'approcha,
110 prit une pincée de poudre d'os entre ses doigts et la frotta doucement.

— Continue ! Plus la poudre sera fine, plus la couleur sera intense.

Puis il ajouta d'un ton chaleureux :

— C'est bien. Très bien, même, pour une novice.

La jeune fille rosit de plaisir.

115 Au cours des semaines qui suivirent, sur les recommandations du maître, Angel consacra chaque jour un peu de son temps à enseigner à Maria les rudiments du métier : fabriquer des brosses, des pinceaux, des enduits, des toiles ; préparer des peintures, des vernis, des colles, etc. Grâce aux leçons secrètes de son ami, la jeune fille connaissait certaines de ces techniques, mais il lui restait beaucoup à apprendre.

120 À plusieurs reprises, don José s'étonna des progrès de sa bonne. Elle était douée pour ce métier. Parfois, en l'observant pendant son travail, il se prenait à regretter qu'elle fût une fille. Un jour ou l'autre, il devrait la remplacer, ou il aurait à coup sûr des ennuis avec la Guilde des peintres*.

Marie Bertherat, *La fille au pinceau d'or*, Paris,
Bayard Jeunesse, coll. «Estampilles», 2005, p. 87 à 91 et 132 à 137.

_____

* La Guilde des peintres est l'association professionnelle des peintres, toute puissante à l'époque en Espagne.

Marie Bertherat

Marie Bertherat est une journaliste française née en 1963 qui a renoncé à son métier pour se consacrer à la fiction. Ses romans et ses récits documentaires destinés aux jeunes sont marqués par sa prédilection pour l'art, tout particulièrement la peinture, et par son goût pour les énigmes policières.

T'AS DÉJÀ VU UNE BREBIS, TOI ?

C'était au marché aux ovins à Saint-Martin-de-Crau, près de Arles. Dans le local des éleveurs de moutons, ils étaient
5 cinq ou six à pleurer misère comme le font tous les paysans de la terre. Leurs troupeaux ne valaient plus rien, la laine ne payait pas la tonte, quant aux
10 jeunes bergers d'aujourd'hui, ah la la. C'est alors qu'un jeune homme est entré dans leur local et avec un rien de solennité: Je m'adresse à vous messieurs
15 parce que je voudrais devenir berger. Je suis Canadien, j'ai 30 ans, je n'ai aucune expérience comme berger, mais on m'a dit que vous prenez par-
20 fois des débutants.

Après un long silence un des éleveurs lui a demandé:

— Es-tu fils de paysan ?

— Non, a répondu le
25 jeune homme. Sans préciser qu'il était fils d'un professeur de français, et même de deux, puisque sa mère l'est aussi. Sans ajouter non plus que
30 voilà trois semaines à peine, il était jeune cadre dans une des plus grosses boîtes de communications de Montréal [...] où il a atterri après des études en
35 philosophie. Il s'en trouvait fort aise même si l'idée de tout plaquer lui traversait parfois l'esprit. Au fait, il s'appelle Mathieu Lefebvre.

40 L'envie d'être berger lui est venue fortuitement. Sa blonde Émilie — Émilie Frève — venait de partir étudier en sciences politiques à Aix-en-Provence.
45 Dans un café d'Aix, elle rencontre une Québécoise qui lui raconte qu'elle a vécu une expérience épouvantable: bergère. Bergère, bergère, rumine
50 Émilie qui s'ennuie à la faculté*. Quand Mathieu vient la visiter, ils se mettent à y penser ensemble. Berger, bergère…

— Alors tu n'es pas fils de
55 paysan ?

— Non.

— Je t'emmène manger au mas. Tu verras mon troupeau. Va m'attendre dehors.

60 — Euh longtemps ?

— Va m'attendre dehors.

Première leçon: Quand l'éleveur te demande quelque chose, tu le fais et tu te fermes.

65 Dans l'auto qui les emmenait au mas, Mathieu [...] a fait étalage de sa toute nouvelle science en moutonnerie acquise sur Internet le matin
70 même. Il s'est mis à parler du cours de la laine qui s'est effondré depuis l'apparition des textiles synthétiques, de la

* C'est-à-dire à l'université.

Émilie Frève, Mathieu Lefebvre… et leurs moutons.

baisse du taux de prolificité
75 des brebis, et quoi encore?
L'éleveur qui s'était réfugié
dans un silence hostile l'a
rudement interrompu:

— T'as déjà vu une brebis,
80 toi?

Deuxième leçon: Quand
l'éleveur ne te demande rien,
tu te fermes.

Arrivé au mas, Mathieu qui
85 n'avait jamais vu un mouton
de sa vie en a vu 1000 d'un
coup. Il n'a pas eu la job. Pas
celle-là. Mais il est devenu
berger quand même. Émilie
90 aussi. Au début, ils jouaient à
être bergers. Ils le sont
devenus pour vrai. Plus qu'un
métier, un état. Ils se rap-
pelleront toute leur vie leur
95 premier été à 2000 mètres
d'altitude, tout près de la fron-
tière italienne… Une cabane,
des fleurs dans un décor gigantesque juste pour eux. Et du
100 travail bien sûr. C'est beaucoup de travail 1500 moutons.
Soigner les malades. Voir aux
naissances, mais surtout voir à
ce que le troupeau mange bien.
105 Un bon berger, c'est celui qui
fait bien manger son troupeau.

— Le pire du métier?

— Le boss. L'éleveur. On
est tombé sur des fous.

110 — Mal payé évidemment?

— 1200 euros par mois.
Tout fourni. Même les extras.
On prend soin des bergers
dans les villages. La bouffe
115 est souvent gratuite au resto,
même chez le boucher.

— Bref, on met de côté
1000 euros par mois. Je n'ai
jamais réussi à faire ça comme
120 cadre. […] On a pu se payer
un mois de vacances en Roumanie et il nous en est resté
assez pour aller au Québec.

— La bouffe?

125 — On mange très bien.
On la fait.

— Le confort?

— Minimum. On ne prend
pas notre douche souvent, par-
130 fois pas de douche pendant
quatre mois. On se lave à
l'eau de source, dans une bas-
sine avec un gant de toilette.

Pierre Foglia, «T'as déjà vu une brebis, toi?»,
La Presse, 20 novembre 2005, p. A 2.
Texte légèrement modifié
à des fins pédagogiques.

AUX QUATRE COINS

Glaciers bleutés ou sables brûlants,
îles d'une beauté sauvage
ou cours d'eau impétueux…
Villes aux rues trépidantes ou bidonvilles
aux couleurs criardes, quartiers historiques
ou sites touristiques…

Lieux exotiques, endroits mystérieux,
espaces lointains, lieux animés,
endroits dangereux, espaces familiers…
Lieux qui ouvrent
sur des aventures rocambolesques,
des découvertes impressionnantes,
des rencontres surprenantes…

Aux quatre coins du monde :
des lieux à découvrir, des lieux à explorer,
des lieux où vivre des aventures palpitantes,
des lieux où faire des expériences exaltantes.

DU MONDE

LE VOLCAN

Avant d'avoir eu le temps de dire ouf, je quittai l'obscurité épaisse dans laquelle j'avais été plongée et fus catapultée comme un bouchon de champagne dans une lumière chaude. Non, je n'avais pas défoncé le plafond du tunnel avec ma tête. En tout cas je n'en avais pas l'impression. Et pourtant j'étais sortie de la mine.

5   La mystérieuse énergie qui avait projeté mon corps vers le haut s'amenuisa tout d'un coup. Les petites bulles dans mon sang disparurent. Pendant une fraction de seconde je demeurai suspendue dans l'air, immobile. Puis je commençai à descendre, de plus en plus vite.

Un trou sans fond ?

10   Mais déjà mes pieds heurtaient quelque chose de solide. Le choc me fit plier les genoux. Je tombai sur le côté et je me mis à rouler au bas d'un terrain mou et friable. Aucune prise à laquelle m'accrocher, aucun obstacle pour m'arrêter.

Instinctivement, je fermai les yeux et me protégeai la tête avec les bras. Je tournais et roulais, chose que je n'avais plus faite depuis mes sept ans, époque à laquelle 15 je dévalais ainsi la moindre pente couverte d'herbe, juste pour le plaisir de sentir ma tête tourner comme une toupie.

La pente s'adoucit, et je m'arrêtai enfin.

Me voici arrivée, pensai-je, fermement agrippée au sol pour l'empêcher d'onduler comme un océan en pleine tempête.

20   ARRIVÉE OÙ ?

La surface contre laquelle mon nez était appuyé était tiède et molle. J'attendis que les tourbillons se calment pour soulever la tête. J'ouvris les yeux et vis une myriade de petits grains d'un noir brillant.

Du sable. Tout simplement du sable noir.

25 Je me redressai.

«Giulia!»

Je me retournai d'un coup.

«Arianna!

— Comment…

30 — Qu'est-ce que…»

Arianna était là, assise sur le sable, deux mètres plus loin. Elle avait l'air tout aussi sonnée que moi; elle me regardait avec un sourire incertain.

«Heureusement que toi aussi tu es là!» Elle se leva et me rejoignit. Elle était couverte de sable noir des pieds à la tête.

35 Je restai assise, m'ébrouant comme un chien qui sort de l'eau. «J'ai les cheveux pleins de sable.» Je me passai les mains dans les cheveux, ce qui fit tomber une pluie de petits grains. «J'en ai même dans le nez.

— Moi aussi. Et même dans la bouche, ça me fait grincer des dents. Mais qu'est-ce qui nous est arrivé?

40 — Je voudrais bien le savoir! J'étais retournée en arrière pour venir te chercher quand tout à coup… Au fait! Où étais-tu fourrée?» lui demandai-je, un doigt accusateur pointé vers elle.

Arianna brossa sa robe de la main. «J'ai laissé le bébé chauve-souris à côté d'un adulte, mais je ne suis pas certaine que c'était l'un de ses parents.

45 — Laisse tomber les chauves-souris. Je t'ai demandé où tu étais!

— Pourquoi est-ce que tu me regardes comme ça? Ce n'est pas ma faute! Il y avait tellement de tunnels, je me suis perdue.»

Je laissai retomber mon bras.

«Arianna, comment sommes-nous arrivées ici?

50 — Je ne sais pas. C'est tellement bizarre! Tu n'aurais pas un peigne?

— Non.»

Je me relevai pour avoir une meilleure vue de l'endroit où nous étions.

Derrière nous, une montée recouverte de sable noir brillait, toute lisse, avec deux sillons frais : ceux que nous avions tracés en tombant. Tout en haut, sur le ciel,
55 se détachait la forme d'une montagne sombre, sans végétation, dont le sommet plat était couronné de fumée. Au milieu de la fumée grise, des jets scintillants apparaissaient par intermittence. Je les observai pendant un moment. Ils jaillissaient vers le ciel en dessinant toutes les couleurs de l'arc-en-ciel : rose, bleu, vert jade, rouge, jaune vif, puis retombaient en s'éteignant, comme des feux d'artifice.

60 « On dirait un volcan », fis-je remarquer, impressionnée. Ces jets incandescents ne pouvaient pas être des feux d'artifice. Ce devaient être des lapilli, des petites pierres faites de lave, colorées par un curieux effet de lumière.

Arianna m'indiqua du doigt un point devant nous. « Là… au milieu des rochers… Regarde ! »

65 Sur le côté opposé du volcan, entre les grandioses roches pourpres qui bloquaient l'horizon, il y avait un passage à travers lequel on pouvait voir scintiller le bleu profond et éblouissant que seule une grande étendue d'eau peut créer.

La mer ?

Nous restâmes un long moment à fixer ce petit morceau de bleu intense encadré
70 de rochers. C'était familier, rassurant. Un peu plus à l'aise, nous commençâmes à regarder autour de nous.

C'est seulement à ce moment-là que nous nous aperçûmes que sur l'immense plage de sable noir émergeaient çà et là des objets à demi enfouis. Il y en avait partout, à perte de vue. Certains d'entre eux étaient presque totalement enterrés,
75 d'autres semblaient juste posés par terre, et s'ils n'avaient pas été couverts de sable, ils auraient pu être exposés dans des vitrines sur du velours noir. Il y avait des parapluies, des journaux, des trousseaux de clefs, des sacs à main. *A priori*, ils avaient l'air en bon état, pas du tout bons pour la poubelle. Cela donnait l'impression de se trouver sur une plage d'où les gens se seraient enfuis en proie à la
80 panique, abandonnant dans leur hâte toutes sortes de choses.

« Si la montagne est bien un volcan, cet endroit est peut-être dangereux », dis-je.

Silvana Gandolfi, *L'île du temps perdu*,
traduit de l'italien par Faustina Fiore,
Paris, Seuil, coll. « Fiction ados », 2004, p. 31 à 34.

Silvana Gandolfi

Silvana Gandolfi a écrit pour la radio et la télévision avant de se consacrer à l'écriture de romans pour les jeunes dans les années 1990. Cette auteure d'origine italienne s'adonne à plusieurs genres, dont le roman d'aventures et la nouvelle. Ses histoires sont particulièrement fantaisistes et inventives. Les titres de ses romans, comme *Un chat dans l'œil* et *Aldabra, la tortue qui aimait Shakespeare*, en témoignent.

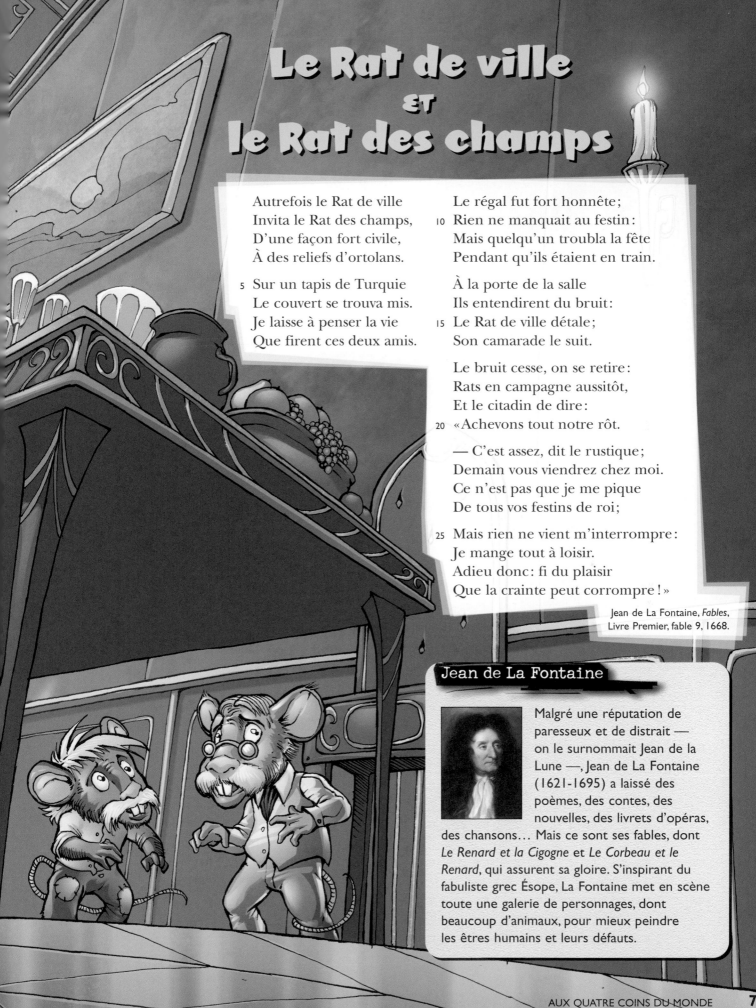

Le Rat de ville
ET
le Rat des champs

Autrefois le Rat de ville
Invita le Rat des champs,
D'une façon fort civile,
À des reliefs d'ortolans.

5 Sur un tapis de Turquie
Le couvert se trouva mis.
Je laisse à penser la vie
Que firent ces deux amis.

Le régal fut fort honnête;
10 Rien ne manquait au festin:
Mais quelqu'un troubla la fête
Pendant qu'ils étaient en train.

À la porte de la salle
Ils entendirent du bruit:
15 Le Rat de ville détale;
Son camarade le suit.

Le bruit cesse, on se retire:
Rats en campagne aussitôt,
Et le citadin de dire:
20 «Achevons tout notre rôt.

— C'est assez, dit le rustique;
Demain vous viendrez chez moi.
Ce n'est pas que je me pique
De tous vos festins de roi;

25 Mais rien ne vient m'interrompre:
Je mange tout à loisir.
Adieu donc: fi du plaisir
Que la crainte peut corrompre!»

Jean de La Fontaine, *Fables*,
Livre Premier, fable 9, 1668.

Jean de La Fontaine

Malgré une réputation de paresseux et de distrait — on le surnommait Jean de la Lune —, Jean de La Fontaine (1621-1695) a laissé des poèmes, des contes, des nouvelles, des livrets d'opéras, des chansons… Mais ce sont ses fables, dont *Le Renard et la Cigogne* et *Le Corbeau et le Renard*, qui assurent sa gloire. S'inspirant du fabuliste grec Ésope, La Fontaine met en scène toute une galerie de personnages, dont beaucoup d'animaux, pour mieux peindre les êtres humains et leurs défauts.

AU PÉRIL DE NOS VIES

En 1908, le commandant Robert Peary et une équipe formée d'Américains et d'Inuits partent à la conquête du pôle Nord. Ils s'embarquent sur le *Roosevelt* avec 246 chiens et font route vers le Groenland. Débarqués sur la banquise, ils doivent traverser, dans le froid et le blizzard, 750 kilomètres d'étendues de glace sur des traîneaux à chiens avant d'atteindre leur but.

L'auteur raconte la célèbre aventure de la conquête du pôle en adoptant le point de vue de l'assistant de Peary, Matthew Henson. Il donne ainsi à Matthew Henson, le premier Noir américain à participer à une expédition dans les glaces arctiques, la place qui lui revient dans l'histoire.

Dès les premiers pas, je sus que la banquise ne voulait pas de nous.

Un vent glacial se leva, qui soulevait la neige tombée par terre et la faisait tourbillonner. Le blizzard me projetait du grésil dans les yeux et profitait de la moindre ouverture pour s'insinuer sous mes fourrures et me glacer la peau. J'avançais en aveugle dans
5 un paysage blanc et fantomatique, contre un vent qui me repoussait.

— How-eh !...

Mes chiens obliquèrent sur la droite puis montèrent une petite pente. Le traîneau ralentit. Une bourrasque de neige nous enveloppa, mais l'attelage parvint à franchir la crête de glace. À l'arrière de la luge, je poussai de toutes mes forces pour l'aider à
10 passer. Mes bottes glissaient. Le traîneau faisait deux cent cinquante kilos, trois fois

mon poids. Il bascula finalement sur l'autre versant de la crête neigeuse et prit de la vitesse. Je courus le rattraper.

EXPIRER, EXPIRER, INSPIRER ! — pour éviter un point de côté.

Mais tout de suite, une autre crête à escalader. Le terrain était terriblement cabossé.
15 La banquise n'est pas une patinoire lisse et figée: elle est formée d'une infinité de glaçons, grands comme une table ou comme une maison, qui sont poussés par les courants, se pressent les uns contre les autres, se soulèvent, forment des arêtes de plusieurs mètres de haut, des milliers de collines à franchir. La banquise bouge, craque, change. Elle est vivante. Et là, elle ne voulait pas de nous.

20 **EXPIRER, EXPIRER, INSPIRER.**

À mesure qu'on s'éloignait de la terre, le vent redoublait. Je me retournai et aperçus, à travers l'air chargé de neige, l'attelage d'Ootah. Au-delà, tout était blanc. J'entendais juste, mêlés aux hurlements du blizzard, les ordres de Kudlooktoo à ses chiens. Et encore une crête à franchir. Les yeux mi-clos, je cherchais par terre les traces
25 du cap'taine Bob. Sur ordre de Peary, il était parti en éclaireur avec le môme Borup et leurs Esquimaux*, vingt-quatre heures avant le gros de la caravane. Ils ouvraient la route vers le nord avec des traîneaux allégés. Derrière, nous suivions leurs traces à moitié effacées avec nos traîneaux surchargés.

EXPIRER... EXPIRER... INSPIRER...

30 Parfois, le vent soufflait si fort que j'en avais le souffle coupé. Je devais tourner la tête sur le côté pour respirer. Mais, curieusement, je me sentais bien dans cet enfer. J'aimais ce combat car il était équitable: ici, il n'était pas question de couleur de peau; la banquise nous traitait tous de la même manière. Ici, il fallait avoir des gestes précis, efficaces; et les miens l'étaient. J'étais à ma place. Malgré la météo extrême, j'avançais
35 vite, ce qui était essentiel pour l'expédition. Notre temps sur la banquise était en effet compté: comme il n'y avait ni plantes ni animaux là où nous allions, nous emportions avec nous la nourriture pour tout le voyage. Chaque minute perdue réduisait nos réserves de nourriture et nos chances d'atteindre le pôle.

EXPIRER... EXPIRER... INSPIRER...

40 Après chaque heure de marche, je m'arrêtais un peu pour laisser souffler les chiens. Et pour souffler moi aussi. Et mes Esquimaux aussi. Je frictionnais mon visage engourdi et grignotais des biscuits gardés au chaud sur moi. Si nécessaire, je m'éloignais pour satisfaire un besoin naturel — c'était le moment d'y penser. Puis nous reprenions notre marche. Car il s'agissait bien d'une marche: lors d'un raid
45 polaire, on n'est jamais assis sur son traîneau, on marche ou on court derrière lui.

EXPIRER, EXPIRER, INSPIRER.

En fin de matinée, après quatre heures de piste, le vent s'essouffla et la visibilité s'améliora, mais je n'eus pas le temps de m'en réjouir: la banquise contre-attaqua aussitôt. Mon traîneau venait de franchir une arête de glace lorsqu'il buta violemment
50 dans une ornière gelée. Il y eut un craquement sec. Je stoppai les chiens et inspectai la luge: la large planche de bois au-dessus du patin gauche était fendue sur sa longueur. Et m...!

---

* Le mot «Esquimau» est l'ancien nom qu'on donnait aux habitants des terres arctiques (Canada, États-Unis, Groenland et Russie). Au Québec, le mot «Inuit» remplace le mot «Esquimau».

JE SUS QUE LA BANQUISE NE VOULAIT PAS DE NOUS. UN VENT GLACIAL SE LEVA, QUI SOULEVAIT LA NEIGE TOMBÉE PAR TERRE ET LA FAISAIT TOURBILLONNER.

MES CHIENS OBLIQUÈRENT SUR LA DROITE PUIS MONTÈRENT UNE PETITE PENTE. LE TRAÎNEAU RALENTIT.

IL BASCULA SUR L'AUTRE VERSANT DE LA CRÊTE NEIGEUSE ET PRIT DE LA VITESSE. JE COURUS LE RATTRAPER.

JE ME RETOURNAI ET APERÇUS, À TRAVERS L'AIR CHARGÉ DE NEIGE, L'ATTELAGE D'OOTAH. AU-DELÀ, TOUT ÉTAIT BLANC.

CRAAC!

JE ME LANÇAI DANS UNE RÉPARATION DE FORTUNE.

TOUT À COUP, JE VIS SE DESSINER DEUX COUPOLES BLANCHES SUR LA BANQUISE, À UN KILOMÈTRE DE NOUS.

Par 40 degrés sous zéro, au milieu de nulle part, je me lançai dans une réparation de fortune aidé par mes Esquimaux. J'en connaissais les gestes par cœur pour les avoir déjà faits des dizaines de fois : défaire les sangles, décharger le traîneau, le coucher sur le flanc, prendre la chignole, percer une série de trous au-dessus et en dessous de la fissure, enlever la moufle droite, prendre une lanière en cuir de phoque, l'enfiler dans les trous, au-dessus, en dessous, au-dessus, en dessous...

Soudain, je ne sentis plus mes doigts nus : ils commençaient à geler. Pas un instant à perdre : je remontai mon bras dans ma manche jusqu'à l'intérieur du manteau, puis je blottis la main glacée sous l'aisselle opposée — un vieux truc esquimau. Ootah, Kudlooktoo et Ahwatingwah poursuivirent la ligature et rechargèrent le traîneau.

La réparation dura trois quarts d'heure. Entre-temps, les équipes du docteur Goodsell, des professeurs MacMillan et Marvin et du commandant Peary nous avaient rattrapés et dépassés. Nous devions remonter toute la caravane au pas de course pour reprendre notre place en tête.

EXPIRER !... EXPIRER !... INSPIRER !... EXPIRER !... EXPIRER !...

À chaque expiration, un petit nuage sortait de mon nez et venait grossir les glaçons dans les poils de ma capuche. Et encore une crête à franchir. Mais à peine avions-nous rejoint la tête du cortège que le traîneau d'Ootah lâcha à son tour. Désespérant ! On le répara, puis on remonta de nouveau la caravane au pas de course. Et toujours les crêtes. Septième heure de marche. Mes gestes devenaient moins précis, mes jambes plus lourdes, mon souffle plus court. À chaque instant, j'espérais entrevoir au loin les deux coupoles blanches qui mettraient fin à nos efforts. Mais au lieu de cela, maudite journée ! le traîneau de Kudlooktoo rendit l'âme, brisé en deux, irréparable.

— On est encore assez près du cap Columbia, expliquai-je à Kudlooktoo. Tu vas y retourner avec tes chiens, tu y prendras l'un des traîneaux de rechange et tu nous rejoindras au plus vite. Nous, on continue.

EXPIRER... EXPIRER... INSPIRER... EXPIRER... EXPIRER...

Huitième heure de marche, premières crampes, le nez gelé et l'envie d'en finir. Quand, tout à coup, je vis se dessiner deux coupoles blanches sur la banquise, à un kilomètre de nous. J'en ressentis une joie enfantine.

EXPIRER, EXPIRER et... souffler : l'étape était finie.

Philippe Nessmann, *Au péril de nos vies : La conquête du pôle*,
Paris, Flammarion, coll. « Découvreurs du monde », 2005, p. 75 à 79.

Philippe Nessmann

Philippe Nessmann est né en France en 1967. Après des études en génie et en histoire de l'art, il devient journaliste pour une revue scientifique. Il est également auteur de romans pour les jeunes. Ses récits sont basés sur des faits historiques, comme la conquête du pôle Nord par Peary et Henson en 1908 et la découverte du tombeau de Toutankhamon par Carter et Carnavon dans les années 1920.

LA CONQUÊTE DU PÔLE NORD :

En 1891, Robert Peary a 35 ans. Officier de la marine américaine et spécialiste du monde arctique, il se voit confier une mission par une nouvelle fondation américaine non lucrative d'amateurs d'expéditions, [...] qui lui demande de planter le drapeau américain aussi loin que possible au nord de la planète.

Pendant dix-sept ans, il va s'y efforcer, mais toutes ses tentatives échouent. Jusqu'à l'hiver 1908-1909 où, à 53 ans, il lance une énième expédition avec le soutien du journal le *New York Times*. Le 15 septembre 1908, Peary fait transporter des approvisionnements vers le cap Columbia, à l'extrémité nord de l'île d'Ellesmere, qui appartient au Canada. L'explorateur y a établi son camp de base. Avant de partir sur la glace, il met à l'épreuve ses équipes inuites. On leur fait porter les chargements les plus lourds pour ne sélectionner que les plus résistants. Le 1er mars, accompagné de [...] Matthew Henson, Peary quitte sa base pour s'enfoncer vers le pôle Nord. Quatre Inuits et quarante chiens les accompagnent. Ils avancent sur une route déjà tracée par des équipes de soutien parties devant eux. À chaque halte, ils trouvent donc des igloos préparés à l'avance. D'après Peary, ils atteignent le pôle Nord le 6 avril 1909. [...]

Pour parachever son succès et le revendiquer officiellement, il envoie, dès son retour à sa base, le 8 septembre, un télégraphe au président des États-Unis, William Howard Taft: «Ai l'honneur de mettre le pôle Nord à votre disposition.» «Merci de votre offre généreuse, lui répond le président, je ne sais pas vraiment ce que je pourrais en faire. Je vous félicite sincèrement pour avoir atteint, après un effort démesuré, l'objectif de votre voyage.»

Au même moment, Frederick Albert Cook, l'ancien président de l'Arctic Club of America, à 43 ans, revient, lui aussi, d'un long, très long

▲ Qui de Frederick Albert Cook ou de Robert Peary a foulé le premier le pôle Nord ? Et l'ont-ils seulement atteint ? Aujourd'hui encore, le doute persiste.

périple sur les mêmes glaces arctiques. Avec la certitude d'avoir foulé le premier le pôle, bien avant Peary. [...]

Débute alors entre les deux explorateurs un combat médiatique et scientifique passionné. Pour Robert Peary, le doute n'est pas permis, son opposant est un falsificateur. Au *New York Times*, il déclare: «Cook n'a pas été au pôle le 21 avril 1908, ou à aucun autre moment. Il a simplement mystifié le public.» Cook, lui, se montre, au début, plus prudent: «C'est

PEARY CONTRE COOK

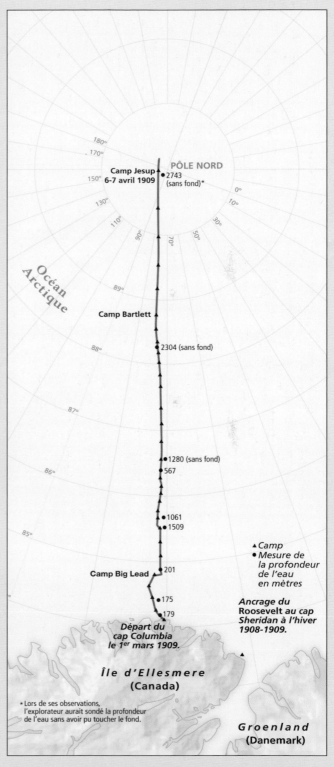

une bonne nouvelle. J'espère que Peary est arrivé au pôle. Ses observations et comptes
55 rendus concernant cette région vont confirmer les miens.» [...]

Finalement, près d'un siècle plus tard, il reste difficile d'affirmer qui de Peary ou de Cook a rejoint le pôle le premier. Et même si les
60 deux explorateurs ont dit vrai. Tout ce que l'on sait avec certitude, c'est que ces deux hommes hors du commun ont dépassé les limites de la souffrance physique pour approcher un point virtuel dans le désert de glace arctique.

François Marot, « À l'assaut du pôle Nord:
Peary contre Cook », *National Geographic*,
Hors série – 100 ans d'expéditions, n° 1, 2002, p. 21 à 24.

▲ Le trajet de Robert Peary reconstitué d'après les notes de voyage et les photos de l'explorateur.

SEUL PARMI LES GIBBONS

Je fus réveillé par une sorte de hurlement, comme le hurlement du vent dans les haubans. Je regardai autour de moi. Pas de haubans au-dessus de moi, pas de voiles. Pas de mouvement
5 au-dessous de moi, non plus, pas un souffle de vent. Stella Artois aboyait, mais comme si elle était loin. Je n'étais pas du tout sur un bateau, j'étais allongé sur le sable. Le hurlement devint de plus en plus strident, un crescendo effrayant
10 de cris perçants qui s'évanouirent, ne laissant que leur écho.

Je m'assis. J'étais sur une plage, une vaste étendue de sable blanc, avec des arbres touffus et une végétation luxuriante derrière moi qui
15 descendait jusqu'à la plage. C'est alors que je vis Stella. Elle pataugeait sur le rivage. Je l'appelai et elle vint en bondissant et en remuant follement la queue pour me faire la fête. Quand elle eut fini de me sauter dessus, de me lécher
20 et que je l'eus serrée dans mes bras, je tentai de me lever.

J'étais très faible. Je regardai autour de moi. L'immense mer bleue était aussi vide que le ciel sans nuages. Pas de *Peggy Sue*. Pas de bateau.
25 Rien. Personne. J'appelai cent fois mon père et ma mère. Je les appelai jusqu'à ce que les larmes m'empêchent de continuer, jusqu'à ce que je comprenne que cela n'avait aucun sens. Je restai là un moment, essayant de savoir com-
30 ment j'étais arrivé sur cette plage, comment j'avais pu survivre. J'avais le souvenir très confus d'avoir été hissé à bord de la *Peggy Sue*. Mais je voyais bien que c'était impossible. C'était sûrement un rêve, rien qu'un rêve. J'avais dû
35 me cramponner à mon ballon et flotter jusqu'à ce que les vagues me rejettent sur le rivage. Je pensai alors à mon ballon, mais je ne le vis nulle part.

Stella, bien sûr, ne se posait pas autant de questions. Elle continuait à m'apporter des bouts de bois pour que je les lui lance, et courait après eux dans la mer, sans se faire le moindre souci.

Le hurlement revint dans les arbres, et les poils de Stella se hérissèrent sur son cou. Elle fonça sur la plage en aboyant sans arrêt, jusqu'à ce qu'elle soit sûre d'avoir fait taire le dernier écho. C'était un cri plaintif cette fois, pas menaçant du tout. J'eus l'impression de le reconnaître. J'avais déjà entendu ces cris un jour, en visitant le zoo de Londres. Des gibbons, ces «giga gibbons», comme avait dit mon père. Je ne sais toujours pas pourquoi il avait dit ça. Mais j'avais trouvé ces mots amusants, et c'est sans doute la raison pour laquelle je me rappelai leur cri.

— Ce sont simplement des gibbons, dis-je à Stella. Juste des giga gibbons. Ils ne nous feront pas de mal.

Mais je n'étais pas sûr du tout d'avoir raison.

De là où je me trouvais, je pouvais voir que la forêt devenait moins dense sur le flanc d'une grande colline, à l'intérieur de l'île, et je me dis que si j'atteignais la roche nue qui était au sommet, j'aurais une vision plus large de la mer. Ou peut-être y avait-il une maison, une ferme à l'intérieur de l'île, ou encore une route, ou quelqu'un à qui demander de l'aide. Mais si je quittais la plage et que mes parents arrivaient pendant ce temps-là ? Je décidai quand même de tenter ma chance.

Je me mis à courir, Stella sur mes talons, et me retrouvai bientôt sous l'ombre rafraîchissante des arbres. Je découvris un sentier étroit qui montait sur la colline, dans ce qui me parut être la bonne direction. Je le suivis, donc, ne m'arrêtant de courir que lorsque le sentier devenait trop raide. La vie des animaux palpitait dans toute la forêt. Des oiseaux caquetaient et poussaient des cris perçants au-dessus de moi, et j'entendais toujours le même hurlement se propager dans les arbres, mais il était plus lointain, à présent.

Ce n'étaient pas les bruits de la forêt qui m'inquiétaient, pourtant, mais plutôt les yeux. J'avais l'impression d'être épié par des milliers d'yeux inquisiteurs. Je crois que Stella aussi était inquiète, car elle restait étrangement silencieuse depuis que nous avions pénétré dans la forêt. Elle me regardait constamment pour que je la rassure, que je la réconforte. Je fis de mon mieux, mais elle devait sentir, elle aussi, que je n'étais pas tranquille.

Ce qui, au premier abord, m'avait paru être une petite promenade à l'intérieur de l'île ressemblait plutôt à une grande expédition. Nous sortîmes épuisés de sous les arbres et, après avoir escaladé laborieusement un éboulis rocheux, nous arrivâmes enfin au sommet. Je restai longtemps là, avec Stella.

Le soleil flamboyait. Jusqu'alors, je n'avais pas vraiment senti sa chaleur brûlante. Je scrutai l'horizon. S'il y avait une voile quelque part sur la mer, je ne pourrais pas la voir dans cette brume de chaleur. Puis je réalisai que même si j'arrivais à voir un bateau, je ne pourrais pas faire grand-chose. Je ne pourrais pas allumer de feu. Je n'avais pas d'allumettes. Je savais que les hommes des cavernes frottaient deux bouts de bois l'un contre l'autre, mais je n'avais jamais essayé. Je regardai tout autour de moi. La mer. La mer. La mer. Rien d'autre que la mer de tous les côtés. J'étais sur une île. J'étais seul.

L'île devait faire trois ou quatre kilomètres de long, pas plus. Elle avait un peu la forme d'une cacahuète allongée, mais elle était plus grande d'un côté que de l'autre. Une bande de sable blanc et brillant s'étendait des deux côtés de l'île. Une colline apparaissait à un bout, plus escarpée que la mienne, avec une végétation plus touffue, mais moins haute. À l'exception de ces deux sommets, toute l'île semblait recouverte de forêt. D'après ce que je pouvais voir, il n'y avait aucun signe de présence humaine. Et pourtant, même ce premier jour, tandis que je restais là, plein d'appréhension à l'idée de ce qui m'attendait dans ma terrible situation, je me souviens d'avoir été émerveillé par la splendeur de cette île, un joyau vert cerclé de blanc, dans le bleu satiné et chatoyant de la mer. Bizarrement, réconforté peut-être par la beauté extraordinaire de l'endroit, je n'étais pas du tout abattu. Au contraire, je me sentais euphorique. J'étais vivant. Stella Artois était vivante. Nous avions survécu.

Michael Morpurgo, *Le royaume de Kensuké*,
traduit de l'anglais par Diane Ménard,
Paris, © Gallimard Jeunesse,
coll. «Hors série Littérature», 2000, p. 47 à 52.

Michael Morpurgo

Michael Morpurgo est né en 1943 en Angleterre. Il se destine à une carrière militaire, mais choisit finalement d'enseigner l'anglais. Dans ses classes, il raconte à ses élèves des histoires qu'il invente. Encouragé par leurs réactions et par la directrice de son école, il décide de publier ses textes. Auteur de nombreux livres traduits dans le monde entier, Michael Morpurgo consacre son temps à l'écriture et aux enfants en difficulté.

L'attaque

Tout avait commencé le dimanche 24 août.

Ce jour-là, Douglas Dempsey, un résident de Banff, dans les montagnes Rocheuses canadiennes, était allé à la pêche avec un voisin, Ronald Cooper. En réalité, pour les deux hommes la pêche n'était qu'un prétexte pour passer tranquillement l'après-midi, et chacun avait amené son jeune fils. Ils n'avaient pas fait grand chemin, se contentant
5 de rejoindre un petit ruisseau appelé Whiskey Creek qui serpentait au nord-ouest de la ville. Voici quelques années, ce coin de nature donnait l'impression d'être à des kilomètres de toute civilisation mais, depuis qu'un promoteur avait construit là un parc résidentiel, le ruisseau coulait maintenant à moins de cinq cents mètres des premières pelouses protégeant de luxueux bungalows. Son cours capricieux n'avait pas été modi-
10 fié et de jolies truites se cachaient encore dans les profondeurs, au pied des cascades. De nouveaux sentiers en sillonnaient les abords où la végétation, très dense, garantissait néanmoins une certaine tranquillité, au point qu'une famille de castors n'avait pas jugé nécessaire d'abandonner son barrage, qui formait un petit étang.

15 Il était près de 17 heures, et les deux hommes pêchaient depuis un bon moment déjà, en progressant le long de l'eau. Les enfants allaient de l'un à l'autre, ou parfois se tenaient à l'écart, avides d'attraper plus de poissons que leur père. Mais les truites se faisaient prier, à cause du temps trop chaud pour leur laisser le moindre appétit.

Douglas Dempsey se trouvait le plus en amont et venait de s'enfoncer dans les taillis
20 pour rejoindre une chute, lorsqu'il entendit un craquement de branches. À peine s'était-il arrêté pour en identifier la cause qu'un grognement coupait net ses interrogations. Un terrible grognement lui glaça le dos. Mais l'homme se reprit et, sans réellement savoir d'où venait le danger, battit prestement en retraite.

Il n'eut pas le temps d'aller très loin.

André Vacher, *Alerte à l'ours*, Waterloo,
Éditions Michel Quintin, coll. «Haute Fréquence»,
2006, p. 7 à 9.

André Vacher

Né en France en 1938, André Vacher est un reporter qui s'intéresse aux grands espaces canadiens depuis 1967. De ses voyages en Alaska, à Terre-Neuve, en Arctique, entre autres, il rapporte la matière de documentaires, de livres et d'articles sur les habitants et les animaux de ces régions. Dans ses romans destinés aux jeunes, il raconte des histoires vécues et ses propres expériences d'aventurier. Ses personnages attachants et ses descriptions justes des paysages et de la vie sauvage des peuples du Nord savent capter l'intérêt de son public.

En 1921, des Sherpas, dont
Ouni, une adolescente,
accompagnent des explorateurs
anglais en plein cœur
de l'Himalaya.

LE SOURIRE D'OUNI

Ils arrivèrent à Na avant le coucher du soleil. Le village s'étendait juste en dessous du grand glacier de Ngozumpa. Les abords des maisons se paraient de fleurs tardives, gentianes et pavots du même bleu pastel. Les habitants les accueillirent en souriant. Nhuche discuta avec eux de l'emplacement où dresser les tentes. Les yacks échan-
5 gèrent de rauques meuglements avec leurs congénères parqués dans les étables situées sous le plancher des maisons trapues. Aucune yersa* n'était libre, car la fin de l'été demeurait une période de voyage sur les chemins périlleux de la montagne, et c'était encore l'époque des caravanes marchandes se rendant au Tibet ou en revenant.

Pour Ouni, ce fut la première nuit sous les étoiles. Aucun toit ne la séparait du ciel
10 d'un bleu profond, infiniment semé de constellations scintillantes. La joue calée contre son bras replié, la jeune fille ne parvenait pas à s'endormir. Son père et les hommes de Phortse l'entouraient, tous rassemblés à l'abri d'un muret édifié par ceux qui avaient suivi cette route à peine tracée vers les cimes, au fil des siècles.

— Demain, disait Yakoum à Nhuche, nous quitterons Na et nous suivrons le sentier
15 qui surplombe les gorges de l'Imja Khola. Il faudra aller doucement. C'est dangereux pour les hommes et les yacks…

Les Anglais avaient planté de petites tentes à l'écart des maisons, là où le terrain le permettait. Ouni regardait souvent de ce côté-là, car les étrangers avaient allumé des lampes à pétrole et leurs maisons de toile, illuminées de jaune, ressemblaient à une
20 guirlande de lampions égarée dans la nuit. Cette vision plaisait à Ouni, car les ténèbres l'impressionnaient un peu, surtout quand elle pensait aux avertissements de son frère et que l'ombre se peuplait alors de menaces telles que panthères griffues, loups affamés, sans parler du mystérieux yeti…

—————————

* Hutte de pierre servant d'étable ou de refuge pour les bergers.

« Et si le yeti surgissait ! songea soudain Ouni. Ce vieil homme du village racontait
tout à l'heure que nous approchons de son territoire… »

L'idée la fit trembler, car personne ne savait où commençait exactement le
domaine du yeti, même pas leur très sage lama. Ouni s'enfonça davantage sous sa couverture. Pour oublier ses craintes, elle se remémora le repas du soir. Les Sherpas
avaient fait cuire du riz sur un maigre foyer, mais les Anglais avaient ouvert d'étranges
boîtes rondes, faites d'un métal brillant. Bob en avait vidé le contenu, qui montrait un
aspect singulier, dans une grande casserole. Cela sentait bon, un parfum inconnu pour
Ouni. Elle aurait aimé goûter cet aliment nouveau, mais n'osait pas le dire. Ce n'était
pas de la timidité, juste la peur de déplaire au colonel Cambell par trop d'audace. Déjà
les membres de l'expédition s'étaient installés à distance des Sherpas et ils discutaient
à voix basse, avec l'air de gens qui ne tiennent pas à être dérangés.

Un vent froid glissa des sommets sur le campement. Une à une s'éteignirent les lampes sous les tentes. L'obscurité se fit épaisse, dense. Ouni resta encore longtemps les yeux ouverts, à observer ces millions d'étoiles dont la faible clarté ne suffisait pas à la réchauffer. Soudain la voix de son père chuchota :

40 — Dors, ma fille ! Dors vite… Tu n'as rien à craindre. Je suis là.

La peur s'envola aussitôt. Ouni cligna des paupières en bâillant.

Le matin suivant, comme l'avait annoncé Yakoum, l'expédition s'engagea sur une sente étroite. À gauche, le talus couvert d'une végétation rase rassurait les marcheurs, mais à droite s'ouvrait l'abîme au fond duquel serpentait la rivière. Le précipice était 45 si vertigineux que Bob et Oliver en eurent des sueurs froides. Dominant cet immense ravin, se dressait l'Ama Dablam*, couvert de neige, telle une gigantesque dent de roc.

— Au moindre faux pas, nous sommes morts ! s'écria le fils du colonel.

_____

* Sommet culminant à 6855 mètres.

Ce chemin, où les yacks ne devaient ni faire d'écarts ni prendre le trot, montait sans cesse. Ouni n'émit pas une plainte, ne causa aucun ennui de «fille». Plus l'expédition
50 s'éloignait du village de Na, plus l'adolescente s'identifiait à son frère Timba. Elle portait vaillamment sa charge, parlait fort, riait de même, ses nattes bien cachées sous son bonnet. Parfois, elle jetait un œil curieux du côté du vide, pour contempler les méandres argentés de l'Imja Khola. Dans ces moments-là, il lui prenait l'envie d'avoir des ailes aussi grandes que le vautour ou l'aigle, et de pouvoir voler droit vers la
55 déesse-mère.

Les Anglais se montraient particulièrement silencieux, car le paysage prenait une allure si démesurée qu'ils se sentaient oppressés. Ouni perçut leur angoisse et en chercha les raisons. Elle les devina vite, en observant tous ces hommes à la peau claire qui jetaient des regards alarmés autour d'eux. Alors elle commença à chanter… Ce n'était
60 pas un refrain guilleret, ni une ballade contant une vieille histoire. La jeune fille entonna d'une voix un peu rauque une prière que sa grand-mère lui avait apprise, dont les mots sacrés suivaient une musique lente et apaisante. Les Sherpas s'enhardirent à reprendre les versets séculaires, tandis que les Anglais écoutaient, d'abord intrigués, puis pris par ce chant ancien qui semblait s'accorder à la beauté farouche
65 des lieux. Leur peur s'envola.

Florence Reynaud, *Le sourire d'Ouni*,
Paris, Hachette Jeunesse,
coll. «Le livre de poche jeunesse», 2004, p. 48 à 52.

Florence Reynaud

Florence Reynaud est née en France en 1954. Fascinée par la nature, les animaux, les légendes et les contes de sa grand-mère, elle cultive également le goût de la lecture et du voyage. Après avoir éduqué ses enfants, elle devient auteure de livres pour les jeunes. Ses romans accordent une large place aux beautés et aux secrets de la nature de même qu'aux cultures du bout du monde.

Le tour de l'île

Pour supporter le difficile
Et l'inutile
Y a l'tour de l'Île
Quarante-deux milles
5 De choses tranquilles
Pour oublier grande blessure
Dessous l'armure
Eté hiver
Y a l'tour de l'Île
10 L'île d'Orléans

L'Île c'est comme Chartres
C'est haut et propre
Avec des nefs
Avec des arcs des corridors
15 Et des falaises
En février la neige est rose
Comme chair de femme
Et en juillet le fleuve est tiède
Sur les battures

20 Au mois de mai à marée basse
On a des oies
Depuis des siècles
Au mois de juin
Parties les oies
25 Mais nous les gens
Les descendants de La Rochelle
Présents tout l'temps
Surtout l'hiver
Comme les arbres

30 Mais c'est pas vrai
Ben oui c'est vrai
Écoute encore

Maisons de bois
Maisons de pierre
35 Clochers pointus
Et dans les fonds des pâturages
De silence
Des enfants blonds nourris d'azur
Comme les anges
40 Jouent à la guerre
Imaginaire imaginons

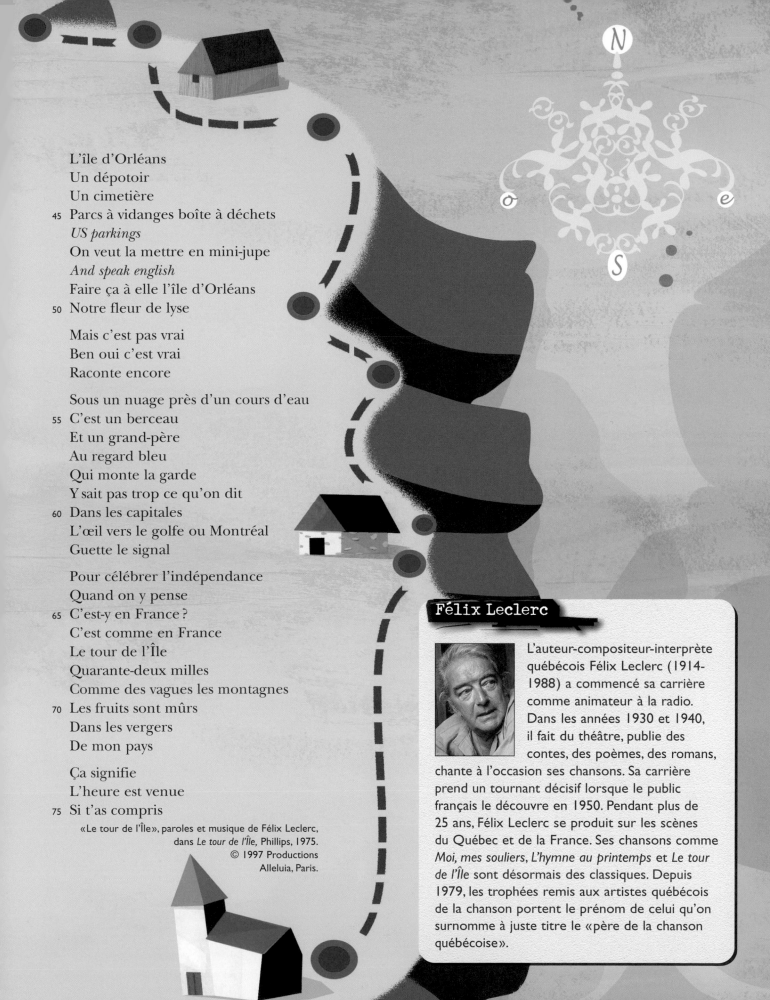

L'île d'Orléans
Un dépotoir
Un cimetière
45 Parcs à vidanges boîte à déchets
US parkings
On veut la mettre en mini-jupe
And speak english
Faire ça à elle l'île d'Orléans
50 Notre fleur de lyse

Mais c'est pas vrai
Ben oui c'est vrai
Raconte encore

Sous un nuage près d'un cours d'eau
55 C'est un berceau
Et un grand-père
Au regard bleu
Qui monte la garde
Y sait pas trop ce qu'on dit
60 Dans les capitales
L'œil vers le golfe ou Montréal
Guette le signal

Pour célébrer l'indépendance
Quand on y pense
65 C'est-y en France ?
C'est comme en France
Le tour de l'Île
Quarante-deux milles
Comme des vagues les montagnes
70 Les fruits sont mûrs
Dans les vergers
De mon pays

Ça signifie
L'heure est venue
75 Si t'as compris

«Le tour de l'Île», paroles et musique de Félix Leclerc,
dans *Le tour de l'Île*, Phillips, 1975.
© 1997 Productions
Alleluia, Paris.

Félix Leclerc

L'auteur-compositeur-interprète québécois Félix Leclerc (1914-1988) a commencé sa carrière comme animateur à la radio. Dans les années 1930 et 1940, il fait du théâtre, publie des contes, des poèmes, des romans, chante à l'occasion ses chansons. Sa carrière prend un tournant décisif lorsque le public français le découvre en 1950. Pendant plus de 25 ans, Félix Leclerc se produit sur les scènes du Québec et de la France. Ses chansons comme *Moi, mes souliers*, *L'hymne au printemps* et *Le tour de l'Île* sont désormais des classiques. Depuis 1979, les trophées remis aux artistes québécois de la chanson portent le prénom de celui qu'on surnomme à juste titre le «père de la chanson québécoise».

La fille de la FORÊT

Cette histoire commence par une catastrophe. Une catastrophe équivalente au choc d'une comète percutant la surface de la Terre, sauf que c'est moi qui ai été percutée. Trois semaines avant le dégel, maman s'est affaissée sur le carrelage de la bibliothèque municipale. Elle s'est éteinte là, très vite et sans souf-
5   france, au milieu de ses chers livres, comme une bougie sur laquelle on aurait soufflé. On est venu me chercher à l'école, j'ai couru vers elle, jambes tremblantes, balbutiant : « Non, maman, je t'en prie, je vais rester avec toi pour toujours, je te le promets. »

Quand je suis arrivée sur place, elle n'était plus vivante. Une rupture d'ané-
10 vrisme, ils ont dit. En l'espace de quelques secondes, je me suis retrouvée aussi seule au monde qu'une héroïne de Charles Dickens ou des sœurs Brontë. Maman n'avait aucune famille.

Je ne me rappelle à peu près rien des jours qui ont suivi. Au début, les voisins et les enseignants venaient me porter de la nourriture chaude et s'inquiétaient de moi.
15 Ils voulaient que j'aille habiter chez l'un ou chez l'autre, mais je refusais. Je ne voulais pas non plus retourner à l'école. « Avril est en état de choc, murmurait-on autour de moi. Il faut la laisser tranquille. La surveiller discrètement. »

Moi, j'attendais le dégel. Lorsque la glace s'est enfoncée dans l'eau noire, j'ai pris mon canot et j'ai pagayé tous les jours d'un lac à l'autre et du matin au soir, la
20 tête dans le brouillard. Puis on m'a appris que j'avais hérité de l'assurance-vie de maman. Pendant ce temps, au Sud, des fonctionnaires, des juges et des travailleurs sociaux se demandaient quoi faire de cette fille qui habitait seule, dans une petite ville nordique, sur le bord du lac Long.

Le premier jour de ma nouvelle vie, je me suis levée à l'aube. J'ai pris l'urne de
25 pierre, refermé la porte de notre maison pour la dernière fois et j'ai marché jusqu'au ponton de bois. Au bout de sa corde, mon canot se balançait mollement. J'ai déposé l'urne au fond. J'ai sauté dans l'embarcation, défait la corde et, d'une poussée, je me suis éloignée du bord.

J'ai traversé le premier lac sur toute sa longueur, traçant mon chemin à coups
d'aviron. Il n'y avait pas de portage à faire pour aller là où j'allais, chaque lac com-
muniquait avec le suivant par une passe étroite. Le gazouillis des oiseaux de forêt,
la plainte du huard qui appelait sa femelle, le clapotis de l'eau et un léger suroît
accompagnaient mes chuchotements : «Je pars aujourd'hui, maman. Je m'en vais
explorer le monde. Je ne connais personne là-bas, dans le Sud. C'est comment, le
monde? Je ne l'ai appris que par les livres et le peu que tu m'as raconté…»

Au deuxième lac, celui qui a la forme d'une aile de bernache, je l'ai remerciée
pour tout ce qu'elle m'avait enseigné : les secrets de la forêt, des lacs, et des rivières
à truite; l'amour des livres qui sont parfois nos guides; les odeurs de résineux, de
l'eau et des tourbières. «Je n'oublierai jamais la douceur de nos soirées de lecture,
les feux dans le poêle à combustion lente, les longues nuits d'hiver, la neige molle
sous nos raquettes, les aurores boréales, bruissantes, mystérieuses.»

Au milieu du troisième lac, le plus profond, j'ai arrêté de pagayer. L'embarcation
a filé toute seule un moment, s'est immobilisée. À genoux au milieu du canot, j'ai
donné au vent les cendres de maman. Quand elles sont retombées en pluie fine,
l'eau les a recueillies. L'urne de pierre a coulé jusqu'au fond. J'ai penché mon visage
vers la surface noire du lac et j'ai murmuré : «Tu appartiens à cet endroit.»

Avec la rame, j'ai fait faire demi-tour au canot et doucement, le plus doucement
possible, pour ne pas déranger l'esprit des morts, j'ai commencé à rebrousser
chemin.

Charlotte Gingras, *La fille de la forêt*, Montréal,
La courte échelle, coll. «Ado», 2005, p. 9 à 12.

Charlotte Gingras

Charlotte Gingras est née à
Québec en 1943. Toute jeune,
elle décide qu'elle sera une
artiste. À l'âge adulte, elle
étudie la pédagogie et les arts
plastiques, enseigne au primaire
et donne des ateliers sur la
créativité aux adultes. Artiste professionnelle,
elle expose ses œuvres dans de nombreuses
galeries. Elle est également auteure de romans
et de nouvelles. Dans ses romans pour les
jeunes, comme *La fille de la forêt* et *Un été
de Jade*, la nature joue un rôle central.

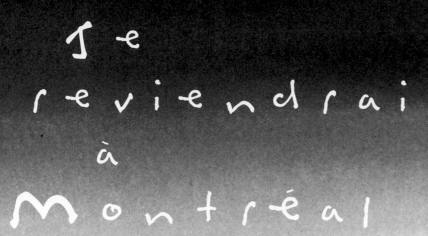

Je reviendrai à Montréal

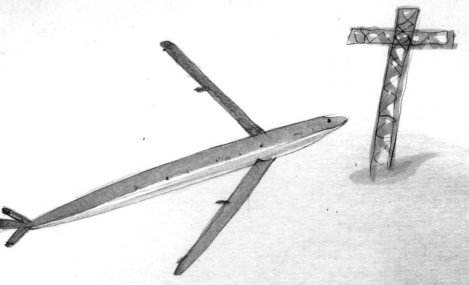

Je reviendrai à Montréal
Dans un grand Boeing bleu de mer
J'ai besoin de revoir l'hiver
Et ses aurores boréales

5 J'ai besoin de cette lumière
Descendue droit du Labrador
Et qui fait neiger sur l'hiver
Des roses bleues, des roses d'or

Dans le silence de l'hiver
10 Je veux revoir ce lac étrange
Entre le cristal et le verre
Où viennent se poser des anges

Je reviendrai à Montréal
Écouter le vent de la mer
15 Se briser comme un grand cheval
Sur les remparts blancs de l'hiver

Je veux revoir le long désert
Des rues qui n'en finissent pas
Qui vont jusqu'au bout de l'hiver
20 Sans qu'il y ait trace de pas

J'ai besoin de sentir le froid
Mourir au fond de chaque pierre
Et rejaillir au bord des toits
Comme des glaçons de bonbons clairs

25 Je reviendrai à Montréal
Dans un grand Boeing bleu de mer
Je reviendrai à Montréal
Me marier avec l'hiver
Me marier avec l'hiver

«Je reviendrai à Montréal», paroles de Daniel Thibon
et musique de Robert Charlebois,
Longue distance, Éditions Conception, 1976.

Daniel Thibon

Daniel Thibon a écrit des romans, des scénarios pour la télévision et surtout un nombre important de textes de chansons enfantines. L'auteur français est aussi le parolier de chanteuses et chanteurs reconnus sur la scène francophone: Juliette Gréco, Fabienne Thibault, Robert Charlebois. C'est d'ailleurs le rockeur québécois Robert Charlebois qui a mis en musique et fait connaître *Je reviendrai à Montréal*.

BIENVENUE EN THAÏLANDE !

La route en direction du nord n'est pas trop pénible. Le pavage est relativement bien entretenu; il n'y a que l'accotement que je trouve étroit par endroits. Un fossé de profondeur variable nous sépare des champs en friche, des rizières, des étendues de cailloux ou des rideaux d'arbres. Le quatre-quatre de l'organisme, un Toyota d'un gris métallique, nous semble en excellente condition, bien qu'il s'agisse d'un vieux modèle. Cela me fait tout drôle de voir les véhicules circuler à gauche de la chaussée et non à droite comme chez nous. Parfois, nous dépassons une moto, un vieux camion flapi aux essieux tordus, un âne qui tire une charrette, un groupe de paysans aux chapeaux coniques… Une autre fois, il faut louvoyer au milieu d'un troupeau de moutons dont le berger sourit en nous saluant d'un *wâi*. Une végétation étrange nous encadre: palmiers doum, manguiers, banians, bancouliers, hibiscus, bambous, jambosiers… Tous des arbres dont je trouve le nom en feuilletant le guide de voyage que maman a apporté. Au détour d'une courbe, tout à coup, nous apercevons une immense statue de Bouddha nichée au milieu des sagoutiers. Nos amis thaïs s'empressent de la saluer d'une inclinaison respectueuse de la tête.

Maman s'est assise sur le siège arrière entre Thuntap et Dham. Ce dernier ne tarit pas d'explications à propos des projets de Plan International, du travail accompli et des tâches à venir. Thuntap, qui ne comprend que difficilement l'anglais, approuve de simples mouvements de la tête ou fronce les sourcils. Le stylo de maman s'agite frénétiquement sur le bloc-notes posé sur ses genoux. Je suis assis à l'avant en compagnie de Threh qui, bien qu'il sache que je ne comprends pas le thaï, ne peut s'empêcher de me désigner des éléments du décor en me donnant des explications auxquelles je ne comprends pas un traître mot.

Après une cinquantaine de kilomètres de route goudronnée, Threh engage le véhicule sur un chemin de terre raviné. La voie se rétrécit à mesure que nous pénétrons dans une région visiblement moins fréquentée. Chaque fois que nous croisons un autre véhicule, nous devons prendre le temps de ralentir et de longer les arbres ou les marais qui bordent l'accotement. Je frissonne à l'idée de voir le bas-côté s'effondrer sous les roues et le quatre-quatre pirouetter parmi les buffles qui se prélassent dans les bourbiers en contrebas.

À mesure que le paysage se transforme en bosquets plus clairsemés, en banians esseulés et en rizières asséchées, la circulation devient nulle. Nous ne croisons plus que des animaux de ferme et des charrettes; quelques sentiers étroits s'enfoncent parfois au cœur des frondaisons. Avec étonnement, au détour d'une courbe, nous apercevons une voiture d'un bleu métallisé, garée à l'ombre d'un bouquet de pistachiers, selon un angle qui nous oblige à la contourner par la droite. Le capot est ouvert. J'essaie de reconnaître la marque, mais il s'agit d'une fabrication étrangère que je n'arrive pas à préciser; aucune estampille ne vient m'éclairer.

— Une panne, on dirait, indique Dham.

[…]

Quelques villages apparaissent ici et là le long de la route. Il s'agit d'ag-
45 glomérations de petites maisons de bois montées sur pilotis. Parfois, les toits
sont de tôle ondulée, mais la plupart du temps, ils sont faits de chaume. Des vérandas
à un mètre et demi de hauteur courent sur leur pourtour et des échelles en permettent l'accès. Des poules, des canards, des chiens et des cochons se pourchassent entre
les piliers qui soutiennent les structures. Des enfants à demi nus nous font des signes
50 de la main, excités de voir passer un véhicule. Threh leur répond en rigolant.

Une arche se découpe bientôt au-dessus d'une longue palissade qui borde la route;
une inscription en thaï y est peinte en lettres défraîchies. Le quatre-quatre ralentit au
moment de passer dans l'ouverture et s'arrête.

— Nous y voilà! dit Dham.

55 En lorgnant l'inscription, je demande si c'est le nom du village.

— Non, répond Dham en ouvrant sa portière. Simplement une formule de bonne
chance à l'égard du voyageur qui traverse le lieu. C'est une sentence bouddhiste.

Dès que nous mettons pied à terre, une ribambelle d'enfants, gris de poussière,
nous entourent en riant et en chahutant. Certains viennent taquiner Threh qui fait
60 semblant de vouloir leur courir après, provoquant des paniques amusées. Notre bon
chauffeur semble déjà bien connu du milieu.

Une femme, longue et fine, drapée dans une robe étroite qui lui va aux chevilles,
s'approche d'une démarche gracieuse, presque en ondulant. Ses cheveux, noués en
une tresse retenue par un ruban de couleur, descendent jusqu'à ses reins. D'autres
65 femmes, d'âges et d'allures diverses, l'accompagnent. Elles affichent toutes un sourire
rayonnant qui diffuse une évidente sérénité.

— *Sawàt-dii khâp!* Bonjour! salue la dame longiligne tandis qu'elle parvient à
notre hauteur, les mains jointes dans un *wâi* raffiné, ses doigts pointant vers le ciel.

— *Sawàt-dii khráp!* Bonjour! la saluent en retour Dham et Threh.

70 Elle se tourne ensuite vers maman et moi en s'inclinant
plus profondément, ses mains jointes largement au-dessus
de son front. Elle nous parle en thaï… ou en isaãn.

— Voici Bhudsœbung, dit Dham. Elle représente Plan
International à l'intérieur de ce village; elle vous servira de
75 guide pendant tout votre séjour.

Camille Bouchard, *Les crocodiles de Bangkok*,
Montréal, Hurtubise HMH, coll. «Atout», 2005,
p. 74 à 77 et 81 à 84.

Camille Bouchard

Camille Bouchard est né sur la Côte-Nord en 1955. Il a pratiqué de nombreux métiers, dont ceux de journaliste et d'enseignant. Éternel aventurier, il a visité un grand nombre de pays de l'Asie du Sud-Est, de l'Afrique, de l'Amérique du Sud et du sous-continent indien. Ses voyages l'ont particulièrement sensibilisé au sort des enfants défavorisés. La beauté et la misère que l'écrivain croise sur son chemin se retrouvent dans ses romans. Camille Bouchard a aussi écrit *La caravane des 102 lunes* et *L'intouchable aux yeux verts*.

DES LIEUX,

Des sites naturels

■ Le rocher Percé

L'impressionnant rocher s'observe de près, à marée basse. La mer alors se retire et dénude, l'espace de quelques heures, un sentier au bout duquel s'élèvent, à 90 mètres, ses crêtes de cal-
5 caire. Moments privilégiés qui octroient aux curieux une visite au sein du «nouveau trou», ce mystérieux phénomène géologique qu'on explique par l'effritement de la pierre très friable dont se compose le rocher Percé; il se dépouille
10 ainsi chaque année de centaines de tonnes de roches. L'effondrement de la clé de voûte de la dernière arche du premier orifice du roc, tombée le 17 juin 1845, aurait été causé par le même phénomène.

André Croteau, *Les parcs du Québec:*
Par monts et merveilles, Saint-Laurent, Trécarré,
1996, p. 17.

■ Le Grand Canyon du Colorado

C'est en Arizona que se trouve l'un des sites naturels les plus célèbres du monde: le Grand Canyon du Colorado. Le fleuve a creusé un sillon […], qui mesure entre 6 et 29 kilomètres de
5 largeur pour une profondeur maximale de 1600 mètres. Le survol est possible en petit avion, et des balades à pied ou à dos de mulet sont envisageables autour ou au fond du canyon.

Robert Pailhès, *Le globe-rêveur: Dictionnaire touristique*
de tous les pays du monde, 6e édition,
Montréal, Éditions Ulysse, 2003, p. 273.

ENCORE DES LIEUX

Des villes

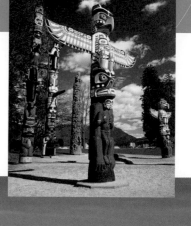

Moscou

Ville de culture (150 musées, dont le musée Pouchkine avec des œuvres de Rubens, de Rembrandt, des grands impressionnistes) et d'art (40 théâtres ou salles de concert), Moscou
5 renferme le Kremlin et ses presque 30 hectares parsemés de palais, de cathédrales et d'églises, dont certains sont presque millénaires.

Sur l'un de ses côtés, le Kremlin laisse apparaître la célèbre place Rouge et ses fleurons (mau-
10 solée Lénine, cathédrale Basile-le-Bienheureux aux bulbes splendides). Les palais (Ostankino, Kouskovo), les églises baroques (Kadachi et ses coupoles vertes) et le monastère Novodievitchi, au pied duquel reposent entre autres Gogol,
15 Tchekhov et Krouchtchev, sont les autres grands rendez-vous de la ville qui efface à grands traits son passé communiste, autant dans son architecture (réhabilitation ou rénovation des édifices religieux) que dans son éco-
20 nomie (néocapitalisme générateur d'inégalités et de criminalité).

Robert Pailhès, *Le globe-rêveur: Dictionnaire touristique de tous les pays du monde*, 6e édition, Montréal, Éditions Ulysse, 2003, p. 680.

Vancouver

Vancouver, ville cosmopolite adossée à la montagne, est plus réputée que Victoria grâce à sa baie, à ses fjords, à sa longue promenade côtière et au parc Stanley. On y trouve égale-
5 ment un aquarium (avec orques et bélugas) et un musée d'anthropologie.

Robert Pailhès, *Le globe-rêveur: Dictionnaire touristique de tous les pays du monde*, 6e édition, Montréal, Éditions Ulysse, 2003, p. 161.

N'ÉCOUTER

QUE SON COURAGE

> N'écouter que son courage,
> accomplir des exploits remarquables,
> grandioses, inspirants...
> Des exploits qui font appel
> à toutes ses ressources:
> celles du corps,
> celles du cœur,
> celles de l'intelligence...
>
> Pour se dépasser,
> aller au-delà de ses limites.
>
> N'écouter que son courage,
> participer à des sauvetages héroïques,
> miraculeux, inspirants...
> Affronter les plus grands périls,
> les dangers de l'inconnu,
> les pièges de la nature...
>
> Pour sauver des vies,
> se lancer à corps perdu dans le feu de l'action.

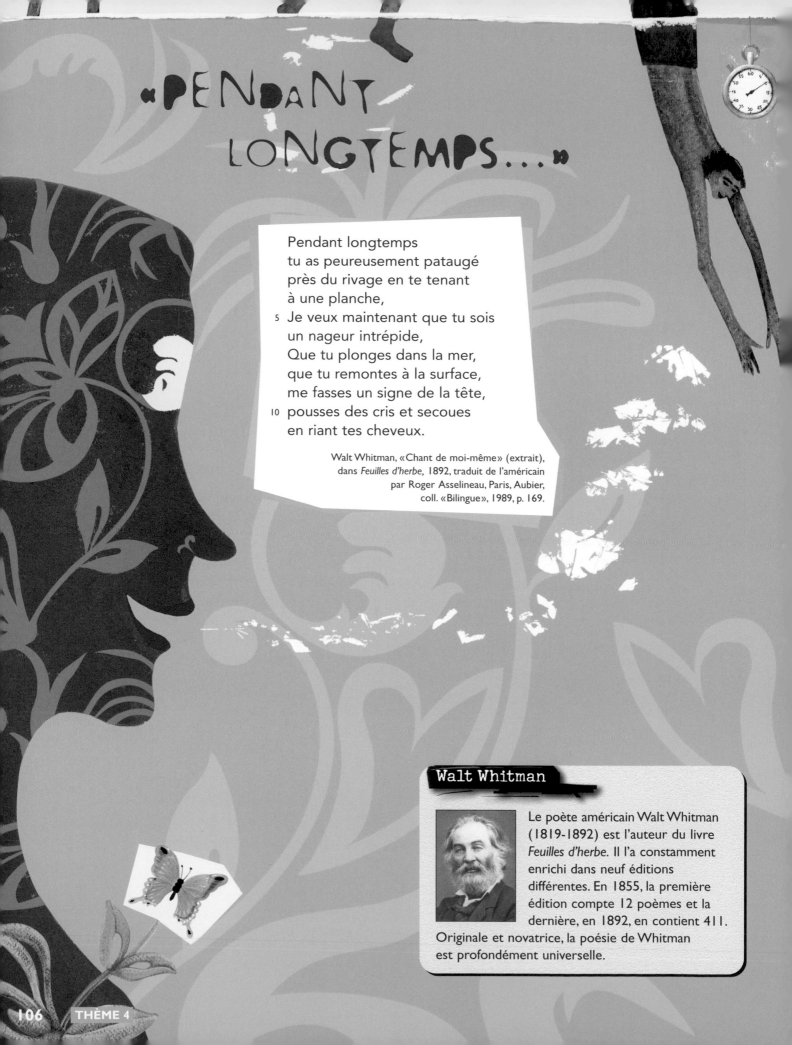

«PENDANT LONGTEMPS…»

Pendant longtemps
tu as peureusement pataugé
près du rivage en te tenant
à une planche,
5 Je veux maintenant que tu sois
un nageur intrépide,
Que tu plonges dans la mer,
que tu remontes à la surface,
me fasses un signe de la tête,
10 pousses des cris et secoues
en riant tes cheveux.

Walt Whitman, «Chant de moi-même» (extrait),
dans *Feuilles d'herbe*, 1892, traduit de l'américain
par Roger Asselineau, Paris, Aubier,
coll. «Bilingue», 1989, p. 169.

Walt Whitman

Le poète américain Walt Whitman (1819-1892) est l'auteur du livre *Feuilles d'herbe*. Il l'a constamment enrichi dans neuf éditions différentes. En 1855, la première édition compte 12 poèmes et la dernière, en 1892, en contient 411. Originale et novatrice, la poésie de Whitman est profondément universelle.

Assiégé par les Gallois, un petit village anglais est sur le point de se rendre. Même le château est en péril... Robin, un jeune noble qui a perdu l'usage de ses jambes, décide d'aller chercher du secours.

Le conquérant

Ils ouvrirent la porte très doucement et Robin se glissa à l'extérieur.

— Sois béni, lui chuchota le moine en se signant. Puis il ferma la porte et leva les yeux au ciel, priant le Seigneur de lui donner le courage d'endurer le départ de son jeune protégé.

5 Robin s'écarta rapidement du pied de la muraille et se retrouva quelques instants plus tard au bord du ravin. Il entendait couler la rivière tout au fond mais le brouillard l'empêchait de la voir.

Il entama la périlleuse descente. Il posait les pieds avec précaution, s'assurant que la prochaine pierre ou touffe d'herbe supporterait bien son poids avant de relâcher 10 ses béquilles. Parfois il se laissait glisser sur les hanches, et parfois il s'accrochait à de jeunes pousses d'arbres jusqu'à ce qu'il trouve un support fiable.

— Il suffirait que je fasse rouler une pierre pour que toute la cohorte galloise se jette sur moi, songea-t-il.

Robin eut l'impression de progresser ainsi, à tâtons, des heures durant. Mais l'aube 15 s'était à peine éclaircie lorsqu'il atteignit le pied de la falaise en bordure de rivière.

Il s'arrêta le temps de mettre ses béquilles en bandoulière à l'aide des lanières et de rouler sa cape pour la percher sur son crâne avant de s'enfoncer dans l'eau glacée. Il se garda bien de se demander s'il en aurait le courage ou non.

Toutefois, en s'immergeant progressivement dans l'eau, Robin pensa ne pas pouvoir 20 supporter le choc. Les béquilles le gênaient. Sa poitrine lui faisait mal, il avait l'impression qu'elle était transpercée de mille couteaux. Il crut étouffer, et pensa sérieusement que sa tête allait éclater.

Mais il s'acharna, gesticula vigoureusement, et, après quelques brassées, commença à recouvrer son souffle. Une nouvelle chaleur envahit ses membres et il fut pris d'un
25 étrange sentiment de puissance, comme si rien ne pouvait s'opposer à sa volonté. Il traversa énergiquement le courant vers la berge opposée où se situait le chemin qu'il avait repéré du haut des tours.

Et si l'ennemi campait sur l'autre rive ? Et si on refusait de croire à son histoire de pauvre berger ? Et s'il n'arrivait pas à escalader la berge ?

30 — N'importe qui pourrait faillir à cette tâche, se répéta-t-il avec entêtement.

Robin sentit enfin sous ses pieds les galets et distingua mieux la berge embrumée et verdâtre. Il trouva bientôt un appui qui lui permit de récupérer ses béquilles en les plaçant sous ses aisselles. La berge était moins abrupte qu'il ne l'avait craint, et il l'escalada sans trop de peine. Le garçon se hissa au sommet, claquant des dents sous
35 une forte brise.

Ses pieds lui semblaient gelés, et ses mains étaient si engourdies qu'il avait du mal à tenir ses béquilles convenablement. Il secoua sa cape pour lui redonner un semblant de forme. La laine était chaude et douce, quoique légèrement humide sur les bords.

Robin se mit ensuite en quête du chemin, celui que l'on apercevait si bien du haut
des tours, avant l'arrivée du brouillard et des Gallois. Il longea le bord de la rivière où
des générations de paysans avaient creusé un sentier, et déboucha enfin sur le chemin.
Le brouillard se levait quelque peu sous le vent, et Robin, en se retournant briève-
ment, aperçut le château et distingua même la sentinelle galloise près de la porte par
laquelle il s'était si récemment glissé.

Il traversa un terrain marécageux, couvert de hautes herbes et de roseaux, pour
déboucher enfin sur un champ. Il ne pouvait pas voir très loin, mais le chemin s'étendait droit devant et il commença à se balancer avec plus de souplesse et de vigueur, ses
béquilles traçant de larges cercles et ses pieds couvrant le terrain à grandes enjambées.
Se sentant seul dans ce vaste terrain, il accéléra l'allure le plus possible, sans se soucier
du bruit, et, peu à peu, l'engourdissement de ses mains et de ses pieds disparut.

Le brouillard vacillait, s'estompait sous de brusques courants, flottait en voiles
évanescents par-dessus le chemin et s'ouvrait de temps à autre pour révéler un carré
de ciel bleu.

Une voix l'interpella soudain, en gallois.

Robin s'arrêta net. Il devina la question.

— Ce n'est que moi, Robin, répondit-il d'un ton humble, avec un frisson qui n'était
pas dû seulement à l'humidité de ses loques.

— Robin qui ça ? reprit la voix, cette fois en anglais.

— Robin… le Déhanché, m'appelle-t-on.

Le brouillard s'écarta, laissant apparaître le visage méfiant d'un soldat.

L'homme s'approcha pour mieux dévisager Robin.

— Ah ! T'es un jeune berger ? demanda-t-il en voyant les pauvres hardes du garçon.
Et t'es tombé dans la rivière, on dirait ? Viens donc te réchauffer près du feu, gamin.
T'as rien à craindre. On te fera pas de mal.

Il prit Robin par le bras pour l'entraîner vers le camp que le garçon discernait
maintenant au bord du champ, le brouillard s'estompant de plus en plus. Mais Robin
resta immobile et secoua la tête en cherchant une excuse plausible.

— Nenni, dit-il en affectant la stupidité. J'suis pas bien loin d'la maison. Grand
merci, M'sieu…

Il s'éloigna, se courbant en signe de gratitude et s'en alla aussi vite qu'il le put vers
la haie, qu'il traversa, de l'autre côté du champ. Il ne s'arrêta que lorsqu'il fut hors de
portée de voix des hommes du camp, et ne s'accorda que le temps de reprendre son
souffle.

Le bois masquait Robin du camp des Gallois, ce qui était heureux car le terrain s'éle-
vait sensiblement, maintenant, et ralentissait son allure. Il avait le pénible sentiment d'offrir, à découvert, une belle cible pour des archers méfiants et oisifs. Il lui semblait qu'il ne
parviendrait jamais à atteindre le sommet de la colline et les bois au-delà. Lorsqu'il se
trouva enfin à l'abri des arbres, Robin se laissa choir, épuisé, sur un lit de fougères.

Après une brève pause, il se releva pour continuer son chemin. Que lui restait-il à
parcourir ? Jéhan serait-il là ? Le ménestrel pourrait-il chercher du secours avant qu'il
ne soit trop tard ?

Au bout d'une heure de marche, la forêt commença à s'amenuiser, et Robin vit une fumée bleue s'élever au-dessus des premières chaumières du village. Laquelle appartenait à la mère de Jéhan ? Celui-ci l'avait décrite comme étant isolée sur la lande au-delà de l'église, et Robin la repéra. Il s'en approcha, le cœur gonflé d'espoir de se trouver si près du but. Il en oubliait sa faim et sa fatigue, le froid dont il souffrait encore depuis son immersion ainsi que la peur due à son passage si près des Gallois. Il venait à peine d'entamer la traversée de la lande quand Jéhan lui-même apparut sur le pas de la porte.

Robin s'arrêta et cria son nom à tue-tête.

Le ménestrel l'entendit, regarda dans sa direction et se précipita vers lui.

— Maître Robin ! s'exclama-t-il interloqué. Que se passe-t-il ? Que fais-tu donc ici ?

[…]

— Le château est en péril ! dit Robin tout d'un coup. Les Gallois ont pris la ville et sont aux portes de la première enceinte. Les réserves de nourriture sont fort maigres et l'eau du puits va manquer sous peu. Tu dois chercher du secours. Il faut que tu agisses très vite.

Marguerite de Angeli, *Le conquérant*, traduit de l'américain par Dominique Mathieu, Paris, Castor Poche Flammarion, 2000, p. 117 à 124.

Marguerite de Angeli

Marguerite de Angeli (1889-1987) est une auteure et une illustratrice de livres pour les jeunes. L'œuvre de cette écrivaine née aux États-Unis se caractérise par l'importante place qu'elle accorde aux pauvres, aux démunis, aux immigrants, à tous les êtres qui, un jour, se retrouvent en difficulté.

Un matin

Dès le matin, par mes grand-routes coutumières
Qui traversent chants et vergers,
Je suis parti clair et léger,
Le corps enveloppé de vent et de lumière…

5 Je marche avec l'orgueil d'aimer l'air et la terre,
D'être immense et d'être fou
Et de mêler le monde et tout
À cet environnement de vie élémentaire…

Les bras fluides et doux des rivières m'accueillent:
10 Je me repose et je repars
Avec mon guide le hasard,
Par les sentiers sous bois dont je mâche les feuilles…

Oh! ces marches à travers bois, plaines, fossés,
Où l'être chante et pleure et crie
15 Et se dépense avec furie
Et s'enivre de soi ainsi qu'un insensé!

Émile Verhaeren, «Un matin» (extraits),
dans *Les forces tumultueuses*, 1902.

Émile Verhaeren

Émile Verhaeren (1855-1916) est un poète belge d'expression française. Dans ses œuvres les plus marquantes, il décrit la naissance du monde moderne: les villes industrielles, la technologie, le monde ouvrier, l'exode rural. Il sait aussi écrire une poésie tendre pour l'être aimé ou pour son pays d'origine.

IN EXTREMIS

Rien ne pouvait me préparer à l'horreur dont je suis témoin. Tout un pan de la montagne s'est détaché, emportant dans un torrent de boue une partie du village. Seul le quartier ouest a été épargné. Ses petites maisons de pierres aux toits pentus compriment les ruelles et pressurent les espaces tant elles s'épaulent, éprou-
5 vées par le drame qui a englouti leurs voisines.

Des camions de pompiers cramoisis, échelles déployées, encombrent l'unique rue principale. Des gendarmes courent à droite et à gauche, dispersant les attroupements des citoyens encore tout hébétés par l'ampleur du drame. Je reconnais facilement l'ambulance de mon cousin et je m'y dirige d'un pas résolu. Un gen-
10 darme, tenu en laisse par un énorme berger allemand, m'intime l'ordre de rebrousser chemin.

— C'est dangereux, vous devez rester derrière le périmètre de sécurité. Allez, circulez.

Il ne me donne pas la chance de m'expliquer. Je me trouve refoulé par une bour-
15 rade des plus autoritaires. Malgré la pagaille qui règne ici, il essaie de faire régner un minimum d'ordre. Je réussis néanmoins à me frayer un chemin jusqu'aux voitures de pompiers. À l'arrière de l'une d'elles, accroché à une valve, un casque de sapeur attire mon attention. Sans hésiter davantage, je m'en coiffe, et me dirige à nouveau vers les volontaires. C'est fou comme l'habit fait parfois le moine. Mon couvre-chef
20 illicite me sert de laissez-passer, malgré mon jeans et mes souliers de course.

Une dangereuse piste d'hébertisme se dessine devant moi. Je dois enjamber des mares de boue, desquelles émergent des blocs de ciment, des pierres ou simplement des planches. Je ne sais trop où poser le pied devant un tel fouillis. Un reporter […], caméra à l'épaule, se fraie un chemin, juste devant moi. De temps en
25 temps, je lève les yeux, espérant apercevoir un groupe de secouristes. En vain. L'obscurité de la nuit envahit sournoisement les lieux. J'aperçois finalement des brancardiers qui transportent une victime allongée sur une civière. J'enlève promptement mon casque et leur demande s'ils connaissent Enrique. L'un d'entre eux me répond, sans s'arrêter :

30 — Tout en bas, près de la route. Il essaie de dégager un blessé.

Malgré la pénombre, je distingue un groupe de secouristes de la Croix-Rouge, affairés au niveau du sol. Je dégringole vers eux le plus vite possible, guidé par la lumière de gros réflecteurs. Enrique est là, entouré de trois autres personnes. Derrière eux, des villageois consternés assistent impuissants à une scène d'horreur.

35 Dans un trou d'environ un mètre de diamètre, une toute petite fille âgée d'environ quatre ans est coincée. Seule sa tête émerge de l'eau glacée qui emplit presque complètement la cavité. Je vois luire ses deux grands yeux noirs imbibés d'effroi.

Trois bénévoles écopent frénétiquement à l'aide de récipients de plastique. Une femme se tient derrière la petite et l'encourage en lui caressant les cheveux. Quant
40 à Enrique, il est couché à plat ventre dans la boue, les deux bras enfoncés jusqu'aux épaules dans l'eau poisseuse. Je lui chuchote discrètement :

— Enrique, je suis là. Qu'est-ce que je peux faire ?

— Trouve un outil, un pied-de-biche, n'importe quoi. Ses jambes sont coincées sous un madrier. Il faut faire vite.

45 — Je prends ta lampe de poche, lui dis-je en guise de réponse.

Facile à dire « trouve un outil » dans un village où je ne connais rien ni personne, où tout est démoli et où il fait noir comme dans le ventre d'un cachalot. Je dois pourtant faire preuve d'imagination, car cette petite ne pourra certainement pas tenir encore longtemps, immobilisée dans l'eau glacée.

50 Je devrais peut-être remonter vers les camions de pompiers. Ils sont certainement équipés de hachettes ou de barres de fer. Par contre, je vais perdre un temps précieux à escalader les pentes glissantes jusqu'à l'endroit où sont garés les véhicules d'urgence. Dans la direction opposée, vers les champs ondulés, j'aperçois deux ou trois bâtiments de ferme faiblement éclairés par une lanterne suspendue au portail.
55 Je m'approche en courant, espérant y trouver de l'aide. Mes coups répétés sur la porte de la maison restent sans réponse. Évidemment, les habitants de cette chaumière se trouvent sans doute au village, pour prêter main-forte à leurs voisins.

Je me faufile malgré tout dans la grange au toit de chaume et à la devanture triangulaire. La bordure du toit a la forme d'un escalier formé de pierres plates. Ce bâti-
60 ment doit être très ancien. J'inspecte les outils suspendus aux poutres. Un fourbi de bêches, de râteaux, de faucilles se dédouble au plafond par la magie des ombres provoquées par mon faisceau de lumière. Je ramasse tout ce que je peux transporter et retourne sur les lieux le plus rapidement possible.

La petite a maintenant de l'eau jusqu'au menton. Elle est agitée de spasmes, ses lèvres sont bleues et son visage bouffi. J'entends les badauds murmurer derrière moi :

— Pauvre enfant ! Quelle horreur ! Ça fait peut-être des heures qu'elle est là !

— Vous la connaissez ? demande une autre personne. Mais où sont ses parents ?

— Aucune idée. Ils n'arrivent pas à la faire parler. Elle est si petite, c'est terrible.

Je tends la bêche à Enrique qui se tient maintenant debout devant moi. Il est couvert de boue de la tête aux pieds. Fébrilement, il m'explique :

— Ça fait une demi-heure qu'on essaie de la dégager. C'est un chien pisteur qui l'a découverte. Le problème, c'est l'eau ! Il doit y avoir une source qui passe sous elle, ou une canalisation perforée. On a beau écoper, le niveau monte sans cesse.

— Qu'est-ce que je peux faire d'autre ?

— On va essayer de dégager la poutre qui retient ses jambes. Pour cela, il faut creuser de chaque côté, sans provoquer d'effondrement ni la blesser davantage.

— Et les pompiers ? Ils ne peuvent pas nous aider ?

— Il y a une vingtaine d'autres personnes toujours coincées au sous-sol de la mairie. L'édifice risque de s'effondrer à tout moment. Ils vont venir nous aider dès qu'ils le pourront. En attendant, on doit se débrouiller.

Avec la bêche, il se met à creuser avec précaution. C'est difficile. Il fait noir et l'eau entrave chacun de ses mouvements. Quant à moi, j'enfonce une barre métallique dans la vase et j'appuie de tout mon poids, espérant soulever le madrier. Inutile, il ne bouge pas d'un iota. Enrique continue à creuser, ce qui contribue à désagréger un peu plus la paroi. L'eau monte toujours et effleure maintenant la bouche de l'enfant. Découragé, je plante la barre métallique dans le sol. Mon cousin continue à s'échiner à grands coups de pelle.

— Arrête-toi, Enrique, tu perds ton temps. Fie-toi à moi, ce genre de madrier mesure généralement plus de trois mètres de longueur. C'est une poutre qui va d'un mur à l'autre.

— Tu as sûrement raison, répond-il en abandonnant son outil.

La petite a fermé les yeux. Elle est au bord de l'épuisement. Il faut faire quelque chose. Enrique prend son petit poignet entre ses doigts et essaie de sentir son pouls. Je le laisse faire ses calculs, les yeux rivés sur sa montre-bracelet.

— Ce qui est urgent, c'est d'arriver à évacuer l'eau, dis-je. Ensuite, on pourra scier le madrier et la dégager. De toute manière, elle ne tiendra pas longtemps dans de l'eau si froide.

— En effet, elle manifeste déjà des symptômes d'hypothermie.

— Bon, écoute, Enrique. Organise-toi pour trouver de l'électricité. Les réflecteurs sont branchés beaucoup plus haut, je ne pense donc pas que l'on puisse se connecter à la génératrice des pompiers. Il faut trouver une autre solution. Moi, je vais chercher un moyen plus efficace pour drainer l'eau.

Je me retourne vers les villageois, toujours massés en périphérie de la cavité, et
105 leur demande si quelqu'un au village possède une piscine. Un homme ventripotent
me répond :

— Vous n'avez rien de mieux à faire que de vous baigner ?

Une dame lui coupe la parole, me prenant au sérieux.

— Il y en a une à l'auberge du Chat-qui-Pêche.

110 — C'est loin d'ici ?

— À quelques minutes, sur la départementale. Je vous y conduis en voiture si
vous voulez.

J'accepte immédiatement. Quelques instants plus tard, elle me dépose devant
un beau restaurant campagnard fermé. À l'arrière, une piscine éclairée invite les
115 clients à la baignade. J'entre dans la cour, déserte à cette heure-ci. Le propriétaire
m'ouvre en maugréant :

— Que se passe-t-il encore ? Pas une autre catastrophe, j'espère ?

— Excusez-moi de vous déranger, monsieur, mais c'est une question de vie ou
de mort. Puis-je jeter un coup d'œil à votre piscine ?

120 Indécis, l'aubergiste me questionne davantage :

— Mais que voulez-vous, au juste ?

— Écoutez, je veux vous emprunter la pompe du filtreur. Je vais devoir faire
quelques dégâts, c'est sûr, mais je reviendrai tout remettre en place dès que possible.

— Mais qu'est-ce que c'est que cette histoire ? Pourquoi est-ce si urgent ?

125 — Une fillette est coincée dans une cavité qui se remplit d'eau. Les secouristes
sont incapables de la tirer de là. Elle est au bord de la noyade.

— Ah bon, dans ce cas, c'est d'accord. Allez-y, je vous rejoins avec des outils.

En quelques minutes, nous avons déboulonné la pompe et dévissé les tuyaux de
plastique. Je ramasse au passage un masque et un tuba accrochés à la clôture. C'est
130 lourd et encombrant. La dame m'attend toujours dans sa voiture. En arrivant sur les
lieux du drame, je m'aperçois avec soulagement qu'Enrique a réussi à installer un
câble électrique. Il s'agit de rallonges connectées bout à bout et branchées à la
génératrice qui alimente le système d'éclairage.

— Dépêche-toi, me crie-t-il. Elle est inconsciente et nous n'arrivons plus à abais-
135 ser le niveau de l'eau.

La secouriste tient maintenant la tête de l'enfant penchée vers l'arrière, de façon
à lui dégager le nez. Ils sont quatre à présent à écoper comme des forcenés. Je
dépose la pompe aux pieds d'Enrique, éberlué, qui me demande :

— Qu'est-ce que c'est ?

140 Je ne me donne pas la peine de lui répondre. Je tends le tuba à la secouriste qui
l'insère dans la bouche de la fillette, puis j'installe l'appareil au bord du trou, un
tuyau plongé dans l'eau et l'autre dirigé vers l'extérieur.

— Branche le tout, Enrique.

Tout le monde a les yeux rivés sur mon installation de fortune. Je prie pour que
145 ça fonctionne, malgré les câbles humides et l'utilisation exceptionnelle de cette
pompe. Après une dizaine de secondes d'inquiétants gargouillis provenant des
tuyaux, nous accueillons le premier jet d'eau avec un concert d'applaudissements.
Je saute littéralement dans les bras de mon cousin, qui me crie :

— Ça marche, Francis ! C'est génial !

150 Lentement mais sûrement, le niveau d'eau redescend, permettant à la petite,
mais à nous également, de mieux respirer. Le tuba devient inutile. Se dégagent
enfin le menton puis le cou de la fillette, toujours sans connaissance. Enrique véri-
fie une fois encore ses signes vitaux, pendant que deux malabars s'approchent,
équipés de scies à chaîne.

155 — Attendez que l'eau soit complètement évacuée, leur dis-je. Pour l'instant, on
n'y voit rien et il ne faudrait pas la blesser davantage.

Quelques minutes plus tard, la poutre commence à émerger. On ne peut toujours pas voir les pieds de la petite ; par contre, l'espace est dégagé et les deux
hommes peuvent enfin commencer à débiter le madrier. Quelques secondes plus
160 tard, on extirpe enfin la fillette de cet enfer qui la retenait prisonnière de ses impi-
toyables tentacules. On l'allonge ensuite sur une civière. Enrique l'enveloppe dans
une couverture, puis elle part pour l'hôpital, escortée d'une dizaine de badauds sou-
lagés. L'aubergiste récupère sa pompe, heureux du dénouement.

Après avoir éprouvé un état de tension continu, mes nerfs se dérobent, me laissent
165 tomber, et je craque, livide. D'énormes larmes emplissent mes paupières et dégou-
linent, impudiques, délayant les traces terreuses qui maculent mes joues. On a
sauvé l'enfant du déchaînement des éléments, contre ce ciel en furie qui déverse
des trombes d'eau sur les flancs de montagnes déjà alourdis par la fonte prin-
tanière. Et pourtant, au lieu de me réjouir comme les autres, je ne trouve rien de
170 mieux à faire que de m'asseoir au bord de cet affreux gouffre vaseux et de pleurer
comme un gamin.

Annie Vintze, *Le silence d'Enrique*, Montréal,
Éditions Pierre Tisseyre, coll. «Conquêtes», 2004, p. 131 à 142.

Annie Vintze

Née à Québec en 1963, Annie Vintze est une auteure de livres pour les jeunes. Les voyages qu'elle fait nourrissent son imaginaire et lui permettent de placer ses personnages dans des lieux différents. Ainsi, *Le silence d'Enrique* est paru à la suite d'un voyage dans le sud-ouest de la France. Dans ce roman, la jeune écrivaine fait vivre de nouvelles aventures aux héros de son premier roman, *Au sud du Rio Grande*. Ses thèmes de prédilection sont les relations humaines, la justice sociale et le multiculturalisme.

JEUNE PIANISTE EN HERBE

Marika Bournaki est née en 1991 à Montréal et on peut certes penser qu'elle est promise à une grande carrière de pianiste. À l'âge de 12 ans, son premier passage à
5 Carnegie Hall et ses premiers concerts avec l'Orchestre Métropolitain du Grand Montréal ou l'Orchestre symphonique de Montréal sont déjà choses du passé. […]

« Ça a commencé lorsque je suis entrée à
10 l'école, à 5 ans, lance simplement la pianiste. Je voulais faire de la musique et j'en avais parlé à mon père, alors il m'a demandé si je voulais apprendre le piano. Il m'a d'abord proposé le violon, mais j'avais vraiment plus
15 d'intérêt pour le piano. Donc, à la rentrée scolaire, il m'a inscrite à l'école de musique de Verdun avec Yolande Gaudreau, qui est restée mon professeur jusqu'à cette année. »

Marika arrive à suivre une formation sco-
20 laire régulière tout en faisant quotidien- nement de trois à quatre heures de piano (selon le moment de l'année). À cela s'ajoutait jusqu'à l'année dernière des cours de ballet qu'elle avait commencé à suivre avant même
25 ses leçons de piano, mais qu'elle a choisi d'abandonner. Car elle aura besoin de temps pour bien répéter si elle veut arriver à jouer les œuvres de son compositeur préféré : « Depuis le début, mon compositeur préféré
30 est Beethoven, avoue-t-elle. J'ai commencé par écouter *Beethoven habite à l'étage*, un CD qui raconte l'histoire du compositeur et qui nous fait entendre beaucoup d'extraits de ses œuvres. J'aimais écouter ça avant de m'endor-
35 mir et je me disais que j'aimerais apprendre ces pièces-là. En quatrième année, j'ai fait une recherche sur Beethoven et j'ai trouvé ça mer- veilleux de mieux comprendre sa vie et de voir comment elle se reflète dans sa musique. »

Réjean Beaucage, « L'éducation d'un virtuose »,
La scena musicale, [en ligne].
[Site Web de La Scena Musicale] (septembre 2003)
Texte légèrement modifié à des fins pédagogiques.

MAINTENANT ÉLÈVE D'UNE CÉLÈBRE ÉCOLE

Mlle Bournaki a participé à des classes de maître avec Mme Monique Deschaussées et M. Anton Kuerti. Depuis septembre 2003, elle poursuit ses études de piano à la
5 Juilliard School of Music avec Mme Yoheved Kaplinsky.

Pour Marika Bournaki, «la valeur n'attend pas le nombre des années».

Jocelyne Tourangeau,
«Marika Bournaki au piano»,
Planète Québec, [en ligne].
[Site Web de Planète Québec] (11 février 2005)

LE RÔLE DES PARENTS

Pierre Bournaki a, bien entendu, joué un rôle décisif dans les différents aspects de l'apprentissage de Marika. Il explique: «Ce qui est primordial pour le parent, quel qu'il soit, c'est de savoir reconnaître
5 le talent de l'enfant. Dans le cas de Marika, il a été très clair dès le départ qu'elle avait un talent pour la musique. J'ai pu déceler son intérêt parce que nous écoutions souvent de la musique à la maison. Il faut aussi pouvoir apprécier la vitesse de son
10 apprentissage: la voir passer de simples exercices à une invention à deux voix de Bach, puis à des préludes et fugues, et ensuite à des sonatines, à des sonates, c'était une merveille! Si le talent est bien là, cet apprentissage se fait naturellement. Il y a
15 parallèlement à cela une autre partie du travail du parent qui consiste à créer des conditions favorables à la motivation au travail. Bien sûr, on ne commence pas par trois heures d'exercices chaque jour, mais plutôt par trois quarts d'heure, et on aug-
20 mente le temps de répétition d'année en année. Cela se fait graduellement. La possibilité de faire des voyages peut aussi motiver l'enfant à travailler. En effet, à partir d'un certain niveau, il y a des concours un peu partout auxquels l'enfant peut
25 participer. Il a l'occasion de se mesurer aux autres et aussi de tester son désir d'aller plus loin. Et puis, la compétition, on l'aime ou on ne l'aime pas, mais ça fait partie de la vie des musiciens.»

Réjean Beaucage, «L'éducation d'un virtuose», *La scena musicale*, [en ligne].
[Site Web de La Scena Musicale] (septembre 2003)
Texte légèrement modifié à des fins pédagogiques.

DÉJÀ PRODIGE!

Sur la scène internationale, Marika Bournaki s'est illustrée dans plusieurs concours qui lui ont valu, entre autres choses,
5 de faire ses débuts au Carnegie Hall de New York en 2001, à l'âge de 10 ans! L'année suivante, elle remportait le 1er prix du Concours international Pro-
10 piano Romania de Bucarest. Marika a aussi reçu les plus grands honneurs dans la catégorie Concerto, au World Piano Competition en juillet
15 2002. Elle a été soliste invitée de la Philarmonie Banatul de Timisoara en 2003 et joue régulièrement en Roumanie. Elle a aussi donné un récital
20 au Musée Georges Enescu à Bucarest qui fut diffusé par la télévision roumaine. En juin 2004, elle a été invitée à participer au Bowdoin internatio-
25 nal Music Festival qui se tenait à Brunswick, aux États-Unis.

Jocelyne Tourangeau,
«Marika Bournaki au piano»,
Planète Québec, [en ligne].
[Site Web de Planète Québec]
(11 février 2005)

Durant la Seconde Guerre mondiale (1939-1945), les S.S., les membres de la police militarisée du parti nazi de l'Allemagne, persécutent les Juifs. Ces militaires allemands sont responsables des territoires occupés et des camps de concentration où périssent des millions de Juifs.

chante, Luna

C'est alors que la fusillade a éclaté. À quelques dizaines de mètres de l'immeuble. Et puis j'ai entendu un grand vlouf. L'immeuble à côté venait d'être soufflé par une explosion. J'ai
5 sauté dans une courette et couru comme une folle sans m'arrêter. Je me suis retrouvée dans un champ de ruines. Le paysage était tellement défiguré que j'aurais été incapable de dire dans quel quartier je me trouvais. Quelques im-
10 meubles achevaient de brûler dans une fumée âcre. J'ai entendu une cavalcade, de nouveaux tirs. J'étais affolée, il n'y avait aucun endroit où se cacher. Soudain, j'ai levé les yeux. Devant moi se dressait une petite maison sans étage. Au milieu
15 des décombres, seule cette maisonnette tenait encore debout.

À l'intérieur, quatre pièces ouvraient les unes sur les autres. Rien pour se dissimuler, sauf un trou dans le plafond. J'ai poussé une chaise, me suis
20 hissée entre le plafond et la toiture, j'ai repoussé la chaise et me suis tenue ainsi, haletante, à écouter le feu de la bataille un peu plus loin.

Et puis les tirs se sont éloignés. L'obscurité a gagné mon grenier, puis la nuit noire. L'espace y
25 était si exigu que j'avais juste la place de me tenir accroupie. Je rampai vers le trou par lequel j'étais montée, tentai en vain de scruter la nuit. Je décidai d'attendre le jour suivant plutôt que de sauter dans l'obscurité. En écoutant l'incendie
30 gronder tout près, je me disais que si je m'endormais j'allais peut-être mourir brûlée vive. J'en étais là de mes pensées lorsque j'entendis des pas. Je me raidis. Où aller ? Les pas se rapprochèrent de mon trou. Tout à coup, j'entendis chuchoter :

35 — *Fräulein !*

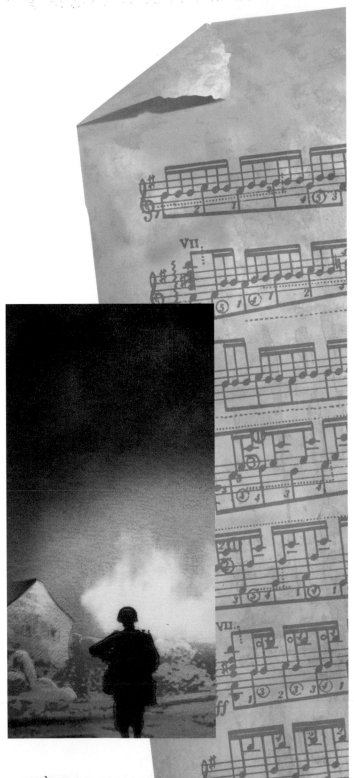

Sur le moment, je crus avoir une hallucination. J'étais couchée par terre, sans force, assoiffée.

Le chuchotement reprit :

40 — *Fräulein !* Je sais que vous êtes là ! Je viens vous dire de vous échapper. Je peux vous aider. Cette maison est un piège. Demain matin, ils vont venir vous prendre !

Je retins ma respiration. J'étais trop affaiblie pour penser et incapable de juger si cette voix 45 m'apportait du bien ou du mal. Après un instant, elle poursuivit :

— Répondez-moi, je vous en prie ! Je viens vous sauver. Il faut partir, maintenant. Ils ont laissé cette maison debout pour que les Juifs s'y réfugient. 50 Aux premières heures du jour, ils seront ici !

Je distinguais mal la voix à cause du grondement persistant de l'incendie, néanmoins elle semblait toute proche du trou. Je pensai qu'il était grand ou que le plafond était plus bas que je 55 le croyais. C'était un Allemand. Un Allemand qui parlait polonais.

— Si vous partez maintenant, je vous aiderai à retourner de l'autre côté. Nous pouvons le faire sans danger maintenant. Tout à l'heure, ce sera 60 trop tard.

Tout mon être se contracta. Que me voulait cet Allemand ? Je serrai les dents et les paupières. Dieu, que j'avais soif ! La voix reprit :

— *Fräulein*, j'ai du pain et de l'eau pour vous. 65 Répondez, je vous en prie !

J'émis une sorte de bruit, un sanglot ou un toussotement, un son pour dire que j'étais bien là. Tout à coup, je vis quelque chose bouger, tout près de moi. Une main se glissait, poussait devant 70 elle une gourde ! Je l'attrapai comme une sauvage. Quand j'eus bu tout mon soûl, la voix reprit, d'en bas :

— Cela va mieux, *Fräulein* ? Allez-vous venir avec moi ?

75 Je ne pouvais répondre. La conscience m'était revenue, mais j'étais muette. Pourtant, le temps pressait, je devais répondre. Je savais maintenant que je n'étais pas en danger, que cet homme voulait m'aider, même si les raisons en étaient tout

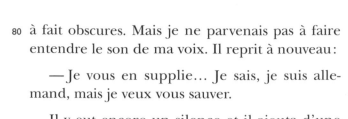

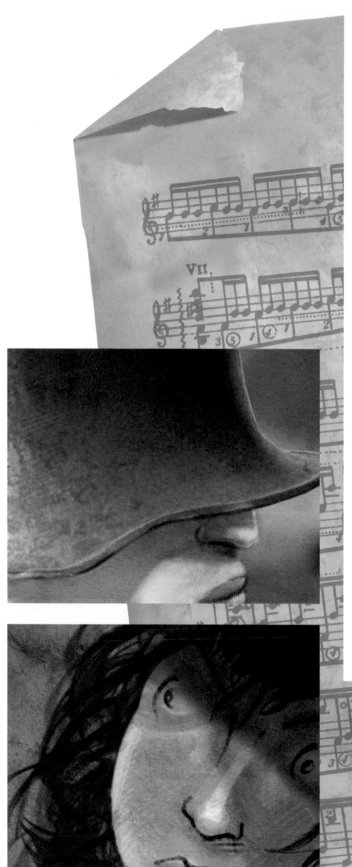

80 à fait obscures. Mais je ne parvenais pas à faire entendre le son de ma voix. Il reprit à nouveau :

— Je vous en supplie… Je sais, je suis allemand, mais je veux vous sauver.

Il y eut encore un silence et il ajouta d'une 85 voix changée :

— C'est à cause de la musique, si vous voulez…

Mon cœur fit un bond. C'était comme si, soudain, il avait de nouveau eu le droit de battre. Tout à coup, cette voix me parut humaine. Pas 90 allemande. Humaine.

Je répétai faiblement :

— Oui… la musique…

Je ne le voyais toujours pas. Dehors, l'incendie semblait s'être encore rapproché. On sentait 95 maintenant la chaleur du feu. J'étais comme un animal tapi au fond de sa cachette et qu'il cherchait à amadouer. Il reprit :

— Voyez-vous, *Fräulein*, je suis violoncelliste… ou plutôt j'étais. Je suis un musicien, pas un nazi. 100 J'étais soldat dans la Wehrmacht, pas un S.S., vous comprenez. Mobilisé de force. Mes parents étaient des antinazis, ils ont pu quitter l'Allemagne à temps. Comprenez-moi, je déteste les nazis, nous étions quelques-uns au sein de la 105 Wehrmacht, oh très peu, si peu ! Tous les opposants ont été liquidés depuis longtemps. Mais il en est resté quelques-uns… Nous… Je ne sais pas ce que sont devenus mes amis… Nous étions horrifiés de ce qui se passait avec les Juifs. 110 J'avais fait des études de médecine, j'ai été engagé dans l'administration sanitaire. Comme violoncelliste j'étais un peu connu, je jouais souvent avant la guerre… Il y a ici un général qui

aime la musique, il m'a entendu en concert…
Quand j'ai su qu'il cherchait des musiciens pour
se distraire, je me suis dit que j'allais utiliser ma
position, médecin et musicien, essayer de faire
quelque chose… J'ai pu faire de petites choses…
Ce n'est pas facile, *Fräulein*…

Je ne répondais rien. Ce type essayait de me
faire descendre pour me tuer. Ou c'était un fou,
un illuminé. Pourtant, sa voix paraissait calme.
Chaude même, amicale, presque familière. Et puis
quel intérêt aurait-il pu avoir à tenter de raisonner une malheureuse fille coincée sous un toit
plutôt que de mettre le feu à la maison ? Il reprit :

— Je sens que vous ne me croyez pas, *Fräulein*.
Écoutez, je suis un être vivant, qui sent, qui souffre.
[…] Chaque fois que je l'ai pu, j'ai sauvé un
homme, une femme, un enfant. Quand ils ont
fait le ghetto, quand j'ai su ce que les nazis
voulaient faire avec les Juifs, j'ai demandé à être
envoyé ici, à Varsovie. J'y suis, depuis deux ans
maintenant… Le jour de mon arrivée, je vous ai
entendue chanter…

— Vous m'avez entendue ?

L'exclamation m'avait échappé.

— J'étais au *Britannia*, avec des officiers. Ils
m'ont présenté comme leur «goûteur» de
musique. Vous ne pouvez pas vous souvenir.

Les yeux bleus. Le regard qui ne m'avait plus
quittée. C'était lui. Je me souvenais. Il poursuivit :

— J'ai fait ce que j'ai pu… Chaque fois… Je
n'ai pas pu sauver votre père, avec son violon…

À présent, je me rappelais parfaitement la voix.

— Vous étiez là !

— Oui. J'ai fait dire au général qu'il y avait
dans le wagon des musiciens remarquables, qu'il
fallait les faire sortir… Je sais, vous pensez :
pourquoi les musiciens et pas les autres ? Mais
savez-vous, le jour où vous êtes sortie du train,
deux autres de vos compatriotes se sont échappés
avec vous. Mais pas votre père… Moi-même, j'ai
été puni pour vous avoir laissé échapper. Le
général était furieux.

Il hésita avant d'ajouter :

— Si vous descendez, peut-être me recon-
naîtrez-vous…

Paule du Bouchet, *Chante, Luna*,
Paris, © Gallimard Jeunesse,
coll. «Hors Série Littérature», 2004, p. 226 à 232.

Paule du Bouchet

De nationalité française,
Paule du Bouchet est née
en 1951. Après des études
de philosophie et de musique,
elle devient professeure, pianiste
de jazz et directrice éditoriale.
Coauteure de livres et de
disques sur la musique, elle est également
auteure de plusieurs romans pour les jeunes
dont les intrigues se déroulent durant les deux
guerres mondiales.

ALASKA

FAIRBANKS

COLOMBIE

USHUAIA

GUATEMALA

BOLIVIE

ARGENTINE

PÉROU

CERCLE POLAIRE

ÉQUATEUR

CHILI

TERRE DE FEU

AVANTAGEUX
d'être une femme

Pour Chrystine Roy, originaire de Rimouski, il n'était pas question de compétition ou d'épreuve chronométrée. Bien
5 au contraire, elle comptait prendre tout son temps pour réaliser son aventure sportive, la descente des Amériques en vélo, du cercle polaire, en
10 Alaska, à la Terre de Feu en Argentine : une randonnée de 24 351 kilomètres et de 18 à 24 mois.

Ergothérapeute dans un
15 centre de réadaptation de Montréal, la jeune femme a décidé, à 30 ans, que «c'était bien beau d'avoir des rêves, mais que c'était encore mieux
20 de les réaliser». Des recherches approfondies lui ont permis de tracer son parcours, une pratique régulière du vélo lui a donné la force physique
25 pour affronter les difficultés du voyage et la recherche de commanditaires lui a enseigné… la patience et la détermination. Convaincre les entre-
30 prises de la financer n'a pas été facile.

«On m'a dit que ce voyage était trop long et surtout trop dangereux pour une fille», in-
35 dique Chrystine. Une remarque qui, encore aujourd'hui, lui fait dresser les cheveux sur la tête. «Sur le terrain, être une femme est au contraire un avantage.

40 Les hommes sont vus comme une menace quand ils arrivent dans un village. Nous, les filles, on veut nous protéger et nous aider.» Décidée à partir malgré
45 tout, elle n'attendra pas d'avoir rassemblé tous les fonds nécessaires à son voyage pour s'envoler vers l'Alaska, un an après les premiers préparatifs.

50 Le 3 juin 2000, à 375 kilomètres au nord de Fairbanks, Chrystine donne le premier coup de pédale sur la Dalton Highway, devant l'affiche du
55 cercle polaire… pour tomber quelques kilomètres plus loin, la clavicule fracturée. Il lui faudra six semaines pour effacer ce mauvais départ et être à
60 nouveau sur les routes. «Ce que je n'oublierai jamais, c'est le sentiment de bonheur et de liberté qui m'a envahie lorsque j'ai commencé à
65 descendre vers le sud. J'étais une nomade.»

En moyenne, Chrystine fait une centaine de kilomètres par jour. Elle dort sous la tente,
70 parfois chez l'habitant, mange des bols de spaghettis, cueille des pommes quand vient le temps de remplir sa bourse et chante pour effrayer les ours
75 noirs de Colombie-Britannique. Les kilomètres parcourus sont «peuplés de rencontres, de mille petits bonheurs» bien

PAYSAGE DE LA PATAGONIE, DANS LA PARTIE SUD DE L'ARGENTINE.

utiles dans les instants diffi-
80 ciles. Elle ne compte plus les
moments où elle achève l'ascension d'une côte, les jambes
en compote et le dos fatigué
de pousser «son éléphant».
85 «C'est beau, oui, mais c'est
dur et pas à peu près», écrit-
elle dans son journal.

Sa pire épreuve survient le
jour où un médecin mexicain
90 lui annonce que sa clavicule ne
s'est jamais ressoudée et que
seule une chirurgie lui permet-
tra de continuer son périple.

La mort dans l'âme, elle revient
95 au Québec pour l'opération.
Trois mois de convalescence
plus tard, la voilà de nouveau
en selle, enchaînant, seule ou
avec des amis, le Guatemala,
100 la Colombie, l'Équateur, le
Pérou, la Bolivie et le Chili pour
se retrouver en mai 2002 en
Terre de Feu, à l'extrémité sud
de l'Argentine.

105 La toute fin du voyage est
difficile. L'épuisement physique, la hâte du retour rendent très pénibles les derniers
kilomètres passés dans les
110 grands vents et la neige. Mais
à Ushuaia, toute la fatigue
s'efface devant le panneau
indiquant le bout du monde.

Cet instant magique restera à
115 jamais gravé dans la mémoire
de Chrystine. «C'était l'eupho-
rie. J'étais au bout de la route.
J'ai levé les bras au ciel et j'ai
crié: "J'ai réussi!"».

Christine Simonnet-Barberger,
«Avantageux d'être une femme»,
Femme Plus, vol. 18, n° 3,
mai 2005, p. 71-72.

DESCENTE DANS LE VENTRE
DU GRAND SERPENT

Tournant le dos au village, les deux jeunes gens entreprirent de remonter la route de verre qui ouvrait une travée scintillante et lisse au milieu de la forêt carbonisée. Nul oiseau ne chantait, et même les mouettes semblaient hésiter à se poser sur la plage. Sigrid allait en tête, le harpon à la main. À la pensée de ce qui 5 l'attendait au bout de la route, elle sentait la peur l'envahir.

[...]

Enfin, au terme d'une marche rendue difficile par la pellicule de rosée répandue à la surface de la plaque de verre, la tête du dragon apparut, échouée sur la plage. La gueule grande ouverte. Les mâchoires béant sur un abîme de ténèbres. Takeda 10 se figea, frappé par le caractère fantastique de cette vision. Sigrid continua à marcher seule, à la rencontre du mufle d'épouvante. C'était bien le dragon, le *ryu* des légendes, avec au front cette étoile dorée que les harponneurs s'évertuaient vainement à prendre pour cible.

« Nous y sommes, songea la fille aux cheveux bleus. Maintenant il ne nous reste 15 plus qu'à descendre dans le ventre de la bête. »

Elle inspira une grande bouffée d'air pour tenter de dissoudre la boule d'angoisse qui lui bloquait le sternum. Takeda, lui-même, avait cessé de faire le fanfaron. La jeune fille traversa la plage, sourde à la voix du bon sens qui, dans sa tête, lui criait de prendre la fuite.

20 Elle s'était préparée à affronter l'haleine pestilentielle du monstre, mais la gueule de l'animal était ouverte depuis si longtemps que le vent avait eu le temps d'aérer la caverne formée par ses mâchoires.

— Il n'est pas mort, chuchota-t-elle à l'intention de son compagnon.

— Quoi ? grogna le garçon.

25 — Il n'est pas mort, répéta-t-elle. C'est évident, sinon il puerait comme l'enfer. Tu imagines un peu l'odeur que répandrait une charogne de cette taille ?

— Tu crois qu'il dort ?

— Peut-être. Il est sans doute en hibernation ou quelque chose d'approchant. En fait, nous ne savons rien de la vie des dragons.

30 Elle parlait pour se rassurer, tout en pensant qu'elle aurait mieux fait de se taire. Sa voix résonnait dans la gueule de la bête, se dédoublant en échos lointains qui semblaient descendre dans le ventre du monstre.

« Quelle idiote je fais, se dit-elle. C'est comme si je jetais des pièces de monnaie dans un puits sans fond. »

35 Les crocs du Grand Serpent semblaient des rochers granitiques. Chacun d'eux mesurait plus de trois mètres. Les jeunes gens durent escalader cet obstacle terrifiant pour s'introduire dans la gueule de la bête. De l'autre côté, ils retombèrent sur la langue.

«C'est mou, constata Sigrid. On dirait un tapis de cuir.»

40 Tout était sec. Il n'y avait ni bave ni salive.

«Décidément, songea la jeune fille en se remémorant ses aventures à l'intérieur de la gargouille, je suis vouée à l'exploration des monstres!»

Tout au fond de la bouche s'ouvrait le tunnel béant de l'œsophage. Un escalier interminable commençait là; *un escalier aux marches d'os.*

45 Sigrid s'agenouilla.

— C'est une construction de nature organique, murmura-t-elle. Ces marches n'ont pas été taillées par la main de l'homme. On dirait qu'elles ont poussé naturellement, comme si elles faisaient partie du squelette de l'animal.

— Regarde, souffla Takeda, il y en a des milliers… elles descendent dans le tube 50 digestif du dragon. C'est bizarre, il ne fait pas noir. Quelque chose éclaire le tunnel.

Sigrid était en train de se faire la même réflexion. Une douce lueur baignait la gorge du monstre qui avait la taille d'un tunnel ferroviaire.

— Il s'agit d'un phénomène chimique, expliqua la harponneuse. Les poissons des grandes profondeurs sont capables de sécréter des substances lumineuses pour 55 s'éclairer dans la nuit des abysses.

Les jeunes gens hésitaient. L'interminable escalier leur faisait peur. Un vent tiède le parcourait, chargé d'une odeur bizarre qui évoquait celle d'une boucherie. Finalement, Sigrid se redressa et posa le pied sur la première marche.

Serge Brussolo, *Sigrid et les mondes perdus: Le Grand Serpent,*
© Éditions du Masque, coll. «Le livre de poche jeunesse», 2003.

Serge Brussolo

Né en 1951 en France, Serge Brussolo est un auteur prolifique. Il a écrit une centaine de romans en explorant les univers de la science-fiction et du fantastique, ainsi que d'autres genres comme le policier, le roman d'aventures et le roman historique. Depuis les années 2000, il effectue un retour à la science-fiction en écrivant pour les jeunes. Son roman *Le Grand Serpent* fait partie de la populaire série *Sigrid et les mondes perdus.*

UN DRAPEAU BLANC

Au centre dc la cohue, Mathilde tente de se relever mais n'y parvient pas. Du bout des doigts, elle essaie vainement de ramener le cadavre encore chaud de Toupie vers elle.

Le tableau est pathétique et amène des larmes aux yeux de Simon qui ne sait plus quoi faire. Ses oreilles bourdonnent encore du bruit des fusils. Une peine amère
5   emplit tout son cœur.

La nuit où il a surpris l'arrivée des Anglais, il a cru mourir de peur et d'angoisse. Mais jamais encore il n'a ressenti la peur comme il la ressent maintenant. Jamais il n'a vu le désespoir d'aussi criante façon qu'il le voit, en ce moment précis, dans les traits crispés de cette jeune fille désemparée.

10   Au plus profond de son âme, Simon éprouve un vide immense. Le temps s'est arrêté. Devant son regard ahuri, il lui semble que tout se passe au ralenti. Une onde de chaleur lui parcourt l'échine, le fait frissonner, hérisse les poils de ses bras avant de mourir à la racine de ses cheveux. Il a chaud et froid en même temps. Les battements accélérés de son cœur cognent à ses tempes. Il plonge sa tête entre ses mains.

15   Il se sent vaincu. Anéanti…

Allons, courage, Simon…, susurre la petite voix.

Simon relève la tête.

Mathilde a besoin de toi…

Son regard se rive alors sur une tache rouge qui, pareille à une fleur aux pétales vermeils, macule la jupe de la jeune fille à la hauteur de la cuisse.

80 Un frisson lui traverse le dos.

— Mathilde ? Tu ne dois pas mourir. Mathilde ! Mathilde ?

Son cœur cogne comme les cloches d'une cathédrale. Dans sa gorge, une boule se forme et il déglutit avec peine. Il baisse la tête et laisse enfin libre cours aux larmes qu'il refoule depuis trop longtemps. Il pleure sa peur, sa colère, son chagrin. Il pleure
85 cette guerre et la vie à venir qui ne laisse augurer rien de bon. Il pleure son désespoir et son immense impuissance.

Un gémissement presque inaudible lui fait relever la tête.

Il essuie ses yeux du revers de la main et se penche un peu plus vers la jeune fille qui remue les lèvres avec difficulté.

90 — Tou… pie… Mon Tou… pie.

Josée Ouimet, *Trente minutes de courage*,
Montréal, Hurtubise HMH, coll. « Atout »,
2005, p. 85 à 91.

Josée Ouimet

Née au Québec en 1954, Josée Ouimet a poursuivi des études diverses, dont l'enseignement de la littérature et la linguistique. Elle enseigne le français et l'histoire pendant une dizaine d'années avant de se consacrer, dans les années 1990, à l'écriture de romans destinés aux jeunes. Josée Ouimet a écrit plusieurs romans historiques dans lesquels ses jeunes héros sont au cœur des épisodes marquants de notre histoire. Dans ses romans comme *Le moussaillon de la Grande-Hermine* et *L'orpheline de la maison Chevalier*, elle met en scène des personnages qui évoluent dans des intrigues fictives tout en revivant des faits historiques réels.

BALLADE DE BILL MOORE

... Oh, Bill Moore, il a marché tout seul — sur la longue route solitaire.
Il a osé marcher tout seul — sur la longue route solitaire,
Il a marché en plein jour — et il a marché dans la nuit,
Et nous n'étions pas auprès d'lui,
5   Et nous n'étions pas auprès d'lui...

Il a marché dans l'Alabama — pour vous et pour moi,
Pour qu'on soit tous libres — et qu'on soit égaux, toi et moi,
Et pour qu'un jour Noirs — et Blancs on soit tous frères !

Et Bill Moore, c'était un Blanc, — mais les balles ne distinguent pas la couleur,
10   Quand elles sifflent dans la nuit — les balles des lyncheurs ne distinguent pas la couleur,
Et beaucoup d'Noirs, on les a tués, — et Bill Moore il gît par terre.
Et nous n'étions pas auprès d'lui,
Et nous n'étions pas auprès d'lui...

Oh, chaque homme doit choisir — et se décider à son heure,
15   Oh, chaque homme doit choisir — et marcher tout seul dans sa voie...
Et nous frapperons à la porte de la Liberté, — et si on demande qui nous envoie,
Nous répondrons que c'est un homme — qui s'appelait Bill Moore...

NOTE DE LA TRADUCTRICE :

William Moore, facteur de son métier,
se rendit à pied en 1963
dans la capitale du Mississippi
pour pétitionner en faveur de l'égalité civique,
et fut abattu sur la grand-route
par des assassins ségrégationnistes.

«Ballade de Bill Moore»,
traduit de l'américain par Marguerite Yourcenar,
dans *Fleuve profond, sombre rivière*, Paris,
© Éditions Gallimard, coll. « Poésie », 1966, p. 267, 271.

HARRY POTTER
à l'école des sorciers

Ils se trouvaient au bord d'un échiquier géant, derrière des pièces noires qui étaient plus grandes qu'eux et semblaient avoir été sculptées dans de la pierre. En face d'eux, de l'autre côté de la salle, se tenaient les pièces blanches. Harry et les deux autres furent parcourus d'un frisson. Les pièces blanches n'avaient pas 5 de visage.

— Qu'est-ce qu'on fait, maintenant? murmura Harry.

— C'est évident, non? dit Ron. Il va falloir jouer une partie d'échecs pour arriver de l'autre côté.

Derrière les pièces blanches, ils apercevaient une autre porte.

— Comment on va s'y prendre? demanda Hermione, inquiète.

— Nous serons sans doute obligés de nous transformer nous-mêmes en pièces d'échecs, dit Ron.

Il s'avança vers un cavalier noir et posa la main sur le cheval. Aussitôt, la pierre s'anima. Le cheval frappa l'échiquier de ses sabots et le cavalier tourna vers Ron sa tête coiffée d'un casque.

— Il faut… euh… qu'on se joigne à vous pour passer de l'autre côté? demanda Ron.

Le cavalier noir approuva d'un signe de tête. Ron se tourna vers les deux autres.

— Il faut bien réfléchir, dit-il. On va devoir prendre la place de trois des pièces noires.

Harry et Hermione restèrent silencieux, attendant que Ron ait pris une décision.

— Ne vous vexez pas, dit-il enfin, mais vous n'êtes pas très bons aux échecs, tous les deux.

— On ne se vexe pas, dit Harry. Dis-nous simplement ce qu'on doit faire.

— Toi, Harry, tu prends la place de ce fou et toi, Hermione, tu te mets du même côté sur la case de la tour.

— Et toi?

— Moi, je prends la place du cavalier, dit Ron.

Les pièces […] avaient entendu car, à cet instant, un cavalier, un fou et une tour quittèrent l'échiquier, laissant trois cases vides que Ron, Harry et Hermione occupèrent.

— Les blancs jouent toujours les premiers, dit Ron en scrutant l'autre extrémité de l'échiquier. Regardez…

Un pion blanc venait d'avancer de deux cases.

Ron commença alors à donner ses ordres aux pièces noires et elles se déplacèrent sans bruit là où il les envoyait. Harry sentit ses jambes faiblir. Que se passerait-il si jamais ils perdaient?

— Harry, déplace-toi de quatre cases en diagonale vers la droite.

Leur premier choc fut de voir le camp adverse prendre leur autre cavalier. La reine blanche l'assomma en le jetant à bas de sa monture et le traîna au bord de l'échiquier où il resta immobile, face contre terre.

— C'était nécessaire, dit Ron qui paraissait secoué. Maintenant, tu vas pouvoir prendre ce fou, Hermione. Vas-y.

Chaque fois qu'elles perdaient un de leurs hommes, les pièces blanches se montraient sans pitié et bientôt, il y eut une rangée de pièces noires hors de combat alignées le long du mur. Mais Ron s'arrangeait pour prendre autant de pièces blanches qu'ils en avaient perdu de noires.

— On y est presque, murmura-t-il. Voyons, réfléchissons…

La reine blanche tourna vers lui sa tête sans visage.

— Oui, dit Ron à voix basse, c'est le seul moyen… Je dois me faire prendre…

J.K. Rowling, *Harry Potter à l'école des sorciers*,
© J.K. Rowling, traduit de l'anglais par Jean-François Ménard, Paris,
© Gallimard Jeunesse, coll. « Folio junior », 2000, p. 274 à 276.

Joanne Kathleen Rowling

La célèbre auteure de la série *Harry Potter*, Joanne Kathleen Rowling, est née en Angleterre en 1965. Lorsqu'elle écrit son premier roman, *Harry Potter à l'école des sorciers*, en 1995, elle élabore également le plan des six autres aventures de son héros. La parution de chaque volume de cette série suscite un engouement populaire qui ne se dément pas. J.K. Rowling a aussi publié *Les animaux fantastiques* et *Le Quidditch à travers les âges*.

HÉROS QUÉBÉCOIS À QUATRE PATTES

Hier après-midi à Laval, lors du 16e congrès annuel de l'Académie de médecine vétérinaire du Québec, le panthéon québécois des animaux a accueilli en grande pompe trois nouveaux héros. Cette cérémonie originale et sympathique, particulièrement valorisante pour notre faune domestique et ceux qui la soignent, se perpétue depuis sept ans déjà sous la houlette de son directeur général, le Dr Michel Pepin. Elle vise à souligner les apports considérables dont la société humaine peut bénéficier en favorisant des relations étroites et harmonieuses avec les animaux de bonne compagnie. Jusqu'à présent, dix-sept chiens, quatre chats et un cheval ont ainsi été admis à ce panthéon.

Parmi les lauréats de la dernière cuvée, et dans la catégorie «Héros», la chatte Sosa, cinq ans, s'est tout particulièrement distinguée en sauvant la vie de sa maîtresse menacée par un mocassin d'eau. Le 27 juillet 2003, à Dorval, Mme Kimberley Kotar faisait tranquillement son jardin. Soudain, un serpent des marais se dresse devant elle, sifflant, tête dressée, agitant sa queue et prêt à mordre. Fort heureusement, Sosa s'interpose aussitôt, combative et toutes griffes dehors. Elle frappe la terrible bestiole à la tête et protège du même coup sa maîtresse. Mentionnons que cette variété de reptile, particulièrement venimeuse, n'existe pas à l'état sauvage au Canada, mais sévit plutôt en Virginie, au Texas et en Amérique du Sud. Sérieusement blessée, Sosa fut conduite à la clinique vétérinaire. Trois jours et trois nuits, elle oscilla entre la vie et la mort, aucun sérum antivenimeux pour ce type de morsure n'étant disponible au Québec. On a pu ainsi mesurer le véritable danger que courait sa propriétaire. Grâce aux conseils de la Dre Jennifer Rockwell et aux soins soutenus de toute l'équipe de la clinique, Sosa a survécu.

Dans la catégorie «Compagnon», l'Académie a voulu souligner l'extraordinaire travail d'assistance de Boston,
70 labrador blond de deux ans et demi, formé à la Fondation Mira. Boston rend d'irremplaçables services à son maître, l'ancien joueur de hockey pro-
75 fessionnel Normand Lefebvre, devenu paraplégique, en 1991, à la suite d'un accident d'automobile. Héros en raison de son sérieux et de sa cons-
80 tance au quotidien, Boston transporte avec bonheur le bois de chauffage ou les sacs à commissions. Il sort et rentre aussi le bac de récupération,
85 porte le sac à dos de son maître ou lui sert de caddy sur le parcours de golf.

Les chiens d'assistance confèrent une plus grande
90 autonomie aux personnes handicapées en prolongeant leur capacité motrice. Ils exercent trois fonctions précises: la préhension; l'appui ou le
95 support; la traction. Un chien comme Boston ramasse donc des objets et les porte à son

maître. Il l'aide à se mouvoir en lui servant de point d'appui. Enfin, en tirant le fauteuil
100 roulant de son maître ou de sa maîtresse, le chien peut l'aider à gravir plus facilement la bordure d'un trottoir, une
105 rampe d'accès ou encore une rue en pente.

Dans la catégorie «Professionnel», Nicky, jeune berger allemand femelle, a été hono-
110 rée pour son travail exceptionnel au service de la collectivité. Nicky fait partie de l'équipe cynophile du service de police de Gatineau.
115 Accompagnant son maître-chien, l'agent François Brochu, elle a trouvé l'arme et la balle qui ont permis d'incriminer un suspect. Ce dernier sera
120 accusé, grâce au flair de ce limier à quatre pattes, de tentative de meurtre, de menaces de mort, de voies de fait et de possession d'arme.

François Lubrina, «Héros québécois à quatre pattes », *La Presse*, samedi 23 avril 2005, p. V-V21.

Texte légèrement modifié à des fins pédagogiques.

RUSES, IMPOSTURES

ET TOURS PENDABLES

Sous vos yeux, des animaux vont vivre
et parler, jouer des tours, se moquer,
ruser et déguiser leurs intentions
pour obtenir ce qu'ils désirent et aussi
pour vous faire rire et réfléchir.

Sous vos yeux, des personnages vont faire
des farces, penser à des plaisanteries,
échafauder des plans pour arriver à leurs fins,
s'amuser et rire un grand coup.

Animaux ou êtres humains,
vous entendrez leurs éclats de rire,
vous les imaginerez rire à gorge déployée
ou rire aux larmes, rire dans leur barbe
ou rire sous cape, et, à tous les coups,
se réjouir de leurs bons tours.

Le Corbeau et le Renard,  le Renardeau et le Corbillat

Un jour, dans notre belle campagne gene-voise, Maître Renard revenait de la ville avec son fils, le petit Renardeau. Étant passé par un grand magasin, le petit Renardeau gambadait
5 gaiement, tenant fièrement dans sa gueule la ficelle d'un ballon.

En chemin, ils rencontrèrent Maître Corbeau et son petit Corbillat, qui se tenaient tous deux, sur une branche, perchés. Maître Corbeau, qui
10 s'en était allé auparavant chez le fermier, tenait en son bec un «Schabzigger», bien fait et ragoûtant.

Maître Renard, par l'odeur alléché, décida que ce fromage serait sien avant que le soleil ne
15 soit couché, et, rusé comme un chimpanzé, il lui tint à peu près ce langage:

> Bonjour, Maître Corbeau!
> Quel plaisir de vous voir dans votre belle robe noire.
> 20 À mon fillot, je disais justement que votre renommée, portée bien au-delà des champs, mentionne que votre ramage est aussi enivrant que votre plumage est chatoyant.
> Nous donner un extrait de votre récital
> 25 passé ne plairait-il pas à votre Virtuosité?

À ces mots, Maître Corbeau ne se sentit plus d'aise et, flatté, il prit une grande inspiration avant d'entonner l'*Air des bijoux* de Faust. Mal-
30 heureusement, au moment où les premières notes sortirent de son bec, le Schabzigger lâché tomba dans la gueule de Maître Renard.

Maître Corbeau, pris dans son envolée musi-cale, poursuivit son air, et ce n'est qu'une fois
35 terminé qu'il entendit Maître Renard lui avouer :

«Sachez, mon cher, que j'ai toujours su l'art lyrique et l'art gastronomique marier !»

De son côté, le petit Corbillat louchait depuis un bon moment sur le ballon du Renardeau. À
40 cette envie s'ajoutait la désolation de voir son père roulé. Il prit son courage à deux ailes et apostropha le scélérat :

Maître Renard, je m'étonne que vous, qui vous vantez de votre finesse et de
45 vos goûts culinaires, n'ayez pas appris à votre fils les bonnes manières. Le jeune Renardeau serait-il trop rustre pour remercier mon père si illustre ?

Maître Renard, fort gêné d'avoir été ainsi
50 blâmé, obligea son fillot à remercier en quelques mots. Ce dernier dit: «Bravo !», mais déjà le regretta, car la ficelle lâchée libéra le ballon.

En deux battements d'ailes, le jeune Corbillat l'attrapa et revint fièrement se poser près de son
55 père. Maître Corbeau, tout guilleret, adressa au rival ce pamphlet :

«Mon cher Maître Renard !
De vous mon fillot a appris que de toucher le point faible, il suffit.
60 Mais outre l'art de la ruse, il a aussi la science infuse.
C'est pourquoi il savait, que, lâché, le ballon monterait.»

Didier Strasser, «Le Corbeau et le Renard, le Renardeau et le Corbillat», [en ligne]. [Site Web de Didier Strasser] (avril 2006)

LE LOUP PENDU

Un jour, un homme traversait un bois. Il trouva un loup pendu par le pied au haut d'un chêne.

«Homme, dit le loup, tire-moi d'ici pour l'amour de Dieu. J'étais monté sur ce chêne pour y prendre un nid de pie. En descendant, j'ai pris mon pied dans une branche fendue. Je suis perdu, si tu n'as pitié de moi.

— Je te tirerais de là avec plaisir, Loup, répondit l'homme; mais j'ai peur que tu ne me manges, quand tu seras dépendu.

— Homme, je te jure de ne faire aucun mal, ni à toi, ni aux tiens, ni à tes bêtes.»

L'homme dépendit donc le loup. Mais à peine celui-ci fut-il à terre qu'il commença à le regarder de travers.

«Homme, je suis affamé. J'ai grande envie de te manger.

— Loup, tu sais ce que tu m'as juré.

— Je le sais. Mais, à présent, je suis dépendu. Je ne veux pas mourir de faim.

— On a bien raison de dire, Loup: **"De bien faire, le mal arrive."** Si tu veux, nous allons consulter, sur notre cas, cette chienne qui vient vers nous.

— Je veux bien, Homme.

— Chienne, dit l'homme, le loup était pendu par le pied au haut d'un chêne. Il y serait mort, si je ne l'avais dépendu. À présent, pour ma peine, il veut me manger. Cela est-il juste?

— Homme, répondit la chienne, je ne suis pas en état de vous juger. J'ai bien servi mon maître jusqu'à présent. Mais, quand il m'a vue vieille, il m'a jetée dehors, pour n'avoir plus à me nourrir, et m'a chassée dans le bois. On a bien raison de dire: **"De bien faire, le mal arrive."**

— Alors, Loup, dit l'homme, nous allons consulter, sur notre cas, cette vieille jument.

— Je veux bien, Homme.

— Jument, dit l'homme, le loup était pendu par le pied au haut d'un chêne. Il y serait mort, si je ne l'avais dépendu. Maintenant, pour ma peine, il veut me manger. Cela est-il juste?

— Homme, répondit la jument, je ne suis pas en état de vous juger. J'ai bien servi mon maître jusqu'à présent. Mais, quand il m'a vue vieille, il m'a jetée dehors, pour n'avoir plus à me nourrir, et m'a chassée dans le bois. On a bien raison de dire: **"De bien faire, le mal arrive."**

— Alors, Loup, dit l'homme, nous allons consulter le renard sur notre cas.

— Je veux bien, Homme.

— Renard, dit l'homme, le loup était pendu par le pied au haut d'un chêne. Il y serait mort, si je ne l'avais dépendu. Maintenant, pour ma peine, il veut me manger. Cela est-il juste?

— Homme, dit le renard, je ne suis pas en état de vous juger avant d'avoir vu l'endroit.»

Ils partirent tous trois et arrivèrent au pied du chêne.

«Comment étais-tu pendu, Loup?» demanda le renard.

Le loup monta sur le chêne et se remit comme il était avant d'être dépendu par l'homme.

«J'étais ainsi pendu, Renard.

— Eh bien, Loup, demeure-le.»

Le renard et l'homme s'en allèrent. Quand il fallut se séparer, l'homme remercia le renard et lui promit de lui porter, pour ses peines, le lendemain matin, une paire de poules grasses.

En effet, le lendemain matin, l'homme arriva portant un sac.

«Voici les poules, Renard.»

Aussitôt, il ouvrit le sac, d'où sortirent deux chiens, qui étranglèrent le pauvre renard. On a bien raison de dire: **«De bien faire, le mal arrive.»**

Jean-François Bladé, «Contes de Gascogne», dans *Des animaux et des hommes*, textes choisis et présentés par Simone Lamblin, Paris, Les anthologies du Livre de poche jeunesse, 1983, p. 124 à 127.

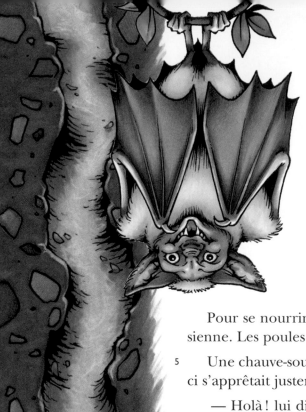

LA CHAUVE-SOURIS ET LES DEUX BELETTES

Par cette adroite répartie,
Elle sauva deux fois sa vie.

Pour se nourrir, la belette n'est pas en peine. La taille de son dîner peut égaler la sienne. Les poules en savent quelque chose.

5 Une chauve-souris atterrit en catastrophe chez une belette sans y être invitée. Celle-ci s'apprêtait justement à aller chasser. Vivement, elle appuie sa patte sur l'intruse.

— Holà! lui dit-elle, tu n'as pas froid aux yeux. Venir me narguer sur mon seuil, alors que je suis à jeun! Moi qui avais envie d'une souris! Ce ne sont plus tes jours, mais tes secondes qui sont comptées!

10 La distraite se défend:

— Mais je ne suis pas une souris. Regarde mes ailes, ce sont là les attributs d'un oiseau. Ne change donc pas ton menu: tu tomberas bien, en sortant, sur quoi le satisfaire.

«Cet oiseau a raison, réfléchit la belette. Restons-en à mon choix initial et libérons-le!»

La vie sauve, notre chauve-souris s'exclame en s'envolant:

15 — Vive les oiseaux!

Puis elle va se tapir dans le premier trou venu: celui d'une autre belette.

— Un oiseau! s'excite celle-ci. Il y a des lustres que je n'en ai goûté.

Elle agrippe le mammifère volant qui s'offusque:

— Moi, un oiseau!… Où donc vois-tu mes plumes? Ne sais-tu plus reconnaître une 20 souris?

— Effectivement, concède la seconde belette, ma vue me trompe. Va-t'en, laisse-moi reprendre mes esprits!

25 — Vive les souris! exulte la chauve-souris en faisant mine de trotter.

La voilà une fois de plus hors de danger.

Guy Dessureault, «La chauve-souris et les deux belettes», dans *Cigale, corbeau, fourmi et compagnie: 30 fables*, Saint-Laurent, Éditions Pierre Tisseyre, 2002, p. 80-81.

Guy Dessureault

Guy Dessureault est né à Trois-Rivières en 1946. Il est professeur, chercheur en pédagogie et auteur. L'acceptation des autres, en particulier des personnes de communautés culturelles différentes, est au cœur de plusieurs de ses romans.

Dans *Cigale, corbeau, fourmi et compagnie*, l'auteur a repris trente fables de l'écrivain français Jean de La Fontaine (1621-1695) dans un langage accessible aux jeunes d'aujourd'hui.

LES MAUVAIS COUPS
DU RATON LAVEUR

On était en plein été dans le village de Nanabozo où vivaient deux vieillards. Nanabozo avait un grand respect pour les anciens: de retour de ses longs voyages, il leur
5 rendait toujours visite.

Ces vieillards avaient été, dans leur jeunesse, de vaillants chasseurs. Ils avaient fourni le gibier à tous les villageois pendant de nombreuses années. Maintenant, leur vue avait baissé, leurs
10 forces avaient décliné et ils étaient pratiquement aveugles.

Nanabozo leur avait construit un wigwam près de la rivière et il avait installé à proximité une corde qui leur servait de guide pour se
15 déplacer. Les vieux chasseurs pouvaient ainsi s'approvisionner en eau pour boire et cuisiner. Nanabozo leur fournissait la viande de gibier et, de cette façon, les deux hommes vivaient bien.

Un matin, très tôt, un raton laveur se prome-
20 nait au bord de la rivière. Il était connu aux alentours: il avait la réputation d'aimer jouer des tours.

«Ah! quel ennui! s'écria le raton. En me forçant un peu, je pourrais peut-être inventer un ou
25 deux mauvais coups pour me divertir.»

C'est alors que le raton remarqua une corde qui partait d'un buisson jusqu'à la rive. «Tiens! D'où peut bien venir cette corde?» s'interrogea-t-il.

30 Tout à coup, la corde se mit à bouger légèrement. Aussitôt, le raton laveur plongea dans un buisson.

À tâtons, les deux vieux aveugles se guidaient avec la corde pour se rendre au bord de la
35 rivière. Rendus là, ils remplirent un seau d'eau et reprirent leur chemin en sens inverse jusqu'à leur wigwam. Le raton laveur sortit de sa cachette et se dit en rigolant: «Ah! je vais bien m'amuser.»

Sans bruit, il s'approcha de l'eau, saisit la
40 corde et la ramena au buisson.

«Tout ce qu'il me reste à faire, c'est d'attendre que les deux vieillards reviennent chercher de l'eau.»

Le raton laveur se mit à attendre. Il attendit
45 très longtemps et enfin, rongé d'impatience, il lança: «Pourquoi donc ne viennent-ils pas?»

Au bout d'un long moment, enfin, l'un des deux vieux se mit en route vers la rivière en tenant la corde. Lorsqu'il arriva au bout, il ne trouva pas
50 d'eau mais seulement de l'herbe.

— Oh! dit le vieux, la rivière est asséchée. Qu'est-ce que je vais faire?

La grande course
DE
COYOTE

Coyote et la Tortue se rencontrèrent un jour.

— Comme tu marches lentement ! dit Coyote. C'est vraiment ridicule.

— Je peux courir plus vite que toi si je veux, dit la Tortue.

— Ha, ha, ha ! dit Coyote.

5 — Faisons la course, et tu verras.

Coyote fit le tour de la prairie, et même il alla jusque dans la montagne pour rassembler ses amis.

— Venez voir la grande course de Coyote et de la Tortue ! criait-il.

Tortue alla seulement voir deux de ses frères qui habitaient sous des roches 10 plates, non loin de là. Que leur dit-elle ? On ne sait pas, mais on l'entendit, sur le seuil de chaque demeure, prononcer en s'en allant ces paroles :

— Je compte sur toi.

Le jour de la course arriva; il y avait un beau soleil. La piste avait été préparée avec soin; elle faisait un grand tour dans la plaine et revenait vers un arbre mort, 15 tout sec et blanc, qui était à la fois le poteau de départ et le poteau d'arrivée.

Au premier tiers du parcours, il y avait une touffe de cactus; au second, on passait sous la Roche-à-l'Ours. Il n'y avait pas moyen de se tromper.

Les deux coureurs partirent; d'un seul bond, Coyote dépassa la Tortue et s'en fut. L'autre, traînant sa lourde carapace, avançait péniblement sur le sable.

20 Tous les gens qui assistaient au départ se mirent à rire.

— Tu gagneras sûrement, à ce train ! cria l'un.

— Qu'est-ce qui ne va pas, grand-mère ? dit un autre.

— C'est ce sable, répondit la Tortue, qui me brûle le ventre; je vais continuer dans les herbes sur le bord de la piste, et je gagnerai la course.

25   Le rire de tous lui répondit, et la Tortue s'enfonça dans les herbes. Quelqu'un, à ce moment, cria:

— Voyez Coyote, comme il est loin déjà!

Tous regardèrent là-bas, et la Tortue en profita pour se couler entre les herbes, et, revenant tout doucement en arrière, fut se cacher à trois pas en deçà du poteau, 30   sous une touffe de larges feuilles.

Cependant, Coyote approchait de la touffe de cactus. Quelques-uns de ses amis étaient là et l'accueillaient déjà par un petit signe amical, mais soudain, tout courant, il se frotta les yeux: ne voyait-il pas la Tortue devant lui, à quelques pas en avant?

35   — J'ai pourtant couru vite! cria-t-il en la dépassant. Comment as-tu fait pour arriver ici avant moi?

— Oh! dit doucement la Tortue, mon ventre glisse très bien sur les herbes.

En fait, c'était le premier frère de Tortue qui, suivant la manœuvre convenue et posté là depuis la veille en grand secret, venait de surgir sur la piste.

40   Coyote redoubla de vitesse. Il ne s'agissait plus de s'amuser! Enfin, voici la Roche-à-l'Ours. Le passage est étroit; il faut se glisser sous la pierre, ramper parmi le sable et les cailloux. Coyote se pressa tant qu'il s'écorcha le dos au rocher; mais il fut vite hors du boyau. Il bondit sur ses pieds… et vit, à trois pas devant lui, la Tortue qui se hâtait sur le bord du chemin.

45   — C'est trop fort! cria-t-il. Comment as-tu passé cette roche avant moi?

— Oh! dit doucement la Tortue, passer sous les rochers est mon fort!

En fait, c'était le deuxième frère de Tortue qui, suivant la manœuvre convenue, se tenait depuis la veille blotti au fond de la Roche-à-l'Ours.

Coyote ruisselait de sueur; ses pattes ne touchaient plus le sol; il courait si vite 50   qu'il semblait voler. Le but se rapprochait, le grand arbre mort, sec et blanc sur la plaine, tous ses amis massés autour. D'un coup d'œil inquiet, il inspecta la piste: pas la moindre Tortue dans les herbes, pas le plus petit frisson qui trahît son passage sous les feuilles.

«Enfin! j'ai gagné tout de même!» se dit-il en haletant.

55   Hélas! à trois pas du but, apparut la Tortue, et, se hâtant et culbutant, elle toucha l'arbre la première.

— J'ai gagné! dit-elle. Qui se moquera, maintenant, de Courtes-Pattes?

«La grande course de Coyote», dans Marie Colmont, *25 contes des peuples indiens*, Paris, Éditions Flammarion, Castor Poche, 2000, p. 177 à 181.

La Cigale et la Fourmi

La Cigale, ayant chanté
Tout l'été,
Se trouva fort dépourvue
Quand la bise fut venue.
5 Pas un seul petit morceau
De mouche ou de vermisseau.
Elle alla crier famine
Chez la Fourmi sa voisine,
La priant de lui prêter
10 Quelque grain pour subsister
Jusqu'à la saison nouvelle.
«Je vous paierai, lui dit-elle,
Avant l'oût*, foi d'animal,
Intérêt et principal.»
15 La Fourmi n'est pas prêteuse;
C'est là son moindre défaut.
«Que faisiez-vous au temps chaud?
Dit-elle à cette emprunteuse.
— Nuit et jour à tout venant
20 Je chantais, ne vous déplaise.
— Vous chantiez? j'en suis fort aise:
Eh bien! dansez maintenant.»

Jean de La Fontaine, *Fables*,
Livre Premier, fable 1, 1668.

---

* C'est-à-dire avant la moisson, qui a lieu en août.

Jean de La Fontaine

Dans les *Fables* de l'écrivain français Jean de La Fontaine (1621-1695), les animaux parlent comme des humains. La conclusion de ces petits récits prend toujours la forme d'une morale à retenir.

LA CHANTALE ET AMÉLIE

La Chantale qui durant tout le mois
avait joué
se trouva fort dépourvue lorsque le
voyage fut venu.
5 En effet, pas une seule petite tablette
chocolatée
elle n'avait vendue
pour le voyage à New York,
bien entendu.
10 Elle alla crier son désespoir chez Amélie,
sa voisine
qui, elle, avait vendu deux cents tablettes
de chocolat
comme si elle travaillait à l'usine.
15 La Chantale lui demanda:
— Vous pourriez bien me prêter
quelques dollars pour le voyage?
Je vous rembourserai intérêt et capital
Et, en prime, je ferai vos bagages.
20 Amélie n'est pas prêteuse, c'est là son
moindre défaut.
Par contre, la Chantale est un peu têteuse.
Alors, Amélie sauta sur l'occasion
et lui fit un petit sermon.

25 — Que faisiez-vous pendant que je
m'esquintais
à parcourir rues et ruelles pour vendre
du chocolat?
— Je jouais à la marelle, aux serpents
30 et aux échelles
avec Gladys, Florence et Michelle,
dit la Chantale.
— Vous jouiez! J'en suis fort aise.
Vous voulez aller à New York, ma chère,
35 Eh bien, marchez maintenant!

Robert Soulières, «La Chantale et Amélie»,
dans *Ding, dong! Facéties littéraires*,
Saint-Lambert, Soulières Éditeur, 2005, p. 87 et 89.

Robert Soulières

Robert Soulières est né en 1950 à Montréal. Son grand sens de l'humour trouve toujours à s'exprimer dans ses nombreux romans et nouvelles. Il partage son temps entre l'édition et l'écriture.

La fourmi et la cigale

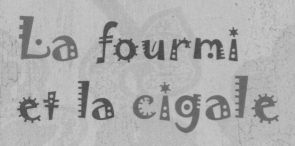

Une fourmi fait l'ascension
d'une herbe flexible
elle ne se rend pas compte
de la difficulté de son entreprise

5 elle s'obstine la pauvrette
dans son dessein délirant
pour elle c'est un Everest
pour elle c'est un mont Blanc

ce qui devait arriver arrive
10 elle choit patatratement
une cigale la reçoit
dans ses bras bien gentiment

eh dit-elle point n'est la saison
des sports alpinistes
15 (vous ne vous êtes pas fait mal j'espère?)
et maintenant dansons dansons
une bourrée ou la matchiche

Raymond Queneau, «La fourmi et la cigale»,
dans *Battre la campagne*,
Paris, © Éditions Gallimard, 1968.

Raymond Queneau

Raymond Queneau (1903-1976) est un romancier et un poète français, passionné par la richesse du langage. Ses écrits reflètent cet intérêt: on y trouve, entre autres, des jeux de mots, des associations sonores, le recours au langage parlé. Son œuvre est empreinte d'humour et de fantaisie.

Le détective Hercule Poirot passe Noël chez les Lacey, qui reçoivent leurs petits-enfants et quelques amis de la famille.

Bridget, Colin et Michaël décident de jouer un tour au célèbre détective.

UNE BLAGUE POUR HERCULE POIROT

— Ça va tomber toute la nuit, dit Colin. Je vous parie que le matin de Noël il y aura deux pieds de neige.

C'était une perspective délicieuse pour toute la
5 bande.

— Il faut faire un bonhomme de neige.

— Seigneur ! s'écria Colin. Je n'ai pas fait de bonhomme de neige depuis des années ! Je devais avoir à peu près quatre ans !

10 — Je ne crois pas que ce soit très facile si on ne connaît pas les trucs, dit Bridget.

— On pourrait faire le portrait de M. Poirot. On lui mettrait une grosse moustache. Il y en a une dans la boîte des déguisements, expliqua Colin.

15 — Moi, dit Michaël, ça me dépasse que M. Poirot ait jamais été détective. Je ne vois pas comment il aurait pu arriver à se faire une autre tête.

— Moi non plus. On ne se l'imagine pas allant et venant avec un microscope, cherchant des indices
20 ou relevant des empreintes de chaussures, déclara Bridget.

— J'ai une idée, clama Colin. Nous allons lui faire une blague !

— Une blague ? Comment ça ?

25 — Nous allons simuler un crime.

— Ça, c'est une idée sublime ! déclara Bridget. Un corps étendu dans la neige, quelque chose dans ce genre ?

— Oui. Il se sentirait dans son élément, tu ne
30 crois pas ?

Bridget se mit à rire.

— Je ne sais tout de même pas si ça irait jusque-là.

— S'il neige, nous aurons le décor rêvé. Un corps, des empreintes de pas… Il faut bien réfléchir. On fauchera un des poignards de grand-père et il s'agira de fabriquer
35 du faux sang.

Ils s'arrêtèrent, sans se soucier de la neige qui commençait à tomber dru, et se lancèrent dans une discussion passionnée.

— Il y a une boîte de peinture dans la vieille salle d'études. On trouvera sûrement de quoi faire le sang. De la laque carminée, je pense.

40 — Non. La laque carminée est bien trop rose. Il faut quelque chose qui fasse plus marron.

— Qui fera le cadavre ? demanda Michaël.

Bridget s'exclama.

— Moi, je ferai le cadavre…

45 Colin lui coupa la parole :

— Dis donc, c'est moi qui ai eu l'idée !

— Non ! Non ! s'écria Bridget. Il faut que ce soit une femme, c'est forcément beaucoup plus émouvant. Une belle jeune fille gisant dans la neige…

— Une belle jeune fille ! Laisse-moi rire ! dit Michaël en se tordant.

50   — D'abord, j'ai les cheveux noirs.

    — Qu'est-ce que ça peut faire ?

    — Ça se détachera magnifiquement sur le sol tout blanc. Je mettrai mon pyjama rouge…

    Michaël, toujours sensé, protesta :

55   — Si tu mets un pyjama rouge, les taches de sang ne se verront même pas.

    — Mais tu imagines l'effet sur la neige ? reprit Bridget. Il y a des revers blancs à mon pyjama, c'est là-dessus que le sang ressortira. Oh ! ce sera épatant ! Tu crois qu'il s'y laissera prendre ?

    — Sûrement, si nous faisons les choses vraiment bien, déclara Michaël. Il faut qu'il
60 n'y ait sur la neige que tes pas et ceux de l'autre allant jusqu'au cadavre et s'en éloignant, des pas d'homme naturellement. Comme il ne voudra rien déranger, il ne se rendra pas compte que tu n'es pas morte pour de bon.

    Michaël se tut, frappé par une idée soudaine, les autres le regardaient, dans l'expectative. Il finit par dire :

65   — Vous ne pensez pas que ça ennuiera M. Poirot ?

    — Oh ! pour ça, non ! dit Bridget avec optimisme. Je suis sûre qu'il comprendra que nous ne faisons ça que pour l'amuser. Une sorte de comédie pour Noël.

    Colin réfléchissait.

    — Je crois qu'il ne faut pas le faire le jour de Noël, dit-il, grand-père n'aimerait
70 pas ça.

    — Le lendemain alors ? dit Bridget.

    — Le lendemain, ce serait très bien, déclara Michaël.

    — Et nous aurons un peu plus de temps, continua Bridget. Il y a tout de même beaucoup de choses à prévoir et à arranger. Allons examiner les accessoires.

75   Ils rentrèrent vivement dans la maison.

Agatha Christie, *Christmas Pudding*,
traduit de l'anglais par Clarisse Frémiet, Paris, © Éditions du masque ;
© Agatha Christie, Librairie des Champs-Élysées,
1962, pour la traduction française, p. 44 à 48.

Agatha Christie

Les romans policiers d'Agatha Christie (1891-1976) sont lus partout dans le monde et comptent parmi les plus grands succès littéraires du 20ᵉ siècle. C'est en 1926 que cette écrivaine britannique devient célèbre avec son roman *Le meurtre de Roger Ackroyd*. Plus tard, elle crée le personnage d'Hercule Poirot, ce légendaire détective qui trouve toujours la clé de l'énigme policière à laquelle il est confronté grâce à son extraordinaire perspicacité.

Une psychologue de New York vient faire passer des tests aux 12 enfants Gilbreth pour voir quels sont les effets des méthodes d'éducation de leurs parents sur leurs capacités intellectuelles. Mais les enfants n'aiment pas cette femme...

Treize
à la douzaine

Les Gilbreth

Maman avait préparé une série de tests d'aptitude au travail et le bureau, près de son lit, était plein de publications et de magazines sur la psychologie. Un soir, Ernestine les manipulait paresseusement pendant que Maman nous lisait tout haut *Les cinq petits grains de poivre et comment ils*
5 *grandirent*, quand elle tomba sur un tas de tests relatifs à l'intelligence. L'un d'eux était justement celui que la femme de New York était en train de nous appliquer. Non pas les embarrassantes questions personnelles, mais les histoires de chiffres à entourer, de blancs à remplir et les réponses correctes étaient données au verso de la page.

10 — Je tiens le serpent, chantonna Ernestine. Ça y est !

Maman leva un regard absent au-dessus de son livre.

— Ne dérange pas mes affaires, Ernie. Qu'est-ce que tu cherches ?

— Je voudrais seulement t'emprunter quelque chose.

— Bon. Mais n'oublie pas de le remettre quand tu auras fini. Où en étais-je ? …
15 Ah ! voilà. Joel venait de dire que, si c'était nécessaire, il pourrait aider la famille en vendant des journaux et en cirant des souliers…

Elle reprit sa lecture.

La psychologue nous avait déjà fait passer le premier tiers du test. Anne et Ernestine nous serinèrent le second tiers jusqu'à ce que nous pussions remplir la
20 page et répondre aux questions même sans avoir besoin de les lire. Le troisième test était un exercice oral d'association de mots et elles nous préparèrent aussi à celui-là.

— Nous serons les types les plus calés à qui elle ait jamais fait passer un test, nous assura Ernie. Et les plus originaux aussi. Il faut lui faire croire que nous sommes
25 épatants, mais barbares par manque d'attention individuelle. Au demeurant, c'est ce qu'elle a envie de croire.

— Ayez l'air nerveux et étranges, nous recommanda Anne. Pendant qu'elle vous parle, agitez-vous et grattez-vous. Soyez aussi sales que vous pourrez. Ça, ça ne donnera pas grand-peine à la plupart d'entre vous. Il n'y a pas besoin de vous
30 l'apprendre.

Quand la psychologue vint de New York la semaine suivante, elle nous fit asseoir à quelque distance les uns des autres, le long du mur de la salle d'étude, avec des livres sur nos genoux en guise de pupitre. Elle nous remit à chacun une copie du second tiers du test.

35 — Quand je dirai : «Commencez», travaillez aussi vite que vous pourrez. Vous avez une demi-heure et je voudrais que vous alliez dans le test aussi loin que possible. S'il arrive que l'un de vous ait fini avant, apportez-moi votre feuille.

Elle regarda sa montre.

— Prêts ? Retournez la page du test et commencez. Souvenez-vous que je vous
40 observe et n'essayez pas de copier.

FANTASTIQUE
ET
MERVEILLEUX

Métamorphoses hallucinantes, objets qui s'animent,
revenants qui surgissent sur le bord des routes, accidents inexplicables,
personnages hantés...
Il suffit d'évoquer ces éléments des récits fantastiques
pour que lentement l'angoisse s'installe.

Transformations étonnantes, objets magiques,
fées qui exaucent les vœux, maléfices qu'on peut conjurer
d'un coup de baguette...
Il suffit de rappeler ces éléments des contes merveilleux
pour qu'aussitôt le charme opère.

Au fil des rencontres, des personnages
vivent des aventures fantastiques et merveilleuses.
Suivez-les dans ces univers
où tourments et enchantements se succèdent.

THÈME

À PROPOS DES CONTES

L'origine des contes

Il s'agit [...] de contes qui nous viennent d'un passé très lointain. Ils datent de l'aube de l'invention littéraire. Dans
5 certains documents parmi les plus anciens, nous reconnaissons des thèmes très familiers qui figurent dans des contes de fées que l'on peut encore
10 entendre de nos jours.

Alors qu'il est impossible de déterminer avec précision l'époque où a été inventée la première histoire du type
15 «Cendrillon», il est certain qu'une version chinoise de ce conte a été écrite, il y a plus

de mille ans, par un certain
20 Tuan Ch'eng-shih, l'un des premiers à avoir recueilli des contes populaires, ou tout au moins le plus ancien que nous connaissions. Et il nous
25 apprend qu'en son temps il s'agissait déjà d'une histoire extrêmement vieille qui avait été sans cesse répétée de génération en génération.

30 La version la plus ancienne de *La Belle et la Bête* remonte encore plus loin dans le temps, jusqu'au cœur de la Grèce antique, bien qu'elle nous ait
35 été conservée sous la forme que nous a transmise Apulée, au 2ᵉ siècle de notre ère.

[...]

On ignore à quelle époque
40 ces contes de fées furent imaginés. Leur origine se perd dans l'obscurité qui recouvre la naissance de toutes les grandes découvertes des pre-
45 miers temps de l'humanité.

Transmis par la tradition orale, les contes de fées sont aussi anciens que n'importe quel type d'invention littéraire;
50 mais ils sont aussi modernes que tout autre genre littéraire puisqu'on continue d'en créer aujourd'hui, comme on l'a fait depuis le début de l'histoire
55 de l'humanité.

Des contes pour les jeunes et les moins jeunes

Les contes de fées n'ont
60 jamais été une littérature pour enfants. Ils étaient racontés par des adultes pour le plaisir et l'édification des jeunes et des vieux; ils parlaient de la
65 destinée de l'être humain, de ses épreuves et de ses tribula-tions, de ses peurs et de ses espoirs, de ses relations avec son prochain et avec le surna-
70 turel, et cela sous une forme

qui permettait à chacun d'écouter le conte avec plaisir et en même temps de méditer sur son sens le plus profond.

75 Contrairement à ce qui a été vrai pour des milliers d'années, pendant ces deux derniers siècles, et seulement dans le monde occidental, 80 l'idée que ces histoires conviennent surtout aux enfants et n'ont pas grand-chose à apporter aux adultes est devenue prépondérante; on 85 peut regretter cette différenciation des goûts littéraires des enfants et de leurs parents qui tend à élargir le fossé qui sépare des expériences 90 riches de significations pour les uns comme pour les autres. Finalement, cette cassure ne profite à personne. La grande vogue des westerns 95 et, plus récemment, des films de science-fiction, tel *La Guerre des étoiles*, qui sont essentiellement des contes de fées travestis de façon mo-100 derne ou scientifique, porte à croire que ces thèmes actuels, tout comme les anciens, ont beaucoup à offrir aux jeunes comme aux moins jeunes.

Bruno Bettelheim, «Introduction», dans *Les Contes de Perrault*, traduit de l'américain par Théo Carlier, Paris, © Éditions Seghers, 1978, p. 11 à 13.

POURQUOI CONTER?

Ce n'est pas un hasard si l'enfant est tellement avide d'histoires. Pour lui, l'heure du conte est un moment de tendresse, de 5 plaisir et de connaissance: il s'en passe des choses dans les contes! Parfois, on a même l'impression qu'ils contiennent trop de violence ou d'absurdités. Mais ce 10 n'est là qu'une opinion récente. Depuis toujours, on considère au contraire que les contes sont la base de l'éducation morale.

De nos jours, les psychologues 15 affirment que les contes aident l'enfant à résoudre les conflits affectifs. Il prendra confiance en lui en voyant par exemple que Ti-Jean arrive à surmonter tous 20 les obstacles malgré sa petite taille. Certains parents voudraient bannir les personnages qui, selon eux, font peur aux enfants. En fait, ces personnages 25 sont très utiles. Ils permettent de donner un visage à l'angoisse qui étreint parfois les jeunes enfants. Comment dire la peur d'être abandonné, la peur de ne pas 30 être aimé? L'angoisse est une peur qu'on ne peut pas exprimer. [...]

Les histoires sont aussi, pour l'enfant, un moyen d'exercer son 35 intelligence. En les écoutant, il développe sa mémoire auditive et s'entraîne à retenir la structure d'un récit, premier pas vers la lecture intelligente, celle qui 40 consiste à déchiffrer non seulement des signes mais surtout le sens d'un récit.

Mille ans de contes: Québec, textes choisis et commentés par Cécile Gagnon, Toulouse, © Éditions Milan, 2001, tome 2, p. 9.

LES FÉES

Il était une fois une femme dont le mari était mort et qui avait deux filles. L'aînée était le vivant portrait de sa mère et en avait tous les défauts. Acariâtres, ronchonnes, prétentieuses, soupe au lait, radines, flemmardes, en un mot, invivables, c'est ce qu'elles étaient toutes deux. L'autre fille, au contraire, tenait tout de son père
5 qui avait été doux, bon, serviable, et qu'il faut bien le dire, sa peste d'épouse avait mené au tombeau à force de lui empoisonner la vie. La logique aurait voulu que la mère aime mieux sa fille puînée qui était la crème des enfants. Mais la règle générale veut que nous aimions plutôt qui nous ressemble. Elle s'était donc coiffée de la plus grande et traitait fort mal la seconde. Pas une corvée n'était épargnée à cette dernière,
10 en particulier celle d'aller chercher l'eau à la fontaine. Deux fois par jour, chargée d'une lourde cruche, la pauvrette devait faire trois longs kilomètres pour y aller et trois kilomètres encore plus longs pour en revenir.

Un jour qu'elle arrivait à cette fontaine, une pauvre femme s'approcha d'elle et la pria de lui donner à boire.

15 — Avec plaisir, ma bonne dame, répondit la fille.

Elle rinça aussitôt sa cruche, puisa de l'eau à l'endroit de la fontaine où elle était la plus limpide et lui tendit la cruche mais sans la lâcher afin que la vieille femme puisse boire commodément.

La petite vieille, une fois désaltérée, lui déclara :

20 — Tu es si bonne, si gentille et si attentive aux autres que je ne puis faire moins, pour te récompenser, que de t'accorder un don.

La pauvre femme n'était nulle autre qu'une fée qui avait pris cette allure pour tester jusqu'où iraient les bonnes qualités de la jeune fille.

— Dorénavant, poursuivit la fée, à chaque parole que tu prononceras, il te sortira
de la bouche une fleur ou une pierre précieuse. Voilà le don que je t'accorde !

Lorsque la fille revint au logis, il était un peu plus tard que d'habitude. Sa mère la
gronda pour avoir musardé en route.

— Je vous en demande pardon, mère, dit la fille.

Et comme elle parlait, il lui sortit de la bouche deux roses, deux perles et deux gros
diamants.

— Qu'est-ce là ? demanda sa mère qui n'en croyait pas ses yeux. Ou je deviens folle
ou il te sort des pierres précieuses et des fleurs de la bouche.

La fille lui raconta ce qu'il lui était arrivé non sans produire, par la même occasion,
quantité de rubis, d'émeraudes, de saphirs de la plus belle eau.

Voilà un don bien exceptionnel, se dit en elle-même la mère quand la petite eut terminé son récit. *Il faut que dès demain j'envoie mon aînée à la fontaine.*

Et le lendemain matin, comme elle l'avait décidé, ce fut elle qu'elle envoya
chercher de l'eau :

— Tu as vu ce qu'il sort de la bouche de ta sœur quand elle parle. Pour obtenir le
même don, il te suffira d'aller à la fontaine et de donner à boire à une vieille femme
quand elle te le demandera.

— Aller à la fontaine ! Moi ! Je n'en ai aucune envie, répondit l'aînée d'un ton
rogue. Envoies-y ma sœur, comme d'habitude !

— Je veux que tu y ailles ! Et que tu fasses comme j'ai dit.

La fille savait sa mère emportée et violente et, quoiqu'elle n'ait jamais été battue
jusqu'alors, elle craignit que cela ne finisse par arriver. Aussi préféra-t-elle prendre la
cruche en grognant et en maugréant et se mettre en route pour la fontaine, de la plus
mauvaise humeur qui soit.

Elle ne fut pas plutôt arrivée à la fontaine, qu'elle vit approcher une dame
somptueusement vêtue, qui vint lui demander à boire. C'était la même fée mais qui,
cette fois, avait pris l'allure d'une princesse pour voir jusqu'où iraient les mauvaises
manières de la fille.

— Est-ce que j'ai fait tout ce chemin pour donner à boire à une grande dame
comme vous ? répondit cette dernière. Si vous avez soif, demandez donc à un de vos
domestiques de vous servir à boire. Ou alors, buvez à même la fontaine !

— Tu n'es guère aimable et encore moins serviable, répondit la fée sans se mettre
en colère. Mais n'importe, je vais tout de même t'accorder un don. À chaque mot que
tu prononceras, il te sortira de la bouche un serpent ou un crapaud.

Et la fée s'en fut tandis que la fille retournait chez elle.

Du plus loin qu'elle l'aperçut, sa mère, qui se grillait d'impatience, lui cria :

— Parle, ma fille ! Dis vite quelque chose !

— Que veux-tu que je dise ? bougonna la fille non sans cracher trois vipères et trois
crapauds.

— Juste ciel ! s'écria la mère. Quelle abomination est-ce là ?

65   L'aînée ouvrait déjà la bouche pour s'expliquer. La mère s'exclama:

    — Tais-toi! Ne dis rien, surtout, sinon tu vas me remplir la maison de ces horribles bestioles.

    Puis se tournant vers la cadette, elle ajouta:

    — Tout ça est de sa faute. Mais je vais le lui faire payer.

70   Et elle saisit un bâton pour la battre. La fille ne l'attendit pas. Elle se sauva de la maison et courut se cacher dans la forêt voisine. Elle n'y demeura pas longtemps. Le fils du roi y vint chasser, la vit et, la trouvant si belle, lui demanda:

    — Que faites-vous ici toute seule, à pleurer?

    — Hélas, monseigneur, ma mère m'a chassée de la maison.

75   Tout en parlant, elle laissa échapper de sa bouche charmante trois lys, deux perles et quatre gros diamants.

    Le fils du roi qui n'avait jamais vu pareille merveille lui demanda d'où lui venait ce don. La fille raconta son aventure sans en cacher le moindre détail. Le prince comprit à l'entendre qu'elle était pleine de qualités en plus d'être belle à croquer. Et comme
80 ce don qu'elle avait valait toutes les richesses qu'aurait pu apporter en dot n'importe quelle princesse, il la ramena au palais et l'épousa.

    Quant à sa sœur, qui était bien incapable de se taire plus d'un court moment, elle se fit tellement détester de sa mère et de tous ceux qu'elle approcha qu'elle se vit chasser de partout. Elle finit sa vie solitaire et misérable dans une minuscule chaumière au
85 plus profond de la forêt.

Michel Laporte, «Les fées», dans *Douze contes de fées*,
Paris, Hachette Jeunesse, © Hachette Livre, 2005, p. 46 à 50.

Michel Laporte

Michel Laporte est un écrivain français qui se consacre à l'écriture depuis une vingtaine d'années. Il est l'auteur de romans policiers et de romans historiques. Il nourrit aussi une passion pour les récits issus de la tradition. C'est le cas du texte *Les fées*, qui est inspiré d'un des célèbres contes traditionnels écrits au 17e siècle par l'écrivain français Charles Perrault (1628-1703).

La Mort marraine

C'était un très pauvre homme qui avait douze enfants et qui devait travailler nuit et jour pour arriver à leur donner leur pain quotidien. Quand naquit son treizième
5 enfant, le pauvre homme, ne sachant plus vers qui se tourner, s'en alla se planter dans une grande rue, bien décidé, dans sa détresse, à demander au premier venu, homme ou femme, de servir de parrain ou de marraine à ce dernier
10 enfant. [...]

Vint vers lui la Mort squelettique, qui lui offrit d'être la marraine de l'enfant.

— Qui es-tu ? demanda l'homme.

— Je suis la Mort, devant qui tous sont égaux.

15 — Ta justice est la même pour tous, dit l'homme, tu ne fais pas de différence entre le riche et le pauvre et tu prends tout le monde semblablement. Tu seras la marraine de mon enfant.

20 — Je donnerai à ton fils la richesse et la célébrité qui ne manquent jamais à ceux qui m'ont comme amie.

— Le baptême se fera dimanche prochain, dit l'homme, je compte donc sur toi sans faute.

25 La Mort se présenta comme elle l'avait promis et tint l'enfant sur les fonts baptismaux comme le devait une parfaite marraine.

Après des années, quand le garçon fut devenu grand, sa marraine vint le voir un jour et lui dit
30 de la suivre. Il l'accompagna donc et ils allèrent dans la forêt, où elle lui fit connaître une plante qui poussait là.

— Tu vas recevoir à présent ton cadeau de baptême, lui dit-elle. Je vais faire de toi un
35 médecin fameux : quand tu seras appelé auprès d'un malade, je t'apparaîtrai chaque fois, et si tu me vois à la tête du malade, tu pourras hardiment annoncer que tu te charges de le guérir ; tu n'auras qu'à lui administrer de cette plante, et il
40 se rétablira. Mais si tu me vois à ses pieds, tu sauras qu'il m'appartient et tu pourras affirmer en toute assurance que rien au monde, ni aucun médecin, ne pourra le sauver. Mais garde-toi bien d'employer la plante contre mon gré, sinon tu
45 aurais à t'en repentir.

Il ne fallut pas longtemps pour que le jeune homme devînt le docteur le plus fameux au monde. «Au premier coup d'œil qu'il jette sur le malade, disait-on de lui, il sait déjà où il en est,
50 s'il guérira ou s'il devra mourir.» On accourait de partout pour le consulter, on lui amenait des malades de tous les coins du monde et il recevait tant d'or qu'il devint très vite un homme richissime. Et voilà que le roi tomba malade et
55 qu'il fut appelé à son chevet pour dire si la guérison était possible. Comme il entrait dans la chambre, il vit aussitôt la Mort qui se tenait aux pieds de Sa Majesté, et il sut qu'aucune plante ici-bas ne pouvait plus rien pour ce malade-là. «Si je
60 pouvais pour une fois ruser avec la Mort, pensa le médecin, elle le prendra sûrement très mal de ma part, mais quand même, je suis son filleul et son ressentiment finira par tomber. Je vais risquer la chose.» Vivement, il prit l'auguste malade et le
65 coucha dans l'autre sens, de façon que la Mort se trouvât à sa tête pendant qu'il lui administrait la plante guérisseuse. Le roi se rétablit et retrouva la parfaite santé; mais la Mort vint trouver le médecin, lui fit un sombre et menaçant visage en
70 lui disant, le doigt levé, d'un ton sévère:

— Tu m'as dupée. Je te le pardonne pour cette fois, parce que tu es mon filleul. Mais ne t'y risque pas une seconde fois: ce serait sans pardon pour toi et je t'emmènerais sur l'heure.

75 Or, peu après, la fille du roi tomba très gravement malade. Le roi, dont elle était l'unique enfant, en pleurait nuit et jour à s'en brûler les yeux; il fit proclamer que celui qui saurait l'arracher à la mort deviendrait son époux et rece-
80 vrait la couronne en héritage. Le médecin

fameux, quand il se présenta au lit de la malade, vit la Mort à ses pieds. Il aurait dû se rappeler l'avertissement de sa marraine et sa menace, mais la princesse était si belle, et devenir son
85 époux lui promettait un tel bonheur, qu'il en fut ébloui, enivré, et n'eut plus d'autre idée. Il ne vit point que la Mort le surveillait d'un regard courroucé, levant son bras décharné en fermant son poing osseux pour le menacer. Non, il ne la vit
90 point et tourna la malade pour lui mettre la tête aux pieds et les pieds à la tête, lui faisant prendre aussitôt la plante merveilleuse: et le rouge lui revint aux joues, la vie reprit en elle et sa guérison fut assurée.

95 La Mort, voyant pour la seconde fois lui échapper une vie qui lui appartenait, s'avança d'un pas lent vers le médecin et lui dit:

— De toi, c'en est fini: c'est maintenant ton tour.

100 Elle le prit et le serra si fort de sa froide main que toute résistance lui fut impossible: il la suivit dans une cavité souterraine immense, où il vit, en rangées innombrables, des milliers et des milliers de flambeaux de toutes tailles, les uns grands,
105 d'autres à demi consumés déjà, d'autres enfin tout près de s'éteindre et n'ayant plus qu'une minuscule flamme vacillante. À chaque instant, d'aucuns s'éteignaient et d'autres s'allumaient, et l'on eût dit que les petites flammes ne faisaient
110 que sauter d'ici pour se poser là.

— Tu vois, dit la Mort, ce sont les flammes de vie des hommes: les grandes sont celles des enfants, les moyennes sont celles des vieillards qui sont près de mourir. Mais il y a aussi beau-
115 coup d'enfants ou de jeunes gens qui n'ont, eux, qu'une toute petite flamme.

— Montre-moi la mienne, demanda le médecin, qui s'imaginait la voir encore bien haute.

120 La Mort lui indiqua une flamme si minuscule que c'était à peine si elle brûlait encore, tellement elle était près de s'éteindre. « Tu vois? te voilà! » lui dit-elle.

— Oh! ma chère marraine, supplia le méde-
125 cin atterré, allumez-m'en une autre, de grâce! Faites-le pour l'amour de moi, que je puisse jouir

encore d'un temps de vie, devenir un roi et l'époux de la belle princesse!

— Je ne le puis, dit la Mort; il faut qu'une
130 flamme s'éteigne pour qu'une autre s'allume.

— Alors posez la vieille sur une nouvelle, qui continuera de la faire brûler quand elle sera au bout! proposa le médecin.

La Mort feignit d'accéder à son désir et
135 choisit une belle flamme toute jeune et vivace, comme pour y mettre la flamme presque inexistante: mais elle avait à se venger et, comme par mégarde, elle laissa tomber la flamme minuscule qui s'éteignit aussitôt. Et le médecin lui-même
140 tomba inerte sur le sol, livré désormais aux mains de la seule Mort.

Jacob et Wilhelm Grimm, «La Mort marraine», dans *Contes de Grimm*, traduit de l'allemand par Armel Guerne, Paris, © Éditions Flammarion, 1967, volume 2, p. 29 à 33.

Les frères Grimm

Jacob Grimm (1785-1863) et son frère Wilhelm (1786-1859) sont des écrivains allemands passionnés par la culture populaire de leur pays. Pendant une dizaine d'années, ils recueillent les histoires qui, à l'époque, se transmettent principalement de façon orale. Ils les réunissent dans un ouvrage qui paraît pour la première fois en 1812, et qui, au fil des rééditions, devient le fameux livre des *Contes de Grimm*. Ce recueil a connu un vif succès et a été traduit dans plusieurs langues. Les personnages de Blanche-Neige, de Tom Pouce, de Hansel et Gretel, pour ne citer qu'eux, ont été immortalisés tant au théâtre qu'au cinéma, en bandes dessinées ou même en musique.

URASHIMA ET LA TORTUE

En ce temps-là vivait un pêcheur du nom d'Urashima. Il habitait chez sa mère, qui le pressait de se marier. Chaque fois, il répondait: «J'attrape juste assez de poissons pour deux. Tant que nous vivrons ensemble, je n'aurai pas de femme.»

Un jour, Urashima prit dans ses filets une petite tortue.

5 «Tu es bien trop minuscule pour faire une soupe… soupira-t-il.

— En ce cas, rends-moi la liberté, répliqua la tortue. Si tu as pitié de moi, je saurai me montrer reconnaissante.»

Urashima avait bon cœur, il remit la tortue à l'eau. Quelques années plus tard, Urashima pêchait au large quand il y eut une terrible tempête. Sa barque chavira et
10 Urashima tomba à la mer. Les vagues étaient si fortes qu'il allait se noyer quand une tortue géante apparut à la surface.

«C'est moi que tu as sauvée jadis, dit-elle. À mon tour de te sauver aujourd'hui: monte sur mon dos!»

Urashima pensait regagner le rivage. Mais la tortue l'entraîna au fond de la mer,
15 tout au fond, jusqu'au palais de Ryugu, le Roi-Dragon des océans. «Je suis la dame de compagnie de la princesse Otohime, expliqua la tortue. Elle souhaite te remercier de m'avoir sauvé la vie.»

À la seconde où ils se virent, Urashima et la princesse s'aimèrent. La princesse pria le pêcheur de rester avec elle pour toujours.

20 «Dans ce royaume, dit-elle, on ne vieillit jamais.»

Trois années passèrent. Les amoureux vivaient heureux dans le palais du Roi-Dragon. Urashima n'avait qu'un regret: sa mère. Mais, le jour où il dit à Otohime qu'il avait envie d'aller lui rendre visite, elle fondit en larmes. «Si tu t'en vas, tu ne reviendras jamais…»

25 Urashima lui jura le contraire et la supplia tant qu'à la fin elle le laissa partir. Au moment des adieux, elle lui mit dans la main une petite boîte: «Garde-la précieusement, mais ne cherche pas à savoir ce qu'il y a dedans! Si tu n'ouvres pas la boîte, la tortue ira te chercher sur la plage pour te ramener jusqu'à moi.»

Urashima monta sur le dos de la tortue, qui l'emporta jusqu'au rivage. Mais tout
30 semblait différent, le paysage, les gens… En entrant dans son village, il s'étonna de ne reconnaître personne. De sa maison, il ne restait plus que la fontaine en pierre

et un escalier en ruine. La gorge serrée, Urashima demanda à un vieil homme s'il avait entendu parler d'un pêcheur nommé Urashima.

«Vous ne connaissez pas la légende? s'étonna le vieillard. On raconte que
35 Urashima vivait ici il y a des siècles. Et puis il serait parti dans le Palais-sous-la-mer et personne ne l'a plus revu.

— Et qu'est devenue sa mère? fit Urashima d'une voix blanche.

— Elle est morte le jour où il est parti, il y a trois cents ans.

— Impossible, je suis resté absent trois ans, pas trois cents!»

40 Il tira de sa ceinture la boîte de la princesse pour montrer qu'il n'inventait rien et, oubliant tout, il l'ouvrit. Il n'y avait rien dedans, rien qu'un nuage de fumée qui enveloppa Urashima et lui rendit son âge véritable. Il vieillit d'un seul coup et tomba en poussière.

LE CADEAU DE LA SIRÈNE

Le cadeau de la sirène est un conte du Nunavik, là où vit le peuple inuit au Québec. Les Inuits, qui sont de grands conteurs, se racontent depuis toujours des histoires expliquant, entre autres, l'origine du monde, des humains et des animaux.

Un homme marchait sur la plage pour y ramasser du bois. Apercevant un objet d'allure massive, il pensa avoir trouvé un tronc d'arbre échoué. Peut-être même une épave de bateau !

Certain de faire une bonne trouvaille, il pressa le pas. Mais
5 plus il s'en approchait, plus il était troublé. À deux reprises, il lui sembla que la chose avait bougé. Il poursuivit quand même tout en restant sur ses gardes.

Quand il découvrit la forme allongée sur le sable, l'homme se figea de stupeur. Il se trouvait en présence d'un être mi-
10 humain mi-poisson. Partagé entre la curiosité et la peur, il songea à aller avertir les gens du village.

Il s'apprêtait à faire demi-tour lorsque l'étrange créature s'adressa à lui. Incapable, disait-elle, de retourner dans l'eau, elle avait besoin de son aide. Sinon elle allait mourir là.

15 L'homme hésita. Et si c'était un piège pour s'emparer de lui facilement ? Finalement, il oublia sa crainte et décida de venir en aide à la créature. Elle ne semblait pas méchante.

Il eut à peine le temps d'avancer vers elle de quelques pas qu'elle le mit en garde :

20 — Surtout ne me touche pas !

— Mais comment pourrais-je te remettre à l'eau sans te toucher ?

La créature lui expliqua alors qu'elle était une sirène :

— Tout humain qui touche une sirène se voit condamné à
25 la suivre jusqu'au fond des mers !

Peu rassuré par de tels propos, l'homme se mit tout de même en quête d'un solide morceau de bois. Remettre la sirène à l'eau ne fut pas une mince tâche. Plusieurs fois les pièces de bois se brisèrent sous son poids.

30 Ce n'est qu'à force de patience et d'habileté que l'homme y parvint. Une fois dans l'eau, la sirène s'adressa de nouveau à lui :

— Pour te remercier de ton geste, je vais te faire un cadeau. Demande-moi ce que tu aimerais avoir et je te le 35 donnerai. J'en ai le pouvoir.

L'homme trouva la proposition étonnante. À vrai dire, il n'y croyait guère. Il avoua cependant à la sirène qu'un fusil, une machine à coudre et un tourne-disque pareils à ceux du magasin de l'homme blanc feraient bien son bonheur. Depuis 40 le temps qu'il en rêvait !

— Reviens demain, ici même, au lever du jour, lui lança-t-elle avant de disparaître vers le large.

Le lendemain, à l'heure dite, l'homme retourna à l'endroit où il avait découvert la sirène. Elle n'était plus là, mais sur la 45 plage se trouvaient un fusil, une machine à coudre et un tourne-disque.

Son précieux trésor dans les bras, l'homme rentra fière-ment au village raconter aux siens son étonnante aventure.

Ce jour-là, les gens comprirent pourquoi l'homme blanc 50 possédait tant de choses dans son magasin. Il avait sûrement rencontré beaucoup de sirènes !

Quant à moi, le conteur, je vous le dis, c'est ainsi que ça s'est passé à cette époque où les sirènes possédaient beau-55 coup. Et si on ne les voit plus de nos jours, c'est qu'elles ont tout donné et n'ont plus rien !

«Le cadeau de la sirène», texte de Jacques Pasquet, dans *L'esprit de la lune*, Montréal, Éditions Québec/Amérique, coll. «CLIP», 1992.

LE CHIEN NOIR

Autrefois, dans les campagnes québécoises,
la croyance aux loups-garous était très répandue.
Un mécréant* qui, pendant sept ans de suite, avait négligé
ses pratiques religieuses se voyait transformé en bête par le diable.
Il devenait le plus souvent un chien aux yeux de feu,
mais il pouvait prendre la forme d'un loup ou d'un cochon.
Si on lui tirait du sang, l'être humain métamorphosé
reprenait son apparence première et était ainsi sauvé.

•

Il était une fois deux voisins. L'un s'appelait Duguay, l'autre Labonté. Le fils des Labonté se nommait Arthur; c'était un bon à rien. Il travaillait quand ça lui chantait, buvait beaucoup et ne fréquentait pas l'église. Mais ses parents l'aimaient bien malgré ses défauts. Un beau jour, il disparut. Ses parents le cherchèrent partout, dans
5 les auberges du canton, dans les sentiers le long de la forêt, au cas où il y serait endormi en train de cuver son vin. Ils ne le trouvèrent nulle part. Madame Labonté alla trouver sa voisine, madame Duguay.

— Mon fils a disparu, annonça-t-elle. Vous ne l'auriez pas vu?

— Pas depuis un bout de temps, répondit madame Duguay. Où donc était-il allé?

10 — Je n'en sais rien; tout ce que je sais, c'est qu'il portait ses vêtements de semaine. Pauvre Arthur! soupira sa mère, en imaginant le fils noyé ou roulé dans un fossé.

Le père Labonté arpenta tous les villages voisins à la recherche de son fils. Personne ne savait où il était allé; personne ne l'avait vu passer. À la fin, les époux se résignèrent et pleurèrent la mort d'Arthur, leur seul fils. Le père trimait dur, car tout le travail de
15 la ferme lui restait sur les bras.

Chez les voisins, un soir d'hiver, arriva un gros chien noir. Il restait au bord de la porte, observant Ferdinand Duguay qui trayait les vaches dans l'étable. Quand l'homme sortit, l'animal s'élança vers lui, lui lécha les mains et lui fit une joie en le suivant. L'homme entra et dit à sa femme:

20 — Regarde donc le beau chien noir. Je ne l'ai jamais vu par ici…

— Il est bien beau. Il est peut-être perdu. Si on le gardait, ça nous ferait de la compagnie, dit sa femme.

— C'est bon, gardons-le. Mais si on le réclame, il faudra le rendre.

— Pas de problème, déclara sa femme. Faut pas le faire coucher dehors cette nuit,
25 il fait trop froid!

---

* Un incroyant.

Et les époux Duguay firent entrer le chien, qui s'installa tout près du poêle dans la cuisine.

Les années passèrent. Quatre, cinq. Le chien noir menait sa vie de chien. Il était doux et affectueux, et il faisait un bon gardien. Si des intrus approchaient, il jappait
30 aussitôt. Il allait chercher les vaches au clos et les ramenait à l'étable. Les Duguay étaient enchantés de leur chien, que personne n'avait jamais réclamé. Au bout de quelques années, ils le considérèrent comme faisant partie de la famille. Ils lui avaient donné un nom : Charles. Charles passait ses journées à suivre Ferdinand ou Célestine Duguay dans leurs tâches à la ferme. Le soir, au souper, Charles s'approchait de la
35 table et ils lui donnaient une bouchée de temps en temps. Puis il devint encore plus familier, allant jusqu'à mettre sa patte sur le bord de la table pour qu'on pensât à lui.

Ferdinand Duguay trouvait qu'il exagérait. Il le gronda et le renvoya en disant :

— Couché, Charles !

Mais Charles recommença. Une bonne fois, le père Duguay se fâcha et lui donna
40 un coup de couteau sur la patte sans vouloir le blesser. Charles, tout piteux, s'en alla. Et les Duguay continuèrent à souper en paix.

Tout à coup, la mère Célestine se retourna vers le poêle et elle aperçut Arthur, le fils du voisin, dans ses vêtements de semaine, qui se chauffait le dos. Le cœur lui manqua. Elle se leva d'un bond, renversant sa chaise, et murmura :

45 — Arthur Labonté ! C'est toi ? Tu es de retour ?

— Oui, c'est moi, fit le garçon.

— D'où viens-tu donc? demanda le père Duguay.

— Je ne viens pas de loin, dit-il. C'est moi qui étais… Charles. Vous m'avez délivré tout à l'heure, en me donnant un coup de couteau sur la patte et en faisant couler
50 mon sang.

Les époux n'en revenaient pas. Ils avaient hébergé un loup-garou toutes ces années!

Avec un mélange de frayeur et de soulagement, Célestine dit:

— Tu étais un si bon chien… tellement fidèle!

55 — Merci de m'avoir délivré, dit Arthur au fermier.

— Maintenant, dit le père Duguay, tu ferais mieux de retourner chez les tiens. Ils ont eu bien du chagrin de ta disparition.

Arthur retourna chez ses parents qui l'accueillirent avec émotion. On raconta son histoire dans le canton. Arthur n'allait plus jamais se saouler dans les auberges. Il aida
60 ses parents aux travaux de la ferme et mena une vie calme et rangée. Il ne manqua jamais d'aller à la messe tous les dimanches. Il acheta un chien noir à ses voisins qu'ils appelèrent Charles.

«Le chien noir», dans *Mille ans de contes: Québec*,
textes choisis et commentés par Cécile Gagnon,
Toulouse, Éditions Milan, 2001, tome 2, p. 190 à 192.

APPARITION

Je montai l'escalier et je reconnus la porte indiquée par mon ami.

Je l'ouvris sans peine et entrai.

L'appartement était tellement sombre que je n'y distinguai rien d'abord. Je m'arrêtai, saisi par cette odeur moisie et fade des pièces inhabitées et condamnées, des
5 chambres mortes. Puis, peu à peu, mes yeux s'habituèrent à l'obscurité, et je vis assez nettement une grande pièce en désordre, avec un lit sans draps, mais gardant ses matelas et ses oreillers, dont l'un portait l'empreinte profonde d'un coude ou d'une tête comme si on venait de se poser dessus.

Les sièges semblaient en déroute. Je remarquai qu'une porte, celle d'une armoire
10 sans doute, était demeurée entrouverte.

J'allai d'abord à la fenêtre pour donner du jour et je l'ouvris; mais les ferrures du contrevent étaient tellement rouillées que je ne pus les faire céder.

J'essayai même de les casser avec mon sabre, sans y parvenir. Comme je m'irritais de ces efforts inutiles, et comme mes yeux s'étaient enfin parfaitement accoutumés à
15 l'ombre, je renonçai à l'espoir d'y voir plus clair et j'allai au secrétaire.

Je m'assis dans un fauteuil, j'abattis la tablette, j'ouvris le tiroir indiqué. Il était plein jusqu'aux bords. Il ne me fallait que trois paquets, que je savais comment reconnaître, et je me mis à les chercher.

Je m'écarquillais les yeux à déchiffrer les suscriptions, quand je crus entendre ou
20 plutôt sentir un frôlement derrière moi. Je n'y pris point garde, pensant qu'un courant d'air avait fait remuer quelque étoffe. Mais, au bout d'une minute, un autre mouvement, presque indistinct, me fit passer sur la peau un singulier petit frisson désagréable. C'était tellement bête d'être ému, même à peine, que je ne voulais pas me retourner, par pudeur pour moi-même. Je venais alors de découvrir la seconde des
25 liasses qu'il me fallait; et je trouvais justement la troisième, quand un grand et pénible

CHASSE-GALERIE

À force de rester dans la forêt à s'ennuyer
le diable est venu les tenter
il fallait deux semaines
quand la glace s'était en allée
5 en canot pour s'en retourner

C'était déjà l'hiver
les grands froids
nous mordaient les pieds
impossible de s'en aller
10 c'était déjà Noël
le Nouvel An montrait son nez
tous les hommes voulaient s'en aller

Le diable guettant comme un rapace son gibier
vint leur offrir tout un marché
15 dans un canot dans le plus grand que vous ayez
installez-vous là sans bouger

Quand minuit sonnera
ton canot d'un coup bougera
il s'élèvera pour t'emporter
20 mais si l'un d'entre vous
après la fête terminée
manque le bateau vous périrez

Et chez le grand Satan vous irez brûler ignorés
ignorés pour l'éternité
25 le canot s'éleva
jusqu'au ciel ils furent emportés
jusqu'à leur village tant aimé

Chacun revint une fois la fête terminée
sauf le dernier sans y penser
30 posant le pied en embarquant s'est retourné
s'est retourné sans y penser

Alors le grand Satan
dans un tourbillon de brasier
tous et chacun a emportés
35 le plus jeune d'entre eux
le plus méfiant le plus peureux
gardait comme un bijou précieux

Une prière à tuer les diables de la terre
et quand il l'eut enfin citée
40 comme des étoiles furent soudainement libérés
devant leur cabane isolée

«Chasse-galerie», paroles et musique de Claude Dubois,
Montréal, Les Éditions CD.

Claude Dubois

Né à Montréal en 1947, Claude Dubois est un auteur-compositeur-interprète marquant de la scène artistique québécoise. Il commence à chanter dès l'âge de 12 ans. Très vite, il écrit ses propres textes et compose sa musique. Ses grands voyages lui font découvrir d'autres sources d'inspiration et de nouveaux styles musicaux. Parmi ses très nombreux succès, on peut citer *Le Labrador* ou *J'ai souvenir encore*. Le texte de sa chanson *Chasse-galerie* est inspiré d'un conte traditionnel recueilli au 19e siècle par l'écrivain et homme politique québécois Honoré Beaugrand (1848-1906).

La question m'a paru étrange, mais, de peur de le voir s'en aller pour de bon, j'ai
60 répondu :

— Oui, je veux bien.

Un sourire lumineux a éclairé son visage :

— Alors viens !

Et il a empoigné mon sac.

65 Je me suis levée, nous avons dévalé la dune tous les deux et il a commencé à
trotter pour rattraper les autres.

— Pas si vite ! lui ai-je crié. Je t'ai dit que je ne voulais pas vous suivre…

Il s'est arrêté, m'a attendue :

— Je sais, je sais… Mais tu ne vas pas nous suivre… Tu vas juste savoir ce qui
70 arriverait si tu nous suivais. Dès que tu le souhaiteras, dans une minute ou dans dix
ans, cela prendra fin et tu seras à nouveau toute seule en haut de ta dune. Je ne
serai jamais loin, il suffira que tu me le demandes. Tu comprends ?

— Non. Je n'y comprends rien…

— Bon. Alors fais bien attention. Nous allons rejoindre les autres, là-bas. Quand
75 nous y serons, je te demanderai si tu veux revenir à ta dune et tu me répondras oui.
D'accord ?

J'y perdais mon latin, mais l'ai accompagné tout de même et nous avons trottiné
jusqu'à la caravane. Deux fillettes fermaient la marche. L'une d'elles, qui n'avait pas
plus de six ans, a glissé sa petite main brûlante dans la mienne :

80 — Tu es drôlement essoufflée ! Tu veux monter sur le chameau ?

Je n'ai pas eu le temps de lui répondre, déjà Lalik me posait la question convenue :

— Veux-tu revenir ?

J'ai acquiescé.

— Oui ? Alors ferme les yeux.

85 J'ai fermé les yeux et, dans la seconde, j'étais de nouveau assise sur la crête de
ma dune, les mains dans le sable. Au loin la caravane s'avançait, grouillante de vie

et de couleurs. Elle est passée tout entière devant moi, exactement comme la première fois: les hommes silencieux, les jeunes filles qui chantaient, les enfants, les chameaux. Je ne rêvais pas. Tout était aussi réel que l'instant d'avant, jusqu'à Lalik
90 qui venait en dernier, qui seul me voyait et qui escaladait la dune:

— Comment t'appelles-tu?

— Hannah, je m'appelle Hannah…

— Moi, je m'appelle Lalik. Veux-tu venir avec nous?

— Je… oui…

95 En courant à ses trousses pour rattraper la caravane, je n'ai pas pu m'empêcher de lui crier:

— Lalik! Lalik! Je pourrai revenir quand je le voudrai? Aussi facilement qu'aujourd'hui? Tu me le jures?

— Quand tu le voudras! Dans une heure ou dans vingt ans! Je te le jure! Cours!

100 Nous avons rattrapé la caravane. Deux fillettes fermaient la marche. La plus jeune a glissé sa petite main brûlante dans la mienne:

— Tu es drôlement essoufflée! Tu veux monter sur le chameau?

Jean-Claude Mourlevat, *Hannah*, Paris,
© Éditions Pocket Jeunesse, département de Univers Poche,
2002, p. 48 à 53.

Jean-Claude Mourlevat

Jean-Claude Mourlevat est né en France en 1952. Il a d'abord été professeur d'allemand, puis acteur de théâtre avant de devenir auteur de romans pour les jeunes. Son écriture reflète le goût qu'il a des voyages et des univers merveilleux ou fantastiques.

La boîte égyptienne

Nessim, un bijoutier égyptien du Caire, voit entrer dans sa boutique une jeune femme, Safia, qui demande à voir des boîtes égyptiennes anciennes. Safia semble irrésistiblement attirée par une boîte en particulier... Nessim, qui était dissimulé dans l'ombre de son arrière-boutique, est intrigué: de quelle boîte s'agit-il?

Nessim en perdit le souffle. C'était bien ça. C'était LA boîte. La boîte maudite qui appartenait à sa famille depuis des générations. Celle qui enfermait dans ses flancs d'acajou le malheur et
5 la haine... celle qui ne devait, sous aucun prétexte, bouger de l'étagère où on essayait de l'oublier. Ce n'était pas un hasard si, au milieu des centaines de choses qui encombraient la petite boutique, cette jeune femme au teint de lys avait
10 choisi celle-là, nichée près du plafond et couverte de poussière.

Nessim connaissait l'histoire de la boîte depuis son enfance. À la mort de son père, il en avait hérité en tant que fils aîné de la famille. Mais cet
15 héritage était bien plus lourd que la simple possession d'un objet artistiquement décoré. Il savait, sans le moindre doute, qu'il avait hérité également de la malédiction qui l'accompagnait. Il savait que personne ne devait plus jamais
20 ouvrir cette boîte afin que la force obscure qui y était tapie ne fasse d'autre victime. Il était le gardien de cette paix fragile.

C'est pourquoi il surgit brusquement dans la boutique, passant de l'ombre à la lumière, sans
25 prendre le temps d'essuyer ses doigts recouverts de poussière brillante.

— Cette boîte n'est pas à vendre!

Deux paires d'yeux le dévisagèrent: les yeux noirs chargés d'incompréhension du vendeur et
30 les yeux bleus de Safia où un feu de convoitise s'alluma.

— Pourquoi? osa-t-elle demander.

— C'est un héritage. Elle appartient à ma famille depuis longtemps. Elle n'est pas à vendre,
35 c'est tout! répéta-t-il.

Safia s'attarda un instant sur les deux mains fines qui faisaient écran entre la boîte et elle. Elle détailla la haute silhouette du bijoutier qui lui faisait face et, sans rien ajouter de plus, elle tourna
40 les talons dans un glissement de soie.

Nessim poussa un soupir de soulagement. De regret aussi. La jupe fleurie allait bientôt disparaître dans la ruelle voisine. Sans prendre le temps de réfléchir, il se faufila derrière elle, à
45 quelques mètres de distance. Quelque chose en lui ne pouvait se résoudre à la perdre.

Safia venait de terminer sa dernière goutte de thé à la menthe. Elle adorait ça. Après plusieurs heures de vadrouille dans le bazar, elle avait eu
50 besoin de cette pause afin de se reposer et de réfléchir un peu.

Depuis plus de trois semaines, elle ne cessait de penser à la boîte. C'était plus fort qu'elle. Cet objet l'attirait comme jamais rien auparavant 55 n'avait pu le faire. Il l'intriguait encore plus que les papyrus anciens du musée qu'elle étudiait avec fascination, c'était tout dire. Dès qu'elle avait posé les mains dessus, elle avait ressenti un appel, une pulsion étrange, comme si la boîte 60 contenait un message qui lui était destiné. À elle seule! C'était fou et obsédant.

Chaque fois qu'elle parcourait les ruelles encombrées du bazar, une force incontrôlable la ramenait devant la boutique du bijoutier. Elle 65 n'avait pas osé s'y aventurer de nouveau. Il était toujours là, tapi dans son arrière-boutique, à surveiller la rue. Plusieurs fois même, elle avait cru l'apercevoir derrière elle, dans la foule… comme s'il la suivait. Elle était folle sans doute de se faire 70 de telles idées.

[…]

Cet après-midi-là, elle repassa pour la troisième fois devant la boutique de Nessim, espérant capter son regard de feu. Il n'y avait per-75 sonne dans l'arrière-boutique. Derrière le comptoir, un jeune commis qu'elle n'avait encore jamais vu lisait un journal. Safia se mit à trembler. C'était maintenant ou jamais. Elle ouvrit la porte.

En moins de cinq minutes, la vente fut bâclée. 80 Elle montra l'objet du doigt, déposa sans marchander le montant demandé sur le comptoir et sortit comme une voleuse, la mystérieuse boîte égyptienne sous le bras, emballée dans un morceau de papier journal.

85 C'était une folie, elle le savait! Elle l'avait payée cher, cette boîte. Trop cher. Pourquoi alors avait-elle l'impression d'avoir dérobé quelque chose? D'être allée au-delà de son droit? D'avoir ouvert une porte interdite? Était-ce la boîte de 90 Pandore qu'elle ramenait chez elle, en se pressant dans les ruelles? […]

Safia déposa la boîte sur le plateau de cuivre qui lui servait de table basse. Le petit coffre était vraiment superbe. Elle avait l'œil et savait recon-95 naître au premier regard les objets d'art vraiment rares.

La jeune femme caressa longuement les farandoles de nacre du couvercle et des flancs, puis elle ouvrit la boîte après avoir tourné la 100 petite clé d'argent qui la fermait. Bien sûr, elle était vide. Une fine pellicule grise en tapissait le fond, mais il n'y avait rien là d'inattendu. Safia retourna la boîte à l'envers en tapotant le fond afin d'enlever toute trace de poussière et c'est à 105 ce moment-là qu'elle remarqua à quel point la boîte était lourde, anormalement lourde. Une folle certitude naquit alors dans sa tête: il y avait un double fond. Il fallait qu'elle le trouve.

Elle n'eut pas conscience du temps qui pas-110 sait. Elle manipula la boîte dans tous les sens, appuya sur tous les motifs de nacre, allant jusqu'à chauffer les charnières d'argent avec une allumette afin de les dilater. Dehors, la tempête de sable se déchaînait. Le *khamsin* avait pris pos-115 session de la ville, suspendant toute activité, étouffant tous les bruits familiers. Sans le savoir, Safia était enfermée dans son petit studio, face à son destin, sans espoir d'une aide extérieure.

Avec le soir, elle alluma une lampe d'argile et se permit une pause pour manger quelque chose sur le pouce, debout, sur le minuscule comptoir de cuisine. Lorsqu'elle revint vers la boîte, elle s'aperçut tout de suite du changement. À la base, une lame du bois précieux s'était décollée, laissant apparaître une rainure. Safia y introduisit la lame d'un couteau et, tout doucement, força le bois afin de détacher le double fond qui céda avec un craquement de protestation.

La jeune fille se sentit tout à coup incroyablement nerveuse. Son cœur battait à tout rompre. Écartant les débris du bois, elle aperçut un papier plié, collé par la poussière et le temps, contre le fond secret de la boîte. Elle le détacha avec précaution, consciente soudain de tenir dans sa main un secret interdit. Mais elle était allée trop loin pour s'arrêter là. Était-il possible de laisser dormir un mystère et de vivre en paix, juste à côté, jour après jour, en acceptant de rester dans l'ignorance ? Sûrement pas ! Quelle fille de Pandore aurait pu résister à cette tentation ?

Pour se donner du courage, Safia se traita de peureuse. Elle fit remonter à la surface son esprit logique et cartésien du vingt et unième siècle, voulant à tout prix se convaincre que la peur sournoise qu'elle éprouvait était ridicule. Finalement, elle prit le papier et le déplia avec précaution.

C'était un très vieux papier. Un parchemin, plutôt. Un texte y était écrit en caractères arabes. À vue de nez, elle évalua que ce papier avait plus de trois cents ans. Elle avait déjà manipulé des vélins du dix-septième siècle, elle ne pensait pas se tromper de beaucoup. Protégé de la lumière et de l'humidité, le texte était encore très lisible, un peu plus pâle sur les pliures.

Safia parlait mal l'arabe, mais elle avait appris à le lire avec son père qui avait quitté le Maroc dans les années soixante pour s'installer à Marseille où il avait rencontré sa mère. Elle sortit sa grosse loupe, son dictionnaire, un bloc de papier et un stylo. Avant de se mettre au travail, elle se versa un bol de lait froid qu'elle oublia sur

le comptoir. Avec le *khamsin* dehors, la température avait grimpé brusquement et il faisait vraiment très chaud dans la pièce close.

Elle travailla longtemps, sans conscience des heures qui passaient. Elle réussit à déchiffrer le papier, même si certaines tournures de phrases anciennes lui étaient peu familières. Dans les grandes lignes, elle parvint à reconstituer le texte.

D'après l'élégance de l'écriture, la lettre avait été écrite par quelqu'un d'érudit. Elle racontait l'histoire d'une certaine Leïla. C'était une histoire très triste et très étrange.

lui. Mais Leïla était déjà promise à un autre. Karim jura, menaça, gronda tant et si bien qu'on rompit les fiançailles et qu'on lui accorda d'épouser sa belle. Il faut dire que sa famille était beaucoup plus riche que celle de l'autre prétendant... ce qui dut faciliter les choses.

Toujours est-il que, le soir de ses noces, lorsqu'on conduisit la jeune épousée à la chambre nuptiale, le magnifique petit coffret égyptien avait été déposé sur son lit. Leïla attendit d'être seule pour l'ouvrir, convaincue qu'il contenait une parure, un cadeau de son nouvel époux. Dès qu'elle souleva le couvercle, elle ressentit une terrible douleur au poignet. Lové dans la boîte, un petit serpent noir dressait vers elle sa tête triangulaire encapuchonnée, agitant sa langue bifide. Il venait de la mordre et le venin de sa morsure était foudroyant. La jeune femme n'eut même pas le temps d'appeler au secours. Paralysée par la douleur et l'épouvante, elle tomba comme une fleur fauchée, à l'endroit précis où l'amour lui avait donné rendez-vous.

Lorsqu'il pénétra dans la chambre, Karim n'en crut pas ses yeux. Sa Leïla, son amour, celle qu'il avait attendue depuis des années, le regardait de ses yeux vides, le corps tordu dans un spasme d'agonie, l'écume aux lèvres. Elle était morte. Enroulé sur sa poitrine, le cobra déployait son capuchon en ondulant, revendiquant sa proie. Karim le neutralisa en lui jetant une écharpe sur la tête et le tua d'un coup de talon. Ensuite, il prit sa femme dans ses bras, la caressa, embrassa son sourire absent et lui chuchota tous les mots d'amour qu'il avait patiemment inventés pour elle. En une seule nuit, il essaya de lui dire tout ce qu'il aurait aimé vivre avec elle, tout ce qu'il avait espéré. Il lui raconta la passion qui ne les brûlerait jamais, les enfants qu'ils ne connaîtraient pas, les pays lointains où il ne pourrait la conduire, le jardin secret dont elle ne sentirait jamais les roses, la douceur des amours qui durent jusqu'à l'hiver des hommes... elle qui avait été foudroyée en plein printemps.

Au petit matin, désespéré, il sauta sur son cheval et s'enfonça dans le désert. La lettre ne disait pas si on l'avait jamais revu.

Leïla avait reçu la boîte en cadeau, le soir de ses noces. Une grande fête avait été organisée par les deux familles et les présents offerts aux jeunes époux avaient été somptueux. Contrairement à la tradition, Karim avait choisi sa femme. La première fois qu'il l'avait vue, encore petite fille, elle jouait sur le toit en terrasse de sa maison. Il l'avait trouvée si belle qu'il l'avait voulue pour femme dès ce moment-là. Quand Leïla était devenue une jeune fille, il l'avait perdue de vue, mais il n'avait jamais cessé de penser à elle. Lorsqu'elle eut seize ans, Karim supplia son père d'aller la demander en mariage pour

Malgré les recherches, on ne sut jamais avec
235 certitude qui avait déposé la boîte égyptienne sur
le lit. Les soupçons se portèrent, bien sûr, sur le
prétendant éconduit qui se devait de venger l'af-
front fait à sa famille, mais personne ne put le
prouver.

240 La mère de Leïla était une guérisseuse
réputée. Certains disaient même qu'elle ne faisait pas que soigner… Folle de chagrin, elle
prononça une malédiction qu'elle signa de son
sang : toute jeune femme qui posséderait cette
245 boîte égyptienne mourrait dans les mêmes tourments que Leïla, sa colombe. Inutile de chercher
à détruire la boîte. La malédiction la rendait
indestructible au feu et au fer et pouvait frapper
celui ou celle qui porterait la main dessus. La sor-
250 cière avait précisé que le sort s'éteindrait le jour
où la compassion et le courage seraient plus forts
que la peur.

À l'endos de la lettre, d'une écriture beaucoup plus récente, une liste de noms et de dates
255 avait été rajoutée :

Leïla — 1729
Aziza — 1823
Hoda — 1860
Zeinab — 1885
260 Fatma — 1920
Fawzeya — 1957

Safia comprit immédiatement que cette liste
recensait les noms des victimes du mauvais sort,
ainsi que l'année de leur mort. Une telle horreur
265 était-elle possible ? À elle seule, cette boîte égyptienne était tout un cimetière !

La jeune femme connut un début de panique.
Elle en était la nouvelle propriétaire. Elle essayait
de ne pas y penser mais l'idée faisait son chemin.
270 La malédiction allait-elle la frapper, elle aussi ? Et
comment ?

Tout à coup, elle prit conscience de la moi-
teur malsaine de l'air. Un filet de sable s'infiltrait
par la fenêtre disjointe et avait formé une petite
275 pyramide sur le sol. Dehors, on ne voyait rien. Le
sable crépitait contre les vitres. C'était la première fois qu'elle vivait une tempête de cette
importance, et elle se sentit soudain très seule.

Safia essaya de se raisonner. Que pouvait-il
280 bien lui arriver ? Elle était seule, d'accord ! Mais
elle était chez elle, en sécurité, et il n'y avait pas
la moindre écaille de serpent à l'horizon. Par un
temps pareil, les serpents, eux aussi, se terraient
dans leur trou. Pourquoi devrait-elle avoir peur
285 de ce qui n'était sans doute qu'une fable, une
belle histoire triste qui ne la concernait pas ?
Pour se rassurer tout à fait, elle se promit d'aller
reporter la boîte dès le lendemain à l'échoppe
du bijoutier.

290 Épuisée par sa longue veille, elle s'étendit sur
son lit et ne tarda pas à s'assoupir, bercée par la
chanson du sable sur les vitres. Sur le plateau de
cuivre, la boîte égyptienne était restée ouverte,
ses farandoles de nacre luisant comme des perles
295 dans la lumière de la lampe.

[…]

Safia ouvrit les yeux. Elle n'aurait pas pu dire
ce qui l'avait réveillée au juste : le murmure de la
tempête ou bien cette étrange sensation d'une
300 présence, juste à côté d'elle…

Avant même de le voir, elle sut qu'il était là.
Son corps se couvrit instantanément d'une sueur
glacée. Très, très doucement, elle tourna la tête
vers lui. Le reptile balançait son capuchon à
305 moins d'un mètre de son bras droit. Un fier serpent noir, un cobra royal, qui dardait sur elle ses
petits yeux froids, prêt à attaquer au moindre
geste brusque.

La jeune femme s'obligea à respirer calme-
310 ment. Elle ne devait pas trembler. Elle ne devait
pas bouger. Elle ne devait pas montrer sa
panique. La mort était là, juste à côté de son bras,
entrée on ne sait comment dans son studio clos.
Elle avait un combat à livrer. Il y avait forcément
315 un moyen d'échapper à la malédiction. En tout
premier lieu, il fallait y croire, appeler à l'aide
toutes ces jeunes femmes qui l'avaient précédée
dans l'aventure. Que disait la dernière phrase de
la lettre déjà ? « Que le sort s'éteindrait le jour où
320 la compassion et le courage seraient plus forts
que la peur… »

C'est facile à dire mais comment éviter l'épouvante quand on a un serpent venimeux comme
voisin d'oreiller ? Des larmes de détresse se
325 mirent à couler sur les joues de Safia et, immédiatement, le reptile agita son capuchon. Soudain,
Safia eut comme une illumination. Ce serpent
venait bien de quelque part et, puisque malédiction il y avait, il ne pouvait provenir que de la
330 boîte égyptienne. Il était quasi impossible qu'il
ait pu entrer chez elle autrement… même si la
boîte semblait vide. Même si la boîte ÉTAIT vide.

Angèle Delaunois, *Le souffle des ombres*,
Saint-Laurent, Éditions Pierre Tisseyre,
2000, p. 71 à 87.

Angèle Delaunois

C'est à l'âge de 22 ans qu'Angèle Delaunois quitte la France pour vivre au Québec. Elle se consacre alors à l'écriture non seulement comme auteure de romans et de nouvelles mais aussi comme éditrice. Elle a écrit, entre autres, *Variations sur un même « t'aime »* et *La tempête du siècle*.

UN POUR TOUS, TOUS

POUR UN !

Un gamin et un jeune lion se promettent
de s'entraider. Un homme et son chien
vivent heureux ensemble.
Deux adolescentes que tout sépare
découvrent l'amitié. Deux amies apprennent
à s'accepter comme elles sont.
Une vieille femme solitaire porte secours
à une jeune fille qui a tout perdu.
Un garçon réconforte son frère malade.
Trois amis jurent de se soutenir dans l'adversité.

Tous ces personnages
vivent une expérience fabuleuse:
ils font la rencontre d'un être
qui occupera une place de choix
dans leur vie et dans leur cœur.
Ensemble, ils sauront franchir les obstacles,
faire les projets les plus fous et surtout
apprendre la confiance, l'entraide, l'amitié.

Charlie
ET LE LION

Quand Maccomo* alla prendre son bain après le déjeuner, Charlie put enfin discuter avec le Jeune Lion. Il approcha une balle de paille de la cage pour s'asseoir.

— Vas-y, dit-il à voix basse, avec ferveur. Raconte-moi tout.

— Il y a deux choses, dit le Jeune Lion dont les yeux jaunes miroitaient dans la
5 pénombre. Commençons par ce que tu veux entendre. À Greenwich, avant qu'on lève l'ancre, un chat des docks est venu renifler autour du bateau. Il te cherchait. Je n'ai pas compris sur le moment, car je ne t'avais pas encore rencontré, mais il parlait du garçon qui parle le félin et aussi de ses parents qui avaient disparu et que tous les félins aimaient, en disant qu'on les avait emmenés à Paris et qu'il fallait prévenir le garçon.
10 C'est une excellente nouvelle pour toi, car on va justement à Paris. Te voilà sur une piste. Tu es content ?

Charlie avait un sourire jusqu'aux oreilles. Le lion voyait bien qu'il était si heureux qu'il avait besoin d'un petit moment pour assimiler cette bonne nouvelle.

— Ils sont à bord du *Sharkhawk*, ajouta-t-il. Le chat du *Sharkhawk* l'a répété à tout le
15 monde apparemment, car il voulait absolument que la nouvelle se répande. Le cousin de sa petite amie est un chat qui vit dans les ruines et il a été très clair : ces humains ne doivent pas disparaître.

Charlie sourit. Bénis soient les chats des ruines.

— Ils doivent être juste devant nous, alors. Tu ne crois pas ?

20 — En effet, répondit le lion. Ils ne peuvent pas être très loin.

---

* Maccomo est un dresseur de lions. Charlie est son assistant.

— Ça veut dire que si j'ouvre l'œil, j'apercevrai peut-être leur bateau ! Le *Sharkhawk* ! Et à Paris, nous…

Le lion l'interrompit.

— Tu ne verras pas leur bateau.

25 — Pourquoi ?

— Le *Sharkhawk* est un sous-marin.

Un sous-marin ! Charlie sentit son estomac se soulever. Savoir que sa mère et son père se rendaient au même endroit que lui, c'était génial. Savoir qu'ils y allaient en sous-marin, sous l'eau, avec la mer immense, froide et sombre qui résonnait autour d'eux 30 et des tonnes d'eau au-dessus de leurs têtes, et peut-être d'étranges et pâles créatures marines qui les observaient à travers les hublots avec leurs yeux menaçants, c'était… pas génial. Mais ils étaient tout près, et c'était une bonne chose. Ils allaient à Paris et Charlie aussi ; c'était la meilleure nouvelle depuis plusieurs jours.

Le Jeune Lion demanda :

35 — Pourquoi on a enlevé tes parents, Charlie ? Sais-tu qui les retient prisonniers ?

Une chaude lueur de compassion brillait dans ses yeux, et dans un élan de clair-voyance, il comprit pourquoi : les lions eux aussi avaient été arrachés à la liberté, à leurs familles, à leur mode de vie.

— Je crois qu'on les a enlevés parce qu'ils savent quelque chose, répondit Charlie. 40 Ce sont des savants. À mon avis, ils ont fait une découverte, et quelqu'un d'autre veut s'en emparer, ou alors… je ne sais pas. Mais c'est sûrement quelque chose comme ça.

— Quelle est cette découverte ?

— Je ne sais pas, dit Charlie. Ils travaillaient sur plein de choses.

— Ils te manquent beaucoup ? demanda le Jeune Lion. J'ai entendu dire que les 45 êtres humains ressentent fortement les émotions…

— Oui, très fortement, dit Charlie d'un ton un peu brusque en redressant le menton.

Le Jeune Lion l'observa d'un air songeur. Puis il ajouta :

— La deuxième chose que je voulais te dire…

Peut-être avait-il remarqué la gêne de Charlie.

50   Celui-ci se retourna vers lui et leurs yeux se croisèrent entre les épais barreaux de la cage.

— Ah oui, la deuxième chose.

— Tu dois nous aider, dit le Jeune Lion, simplement. Je suis obligé de te faire confiance. Si tu nous trahis… Je ne sais pas ce qui arrivera. Mais on ne peut plus conti-
55 nuer comme ça. […] Tu as vu l'état du Vieux Lion. Il est fatigué et triste. Autrefois, il rêvait de s'évader, il faisait des plans. Mais maintenant… C'est comme s'il avait renoncé. Les mères… (Charlie devina qu'il parlait des lionnes) se contentent de le suivre; elles sont tellement habituées à lui obéir, et à ne pas le mettre en colère, qu'elles en ont oublié de penser par elles-mêmes. Elsina, la fille, est courageuse, mais si jeune encore.
60 C'est pourquoi je suis obligé de faire quelque chose. Et tu dois m'aider.

— OK, répondit Charlie.

Il ne demanda même pas en quoi consistait cette aide, ou ce que le lion attendait de lui, il répondit simplement: «OK». C'était risqué. Il y a plein d'histoires qui racontent ce qui arrive quand des gens promettent de faire quelque chose avant de se renseigner
65 sur ce qu'ils doivent faire. […] Mais Charlie faisait confiance au lion. Il se souvenait de son regard la première fois qu'il lui avait parlé en félin. Il faisait confiance au lion et il l'aimait. S'il le pouvait, il l'aiderait.

— On a besoin d'un plan pour s'échapper, dit le Jeune Lion. On a besoin d'un humain pour nous aider à quitter ce bateau. Nous devons fausser compagnie à Maccomo et au Major Thibaudet. Nous avons besoin d'aide pour nous cacher durant notre voyage. Nous allons retourner en Afrique.

— En Afrique ? s'exclama Charlie. Ouah !

— Es-tu africain ? demanda le lion.

— Oui… par mon père. D'Afrique occidentale, au bord de la mer.

— Nous sommes d'Afrique occidentale nous aussi ! Du Maroc, là où le désert et les montagnes rejoignent la mer. C'est là-bas que nous allons.

— Mon père vient de plus au sud, dit Charlie. Du Ghana.

— Nous sommes donc frères, dit le lion. Frères d'Afrique. Tu parles notre langue. Mais tu ne seras pas obligé de nous accompagner jusqu'au bout de notre voyage. Dès que nous saurons où ils conduisent tes parents, nous trouverons un itinéraire qui nous convient à tous les deux. Et nous t'aiderons nous aussi.

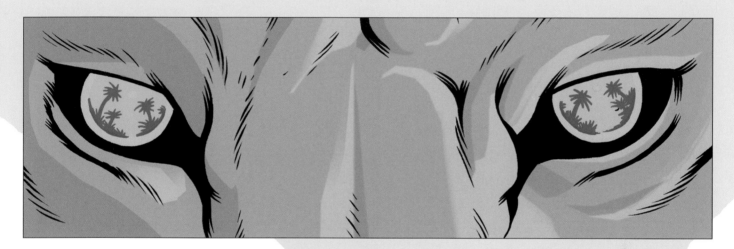

Charlie était heureux d'entendre ça. Très heureux. Car une question lui avait traversé l'esprit : comment un enfant, seul, pouvait-il sauver des adultes enlevés par d'autres adultes, quels qu'ils soient ? Il n'avait pas voulu y réfléchir, mais il n'était pas idiot. Si les ravisseurs étaient inoffensifs, ses parents se seraient déjà échappés, non ? (L'espace d'un instant, son cœur s'emballa. Peut-être s'étaient-ils échappés ! Peut-être étaient-ils en route pour venir le secourir ! À cet instant même !) Mais un garçon seul *accompagné d'un groupe de lions* pouvait certainement faire fuir des ravisseurs, aussi coriaces soient-ils. Un garçon seul accompagné d'un groupe de lions pouvait flanquer à Rafi** la peur de sa vie…

En échange de son aide, Charlie demanderait aux lions d'aider ses parents à s'échapper eux aussi. C'était simple et ingénieux.

Zizou Corder, *Lion Boy*,
traduit de l'anglais par Jean Esch,
Paris, Albin Michel, 2004, p. 149 à 154.

Zizou Corder

Derrière le pseudonyme de Zizou Corder se trouvent réunies deux auteures anglaises, Luisa Yong et sa fille de 11 ans, Isabel. C'est en effet de leur double imagination qu'est né Charlie, ce garçon qui parle le félin.

**Rafi est celui qui a enlevé les parents de Charlie.

La leçon d'innu

J'ai juste le temps d'apercevoir Joséphine assise au salon, la petite au creux de ses bras. Je grimpe en haut, ouvre à la volée la porte de la chambre. Nashtash sursaute.

5 — Je suis venue m'excuser.

[...]

La fille innue tourne la tête vers moi. Son regard fuit par-dessus mon épaule: «[...] Tu n'aimes pas les Innus! Tu nous trouves
10 bizarres!»

— Non! Je voudrais qu'on soit amies, toi et moi. C'est juste qu'on ne se connaît pas beaucoup…

— Impossible, *kakusseshishkuess*. Les filles
15 blanches…

— Lâche-moi avec les filles blanches! Quand tu m'appelles *kakusseshishkuess*, il y a plein de mépris dans ta voix. Je suis Viola.

— Tu viens de la grande ville, là-bas. Tu y
20 retournes dans quelques jours. Tu vas retrouver ta belle chambre dans la maison de pierre, et ton école de riches et tes amis.

— Même si j'habite à nouveau chez tante Évelyne, je serai seule pour toujours. Pas de père,
25 pas de mère, pas de grand-mère Joséphine, pas de bébé fille. Juste une tante qui aime mieux la vodka et ses chiens que les humains. En plus, si tu veux savoir, je n'ai pas de vrais amis.

Nashtash ne veut rien entendre. Elle conti-
30 nue, regardant obstinément dans le vide par-dessus mon épaule: «Tu retourneras dans ton monde et, moi, tu m'oublieras, et mon bébé aussi. Et la maison de *nukum*. Tu vas tout oublier du nord.»

35 — Tu m'as dit que les Innus voyagent beau-coup. Qu'ils vont se visiter d'un village à l'autre.

— *Eshe*. J'ai dit ça.

— Moi aussi, je suis une nomade. Ma mère et moi, on a passé notre vie à déménager! Et je
40 voyagerai pour revoir mon amie, si elle le veut.

— Les Blancs et les Innus ne sont pas des amis.

— Pas vrai. Alphonse a encore des amis blancs du temps où ils travaillaient à la mine

45 ensemble. Ils reviennent chaque année le visiter et ils vont ensemble pêcher la truite, chasser le caribou sur les collines. Joséphine me l'a raconté.

— Le train repart dans cinq jours. Tu ne reviendras jamais.

50 — Je vais m'en aller. Je vais revenir. Et tu viendras me voir.

— Je ne te crois pas.

Elle m'énerve, cette fille entêtée. Je lui prends la main. Elle la retire. Fixe le sol à ses pieds. Je
55 crie presque:

— Je ne sais pas de quelle façon on va se débrouiller, nous deux. Tu parles innu et moi pas. Tu as un bébé et moi je n'en veux pas. En tout cas, pas maintenant. Tu habites un village
60 au bout du monde et moi une grande ville. Mais tu sais quoi? On va devenir des amies. Et tu sais pourquoi? On a la même peine. Exactement la même. On ne sait pas qui sont nos pères. On a eu des mères pas capables de nous aimer pour
65 vrai. Des mères perdues, jamais retrouvées. On a un trou noir, aussi profond que la nuit, à l'intérieur de nous. Il va falloir apprendre tout, toutes seules. Des fois, on ne sait pas comment.

Dans le silence qui s'installe et prend toute
70 la place, je n'entends plus que nos deux respirations.

— *Nuitsheuakan*, souffle Nashtash, en levant les yeux vers moi. Mon amie.

C'est comme ça que commence ma première
75 leçon d'innu.

Charlotte Gingras, *La disparition*,
Montréal, La courte échelle,
2005, p. 116 à 118.

Charlotte Gingras

Charlotte Gingras est née à Québec en 1943. Toute jeune, elle a décidé qu'elle serait une artiste. Aujourd'hui, elle sculpte, fait de la photographie et écrit pour les jeunes. Elle est, entre autres, l'auteure d'*Un été de Jade*, paru en 1999. Son univers est à la fois réaliste et poétique.

L'homme et le chien

Il ne voyait rien, il ne cherchait rien,
Il se contentait d'avoir un grand chien

À qui il parlait, à qui il riait
Comme à un ami qui lui ressemblait.

5   À deux, ils formaient sûrement quelqu'un,
Quelqu'un de très bon, quelqu'un de très bien

Traversant la vie sans souci aucun,
Simplement content d'être très content,

De ne désirer rien d'autre vraiment
10   Que d'être ici-bas un homme et un chien.

Maurice Carême, «L'homme et le chien»,
dans *Au clair de la lune,* Paris, Hachette Jeunesse,
coll. «Fleurs d'encre», 2003, p. 79;
© Fondation Maurice Carême, tous droits réservés.

Maurice Carême

C'est à l'âge de 15 ans que
Maurice Carême (1899-1978)
écrit ses premiers poèmes.
La vie heureuse et simple
qu'il mène en Belgique lui sert
d'inspiration. Tout au long de
sa carrière, ce poète belge
d'expression française évoque à l'aide de mots
simples et limpides sa terre natale, l'amour,
la joie de vivre. Un grand sentiment d'harmonie
se dégage de l'ensemble de son œuvre poétique.

La mal-lunée

Je ne voulais plus me réveiller.

Plus jamais.

Je m'étais recouverte de feuilles, enfouie un peu dans la terre, comme une presque morte.

5 Je ne voulais plus ouvrir les yeux, jamais.

Quand on ouvre les yeux, votre mère meurt. Votre père est battu, emmené. Votre maison vous est volée.

Je fermais mes oreilles aussi.

Je ne voulais plus rien entendre. Rien.

10 Quand on écoute, on entend pleurer les tout petits enfants arrachés de chez eux…

Un coucou chantait, quelque part. «M'en fous!» Les oiseaux mentent comme ils chantent. Le vent ment aussi. Même les arbres mentent, si ça se trouve. Plus de larmes non plus. Ça donne à boire à la terre, et la terre nous trompe aussi. Elle fait pousser les fleurs. Et alors on croit qu'elle peut tout faire réapparaître, que tout est possible.

15 Et ce n'est pas vrai. Elle retient les morts qui ne reviennent jamais. «Menteuse, menteuse, menteuse…»

Je ne voulais pas mourir, mais je ne voulais plus vivre.

Voilà.

Comme j'avais fermé mes oreilles, comme j'avais fermé mes yeux, je ne l'ai ni vue
20 ni entendue venir.

La vieille.

La mal-lunée.

Et soudain, elle m'a tirée de mon trou.

D'un coup.

25 J'ai bien dû ouvrir les yeux.

Elle me tenait à bout de bras.

Et moi, comme j'étais à bout de peine, je ne me défendais même pas.

Comme si elle tenait une peau de lapin et qu'il n'y avait plus de lapin dedans.

C'est comme ça qu'elle m'a emmenée.

30 Sans que je me débatte. Sans que je proteste. Elle aurait aussi bien pu me tuer. Je
n'y voyais aucun inconvénient. Tout m'était égal. Parfois elle me traînait, parfois elle
me poussait. Quand je trébuchais, elle me relevait avec une force surprenante. À un
moment, même, je crois bien qu'elle me porta comme un bébé. Je ne sais plus, je ne
sais pas.

35 Tout à coup, nous sommes arrivées à un amas de gros rochers, que nous avons esca-
ladés; et en haut, un trou noir, une grotte. [...] Pour s'y introduire, il fallait marcher
courbé, comme une grosse bête. C'est ce que je fis, rampant même sur les genoux, sur
mes coudes, que j'écorchais sans y prendre garde.

Mais à l'intérieur, je fus surprise. Il y avait une table, un banc, un vrai lit de branches,
40 mais avec un matelas, et derrière nous, qui nous avait suivies depuis quand, je ne sais
pas, une chèvre !

La vieille mal-lunée me regardait : ses yeux étaient étroits et, dans la pénombre, ils
brillaient comme ceux d'un chat.

Elle prit quelque chose que je tenais contre moi, et je m'aperçus que c'était le pain
45 qu'on m'avait donné à mon ancienne maison… Elle m'en tendit un morceau, et aussi
un bol dans lequel elle versa du lait !

Elle dit quelque chose, dans sa langue étrange, fit le geste de porter un morceau à
sa bouche pour m'encourager. J'essayai. La première bouchée me resta dans la gorge,
j'avalai un peu de lait pour faire passer. Je pris une seconde bouchée, une seconde lam-
50 pée de lait. C'était bon, si bon, le lait, dans ma si grande faiblesse. À chaque bouchée,
un tout petit peu de vie me revenait. La vieille me regardait manger et boire, et elle
parlait et tous ses mots étaient comme un bruit de ruisseau qui court sur les cailloux.
Quand j'eus fini, elle se tut. Et tout à coup, elle sourit. C'était un affreux sourire sans
dents, un sourire cassé. Un côté de sa bouche pendait un peu. Mais je n'eus pas peur.
55 Il me semblait que je n'aurais plus jamais peur de rien. Pour avoir peur, il faut vouloir
garder quelque chose, or moi, je n'avais plus rien. Même plus d'espoir. Qu'aurais-je pu
perdre encore ?

Elle me montra quelque chose, dans la pénombre. J'hésitai. Impatiente, elle me
poussa. Vers le lit. Sur lequel elle me fit tomber. Elle me couvrit d'une épaisse couver-
60 ture, bien chaude. En quelques minutes, je glissai dans le sommeil comme un noyé
glisse dans l'eau, et je sombrai doucement tout au fond. La dernière image que j'em-
portai était la vision curieuse des têtes de la vieille mal-lunée et de sa chèvre aux yeux
stupides, toutes deux penchées vers moi. Comme deux fées très bizarres au-dessus de
mon berceau.

65　　Je dormis, je dormis, jour et nuit, nuit et jour, comme si jamais plus je n'allais me réveiller. Je dormis comme dorment les bêtes au fond des grottes. Rien ne me parvenait plus, ni le soleil, ni le vent, ni les bruits de la forêt. J'étais comme avalée et je dormais dans le gros ventre de la grotte. Parfois le lait coulait dans ma gorge, presque tout seul ; sans doute la vieille mal-lunée l'avait approché de mes lèvres sèches, un lait au
70　　miel, à la fois doux et un peu amer. J'étais prise d'une si grande faiblesse, sans elle je me serais sans doute laissée mourir, petit à petit, sans plus faire un geste, sans plus dire un mot, sans plus verser une seule larme. Où s'en étaient allées toutes mes larmes, je ne sais pas. Je dormais comme dorment les bêtes, mais même les bêtes rêvent, et parfois, dans mon sommeil, sous mes paupières si bien closes, passait un rêve, comme
75　　un brouillard dans lequel flottaient les visages aimés, tout près, tout près. Mon père, ma mère, Iulian, sa femme, et Mihaïl qui souriait comme un ange et me tendait les bras, suppliant :

　　— Miriam, je veux monter dans l'arbre avec toi !

　　Un jour, ou était-ce une nuit, je sentis une main sèche, douce pourtant, comme une
80　　feuille d'arbre posée sur mon front. Au prix d'un immense effort, j'ouvris les yeux.

　　La vieille mal-lunée était là, tout près de moi, comme une ombre de sorcière. Si laide, avec ses yeux comme deux fentes, ses cheveux noirs en broussailles, sa lèvre pendante, son odeur de grenouille, son corps maigre et noirâtre comme un tronc d'hiver, laide à faire peur ! Mais la beauté n'est pas source de bonté, et la laideur ne prouve pas
85　　que l'on soit méchant. La laideur ne prouve rien, sauf peut-être que le sort est injuste… […] Elle murmurait des mots inconnus, elle me passa de l'eau très fraîche sur le visage et cela me fit frémir de tout mon corps. Je respirai un grand coup, je manquais d'air. Sans doute elle que je ne comprenais pas comprit cela. Elle enleva la couverture, me prit dans ses bras. Je me laissais aller et ma tête ballottait. La vieille se courba,
90　　continuant, presque accroupie, de me porter, et soudain on fut dehors et la lumière

revint jusqu'à nous, jusqu'à moi. La tête me tournait beaucoup, délicieusement, comme si j'avais dansé, ou peut-être était-ce le soleil qui dansait dans le ciel… Je croisai mes maigres bras derrière le cou de la mal-lunée, et appuyai ma tête contre sa poitrine molle de grenouille. J'avais l'impression d'avoir fait un très long, très fatigant voyage,
95 je n'aurais su dire où, et d'être arrivée je ne savais où non plus. Mais quelqu'un m'attendait, m'avait reconnue, et ne s'étonnait pas de mes pauvres bras noués autour de son cou, comme un très pauvre collier.

Je me disais:

«Peut-être que je ne suis plus perdue.

100 Peut-être que la vieille mal-lunée va me garder, me donner à boire, à manger, me protéger.

Peut-être que le grand galop de mon cœur ne m'emportera pas plus loin.

Peut-être que la vieille sait tout ce que je ne sais pas et me le dira, et peut-être que petit à petit je comprendrai pourquoi le pivert a tapé trois fois du bec, pourquoi ma
105 mère s'est laissée tomber, pourquoi ils ont emmené mon père, pourquoi je n'ai pas monté Mihaïl dans l'arbre pour le cacher avec moi, pourquoi ma maison n'est plus ma maison, pourquoi le violon a perdu sa chanson. Mais…

Peut-être que la musique continue de se construire, petit à petit, dans le violon de mon père, et peut-être qu'à la voix de l'eau, des arbres, du vent, de mon père, de ma
110 mère, de Mihaïl, est en train de s'ajouter la voix de cette femme-là, ma mal-lunée, si laide, si belle au fond, qui me porte dans ses bras.

Peut-être que papa avait raison, que l'âme humaine, belle et bonne, compatissante et aimante, existe et qu'elle se cache parfois dans un corps inattendu, un vilain corps, comme celui de cette vieille femme-là, qui a eu pitié de moi…

115 Alors, peut-être que tous les rêves sont permis…

Peut-être qu'un jour je retrouverai tout ce que j'ai perdu et tout ce que je cherche.»

Jo Hoestlandt, *Miriam ou les voix perdues*,
Paris, Syros Jeunesse, coll. «Les uns les autres»,
2004, p. 71 à 78.

Jo Hoestlandt

Jo Hoestlandt est née en 1948 et habite actuellement en France. La littérature est un élément essentiel de sa vie. Les ateliers de lecture et d'écriture qu'elle anime pour les jeunes lui offrent la possibilité de communiquer son plaisir de lire et de créer. C'est en partie grâce à cette proximité avec les jeunes que Jo Hoestlandt trouve les mots qui font le succès de ses romans, de ses poèmes et de ses contes.

L'ÂME À LA TENDRESSE

Ce soir j'ai l'âme à la tendresse
Tendre tendre, douce douce
Ce soir j'ai l'âme à la tendresse
Tendre tendre douce douce.

5   Tresser avec vous ce lien et cette délicatesse
Vous mes amis d'hier et d'aujourd'hui
Cette amitié dans la continuité
Un mot un regard un silence un sourire une lettre

Françoise Allen Claire Patrick Kim Roland Réjean
10 Louise
Et tous les autres que je n'saurais nommer
Vous êtes mes havr's des soirs de détresse
La goutte d'eau qui fait jaillir la source, ma lumière

Aujourd'hui pourtant en vain, je vous espère
15 Où êtes-vous, j'appelle, je tends les bras
Nos amitiés se sont-elles évanouies ?
Peut-être n'avons-nous plus rien à nous dire, je chavire

Pourtant nous savons que la vie est plus forte que la ~~mort~~ *mort*
Le désespoir a dit son dernier mot
20 Permettez-moi de vous aimer toujours
Riches de nos secrets j'attendrai j'attendrai
J'attendrai j'attendrai j'attendrai j'attendrai
Les amitiés nouvelles.

«L'âme à la tendresse», paroles de Pauline Julien
et musique de François Dompierre, Éditions Nicolas.

Pauline Julien

Tout d'abord attirée par le théâtre, la chanteuse québécoise Pauline Julien (1928-1998) commence sa carrière en France. De retour à Montréal, elle fait découvrir à son public des chansons françaises, mais également les chansons et les poèmes des auteurs-compositeurs québécois comme Gilles Vigneault et Raymond Lévesque. Elle interprète avec fougue des chansons dont les causes lui tiennent à cœur, qu'il s'agisse de la défense de la langue française, de la place des femmes dans la société ou de justice sociale. Pauline Julien a aussi écrit des chansons, comme *L'âme à la tendresse*, qui est probablement son plus grand succès.

La petite balle rouge

L'hôpital beige et gris se dresse au sommet d'une colline abrupte. Jackson, courageux et déterminé, y vient tous les jours malgré l'envie qu'il a quelquefois de se dérober. Il le fait pour Michou qui l'adore, qui oublie, en sa présence, sa maladie, sa souffrance, son éloignement. Pour ses parents, aussi, qui
5 s'enfoncent dans leur douleur silencieuse et replient leur vie autour de la leucémie de leur enfant, si mystérieuse et incontrôlable.

Il a la tête vide. Que racontera-t-il à son frère aujourd'hui? Après trois semaines à inventer des histoires, son imagination est anémiée, son sac de trésors, épuisé. En temps normal, il déborde de fantaisie mais, en ce moment, rien de joyeux ne l'ins-
10 pire, ni à la maison ni dans sa vie qui, à l'exemple de celle de ses parents, est braquée sur celle de Michou.

Dans l'entrée de l'hôpital traîne une petite balle de caoutchouc rouge. Distrait, Jackson ne la voit pas et l'écrase. Perdant l'équilibre, il évite à grand-peine de s'écrouler sur le plancher.

15 Un peu vexé — au soccer, il pousse le ballon durant des heures sans tomber —, il cherche l'objet coupable de son faux pas et le découvre dans un coin. Il s'en empare et le fourre dans sa poche. Une balle oubliée au mauvais endroit, sans doute par un enfant.

Tout à coup, il s'immobilise, causant un léger embouteillage derrière lui. Il a eu
20 une idée. Il s'écarte du passage, s'appuie contre un mur, sort la balle et son canif de sa poche, et commence à la rogner.

Quand il arrive dans la chambre de Michou, il arbore un visage réjoui, au centre duquel brille un gros nez rond et rouge, qui tient aussi bien que s'il y était collé.

D'abord incrédule, le petit malade écarquille les yeux. Puis il sourit.

25 — Tu es un clown !

Ravi, Michou interpelle ses deux camarades de chambre.

— C'est Jackson, le reconnaissez-vous ?

En voyant l'amusement des trois enfants, l'apprenti clown, inspiré, décide de tirer parti de son personnage. Juste pour le plaisir.

30 D'abord, il feint une chute en allant vers le lit de Michou.

— Oooooh !

Se redressant avec maladresse, il attrape le drap du dessus.

— Aaaaah !

Michou, surpris, proteste :

35 — Eh !

Jackson s'excuse, faussement contrit, la main devant la bouche.

Puis, en tentant de remettre le drap en place, il s'y emmêle, battant des bras et pivotant sur lui-même, et s'emmaillote si serré qu'il ressemble à une momie.

— Hiiiiiii ! lance-t-il d'une voix fluette et comique, je suis pris !

40 Dans ses efforts cocasses pour se désentortiller, il parcourt la chambre en entier et arrache tous les draps, si bien que les trois gamins excités et impatients se retrouvent assis en pyjama sur un lit dénudé.

Encouragé, Jackson poursuit son numéro. Après s'être extirpé, avec cent contorsions, des draps qui l'enserraient et les avoir mis sur la tête des enfants, il rampe
45 sous les lits pour réapparaître entre les montants, là où on ne l'attend pas. Il réussit à se faufiler derrière la porte des toilettes pour finalement se poster sous la fenêtre. Il descend la toile sur sa tête, feint de s'assommer avec et s'affale de tout son long sur le plancher.

— Crac ! Booooom !

50 Les enfants, hilares, applaudissent.

Le bouquet, c'est que deux infirmières, immobiles dans le cadre de la porte depuis un moment, se précipitent vers lui, soi-disant pour le soigner.

— Pauvre monsieur ! Vous êtes-vous fait mal à la tête ?

Et, complices, elles lui mettent un gros bandage blanc et trois sparadraps fluo-
55 rescents sur la tête.

L'après-midi s'envole comme un papillon, [...].

Dans l'autobus, tandis qu'il retourne chez lui, Jackson considère la balle rouge qu'il a entaillée. Un petit rien. Un truc ridicule. Et pourtant…

Il l'installe sur son nez, histoire de savoir quelles réactions il provoquera dans le
60 véhicule.

Une dame fronce les sourcils avant de se détourner pour dissimuler son sourire. Un vieil homme hagard le fixe sans le voir. Devant lui, un enfant de cinq ans, amusé,

attire l'attention de sa mère sur le drôle de zigue. Mal lui en prend, sa mère le réprimande et, sans avoir jeté un œil en face d'elle, lui reproche d'avoir montré
65 quelqu'un du doigt.

Plus loin, un peintre en salopette tachée l'observe, incrédule, durant quelques secondes, se gratte la tête en se demandant s'il n'est pas en train de rêver, et sort à toute vitesse, la surprise lui ayant presque fait rater son arrêt.

Jackson s'amuse. Il a eu une sacrée bonne idée.

Maryse Pelletier, *Duo en noir et blanc*,
Montréal, La courte échelle, 2002, p. 51 à 55.

Maryse Pelletier

Maryse Pelletier est née à Cabano, au Québec, en 1947. D'abord comédienne, elle passe naturellement du jeu à l'écriture. Dans ses romans, elle aborde de façon directe les thèmes au cœur des préoccupations des jeunes d'aujourd'hui.

Pirates

La décision de Tom était prise. Son moral était très bas : on l'oubliait, il n'avait plus d'amis, personne ne l'aimait plus ; quand on apprendrait jusqu'où le désespoir l'avait poussé, peut-être que certains se frapperaient la poitrine… Il avait fait son possible pour rester dans la bonne voie, on ne l'avait pas laissé faire. On avait voulu
5 se débarrasser de lui, soit ; de là à le rendre responsable des conséquences que cela pouvait avoir, il n'y avait qu'un pas. Quel droit le pauvre abandonné avait-il de se plaindre ? Le sort en était jeté ; il n'avait pas le choix : il ferait sa carrière dans le crime.

Tout en brodant sur ce thème il descendait Meadow Lane ; loin, très loin, il entendit la cloche de l'école qui sonnait l'heure de la rentrée. À la pensée qu'il n'entendrait
10 plus jamais ce son qu'il connaissait si bien, il eut le cœur gros ; l'épreuve était dure mais elle lui était imposée. Puisqu'il lui fallait affronter les périls d'une nouvelle vie, il se soumettait ; il pardonnait à ceux qui étaient cause de son malheur. Et il se mit à sangloter.

Sur ces entrefaites il se trouva face à face avec son ami de toujours, son bon vieux
15 copain Joe Harper. Joe lui aussi avait l'air sombre et énigmatique ; lui aussi paraissait nourrir de mystérieux desseins. Les deux âmes en peine vibraient à l'unisson. Tom, s'essuyant les yeux avec sa manche, commença à raconter à Joe qu'il avait pris la résolution de se soustraire aux mauvais traitements qu'il subissait chez lui et de s'enfuir à tout jamais dans le vaste monde. Il termina en exprimant l'espoir que Joe,
20 lui, ne l'oublierait pas.

Par une coïncidence singulière Joe se trouvait exactement dans le même cas ; il avait précisément l'intention de faire part à Tom de la même résolution, et c'est dans ce dessein qu'il le cherchait. Joe venait d'être fouetté par sa mère pour avoir absorbé un bol de crème auquel il n'avait pas touché, dont il ignorait jusqu'à l'exis-
25 tence ; c'était un prétexte ; il était clair qu'elle en avait assez de lui et qu'elle souhaitait le voir partir ; tel étant le cas, il n'avait qu'une chose à faire, c'était de s'en aller. Il lui souhaitait d'être heureuse et de ne jamais regretter d'avoir laissé partir son « pauvre enfant » tout seul dans un monde insensible et cruel.

Tout en déambulant mélancoliquement, les deux amis se jurèrent de se soutenir
30 l'un l'autre, de se considérer comme des frères et de ne plus se séparer jusqu'à l'heure où la mort les délivrerait de leurs soucis.

Ils se mirent à dresser des plans. Joe aurait voulu être ermite et vivre de vieilles croûtes de pain dans une caverne jusqu'à ce qu'il meure de froid, de privations et de chagrin. Mais après avoir pris connaissance du point de vue de Tom, il admit
35 volontiers qu'après tout, le crime avait son bon côté et que la carrière de pirate lui souriait assez.

À cinq kilomètres en aval de Saint-Pétersbourg, à un endroit où le Mississippi a près de deux kilomètres de large, il y avait une île, longue et étroite, boisée, inhabitée, que l'on appelait l'île Jackson. Un banc de sable permettait de l'atteindre ;
40 elle constituait donc un parfait lieu de rendez-vous pour des pirates. Elle était

inhabitée; elle se situait assez loin, du côté de la rive opposée, en face d'une épaisse forêt aux abords de laquelle il n'y avait pour ainsi dire personne. Le choix de l'île Jackson ne souleva donc pas d'objection.

45 Quant à définir ce qui devait faire l'objet de leur piraterie, ils n'y songèrent même pas.

Il leur vint à l'idée que l'ami Huck serait le compagnon rêvé et ils se mirent à sa recherche. Huck ne demanda pas mieux que de se joindre à eux; pour lui il n'y avait pas de sots métiers, toutes les carrières étaient bonnes.

Les trois amis se séparèrent en convenant de se retrouver dans un endroit écarté,
50 sur le bord de la rivière, à environ trois kilomètres en amont du village, à leur heure favorite: minuit. Il y avait là un petit radeau dont on s'emparerait. Chacun devait se munir d'hameçons et de lignes, ainsi que de vivres qu'il se procurerait… mieux valait ne pas dire comment. Ce n'est pas pour rien qu'on est un hors-la-loi. Et avant la fin de l'après-midi ils n'avaient pu s'empêcher de répandre dans le village le bruit que
55 «bientôt on verrait du nouveau». Quel nouveau? Tous ceux à qui était révélé cet important secret avaient consigne «de ne rien dire et d'attendre».

Vers minuit Tom arriva avec un jambon et diverses autres provisions. Il se posta dans un fourré, sur une petite hauteur dominant le lieu du rendez-vous. Le ciel était clair; il n'y avait pas de vent. Le large fleuve avait l'air d'un océan au repos. Tom
60 écouta; aucun bruit. Alors il fit entendre un léger sifflement. Du pied de l'escarpement un sifflement lui répondit. Tom siffla deux fois; on lui répondit de la même façon. Quelqu'un demanda à voix basse:

— Qui vive?

— Tom Sawyer, le Vengeur Noir de la Mer des Antilles. Qui êtes-vous?

65 — Huck Finn-les-Mains-Rouges et Joe Harper, la Terreur des Mers.

C'est Tom qui avait trouvé ces surnoms dans ses livres favoris.

— Bien. Donnez-moi le mot de passe.

Ensemble, dans la nuit tombante, deux voix caverneuses répondirent:

— SANG.

70 Alors Tom lança son jambon du haut de la butte et se laissa glisser en s'écorchant et en endommageant quelque peu ses vêtements. Il y avait bien le long du rivage un chemin praticable; mais à quoi bon être pirate si
75 c'est pour faire comme tout le monde?

Mark Twain, *Les aventures de Tom Sawyer*, 1876.
Traduit de l'américain par François de Gaïl,
Paris, © Mercure de France, 1969, p. 104 à 107.

Mark Twain

L'Américain Mark Twain, de son vrai nom Samuel Langhorne Clemens (1835-1910), a été rédacteur, pilote de bateau à vapeur sur le Mississippi, chercheur d'or et journaliste avant de devenir romancier. C'est grâce à ses deux romans *Les aventures de Tom Sawyer* (1876) et *Les aventures d'Huckleberry Finn* (1885) qu'il acquiert la célébrité. Il y décrit avec beaucoup d'humour et de réalisme les habitants du sud des États-Unis, leurs habitudes de vie et leur façon de s'exprimer.

DO, POUR DOLORÈS

À l'école, tout le monde était soufflé devant notre nouvelle amitié. «Do et Véro, la rencontre du siècle», avait décrété Stéphanie Laplante. Quant à JFK*, je ne vous raconte pas toutes les
5 blagues qu'il a pu faire à propos de ma soudaine «conversion» à la soi-disant religion Dolorès.

Je sentais les regards amusés sur nous, et cela me pesait. Quand on était seules toutes les deux, j'arrivais à faire abstraction de son accou-
10 trement, mais devant les autres c'était différent. Alors je m'efforçais de garder mes distances sur le territoire de l'école. Je trouvais plein d'excuses pour m'éloigner d'elle dans la classe, dans la cour. Je croyais que Do ne se rendait pas trop
15 compte de mon manège. Je ne la connaissais pas encore tout à fait.

Donc, on se voyait beaucoup, toujours chez elle. Cet après-midi de juin, il faisait beau. On buvait du jus de canneberge sur le balcon en
20 faisant des commentaires cinglants sur les pas-sants. On détaillait leurs vêtements, leur démarche, leurs cheveux. On leur inventait un nom, une occupation. On riait. Tout à coup, elle s'est tournée vers moi.

25 — Qu'est-ce que tu dirais à mon sujet, si tu me voyais passer?

— Quoi?

J'étais estomaquée.

— Imagine que tu me voies pour la première
30 fois. Qu'est-ce que tu penses de mon linge, de mes souliers, de mon style?

C'était le genre de questions que posait Dolorès. Subtiles et directes comme un coup de poing au visage.

35 — Je ne sais pas… je…

— O.K. On joue à se regarder et on fait nos commentaires.

---

*JFK sont les initiales de Jean-Frédéric Kavanagh, un élève de la classe.

Je n'ai pas eu le temps de protester. Elle a attaqué.

40 — Bon! Tu arrives, je te vois. Je dis… euh… joli visage mais cheveux ordinaires, chandail ordinaire, pantalon et souliers ordinaires, allure générale complètement ordinaire, rien à signaler sinon les affreuses lunettes de mémé.

45 C'était comme si elle m'avait lancé un seau d'eau froide au visage. J'ai d'abord été saisie, figée par ces paroles glacées qui dégoulinaient sur moi. Comment osait-elle décrire mon allure avec un tel mépris, elle, la fille la plus mal accou-
50 trée de la planète? Et puis, s'en prendre à mes lunettes, c'était vraiment trop bas. Je n'en revenais pas.

— À toi, a-t-elle dit, sans remarquer la fureur qui s'était emparée de moi. Vas-y.

55 J'ai éclaté.

— O.K., si tu y tiens. Si je t'apercevais pour la première fois, je dirais: jupe affreuse, blouse affreuse, souliers greluche, cheveux inimagi-nables, allure générale de sapin de Noël.
60 Attention… reine du mauvais goût à l'horizon!

Je me suis tue. Elle ne souriait plus. Je n'avais jamais rien dit d'aussi méchant à qui que ce soit. J'aurais voulu reprendre mes mots, les ravaler goutte à goutte, mais c'était trop tard.
65 Ils avaient giclé d'un seul coup et l'avaient écla-boussée de la tête aux pieds.

— Bon. On est égales. J'aime que les choses soient égales.

— Do, je ne voulais pas. C'est toi qui as
70 insisté pour jouer.

— Oui, tu as raison, c'était mon idée. Je tenais à ce que tu le dises.

— Que je dise quoi?

— Tout le mal que tu penses de mes habits,
75 de mes cheveux, de mon allure.

— Tu le savais?

— Il faudrait avoir les yeux arrachés pour ne pas voir ton malaise à l'école dès que je suis à moins de deux mètres de toi.

80 — Tu… Tu as fait exprès de me provoquer?

— Oui et non. Mettons que j'ai improvisé.

— Et pour mes lunettes, tu le pensais vraiment ?

— Absolument.

85 On s'est arrêtées de parler. Pendant de longues minutes, on a regardé droit devant nous, sans remuer le petit doigt. Elle a fini par dire :

— Bon, O.K. Maintenant, on le sait. Tu n'aimes pas mon linge, je n'aime pas tes lunettes. Je
90 trouve ton style trop ordinaire, tu trouves le mien trop voyant. Et après, qu'est-ce que ça change ?

— Euh…

Elle s'est alors lancée dans une grande théorie sur le fait qu'on peut aimer quelqu'un tout
95 en ayant horreur de sa chemise ou de ses lunettes. Je n'écoutais qu'à moitié. Je la voyais s'animer. Ses yeux pétillaient. À tout moment, elle répétait «Tu comprends ?» Je répondais «Oui, oui…», même si je ne suivais pas vraiment.

100 Ensuite, elle a parlé de son père et j'ai dressé l'oreille. Elle a dit qu'il lui avait appris à faire ce qu'elle voulait en se foutant de l'opinion des autres. Elle a dit qu'elle l'avait vu dans les accoutrements les plus fous, qu'on le pointait du
105 doigt dans la rue, mais qu'il s'en fichait. Et elle, petite fille à ses côtés, elle n'a jamais eu honte de lui. Jamais. Avoir honte de ceux qu'on aime, c'est la pire chose au monde. C'est ce que lui a toujours dit son père. J'ai rougi.

110 — Les vêtements, a-t-elle conclu, ça n'a pas d'importance. On peut en faire ce qu'on veut. Tu ne penses pas ?

— Euh… Oui, oui. Tu as sûrement raison.

— Je pourrais m'habiller autrement et toi
115 aussi, qu'est-ce que ça changerait à nos conversations ?

— Euh… Rien, je suppose. Mais…

— J'ai une idée !

— Encore !

120 — Ce soir, pour aller au spectacle à l'école, on échange nos vêtements. Tu t'habilles comme moi et moi comme toi. O.K. ?

Carole Fréchette, *Do pour Dolorès*,
Montréal, La courte échelle, 2005, p. 57 à 61.

Carole Fréchette

Le théâtre est la première passion de la Québécoise Carole Fréchette, née en 1949. Outre ses textes pour la scène théâtrale, cette artiste écrit des romans dans lesquels les jeunes expriment intensément leurs émotions.

À L'ÉCRIT, SUR SCÈNE,

À L'ÉCRAN

À l'écrit, sur scène, à l'écran,
les mots et les idées nous touchent.
Autour de nous, les médias
nous ouvrent à d'autres pensées.
Livres, journaux et revues, émissions de radio
et de télévision, films, cédéroms
transmettent une multitude d'idées
qui façonnent notre vision du monde.

À l'écrit, sur scène, à l'écran,
les mots et les idées nous font réagir.
Les idées des autres tracent leur chemin
en nous, nous donnent le goût
de prendre la parole.

À l'écrit, sur scène, à l'écran,
les mots et les idées nous inspirent.
Les œuvres des artistes s'imprègnent en nous,
nous poussent à créer.

À l'écrit, sur scène, à l'écran,
les mots et les idées nous font vivre.

Le club des cadavres exquis

Il n'y a rien de plus palpitant que de tomber sur un beau cadavre encore chaud, mais encore faut-il que ce soit dans une bonne histoire bien racontée. Dans la vraie vie, c'est une autre affaire. Et quand vous tombez sur un vrai cadavre alors que vous venez de passer deux heures à discuter avec vos amis de la façon dont les
5 auteurs de romans policiers traitent leurs cadavres, il y a de quoi se poser de sérieuses questions.

Nous sommes quatre dans notre club: Roxanne, Maude, Mathieu et moi, Steve Charbonneau. Les cadavres, c'est notre passe-temps favori. Certains élèves préfèrent occuper les périodes d'activités libres du jour 5 au basket ou à l'impro,
10 d'autres ne jurent que par la photo ou les échecs, d'autres encore organisent le bal de fin d'études, mais pour nous, il n'y a rien de plus excitant qu'une bonne histoire macabre. Nous avons donc fondé le club des Cadavres exquis, supervisé par M. Vinet, notre professeur de français préféré et grand amateur de thrillers et de romans policiers. Nous ne sommes peut-être pas nombreux dans notre cercle, mais
15 nous sommes actifs, efficaces et fidèles. Notre grand rêve, c'est de publier un jour un vrai livre, avec plein de sang sur la couverture et plus encore à l'intérieur.

[…]

Nous parlons donc beaucoup de cadavres, ce jour-là, et la discussion est animée, comme elle l'est toujours quand nous mettons la dernière main à *Cadavres exquis*,
20 notre petite revue de création littéraire. Les deux poèmes de Mathieu sont acceptés sans discussion, et il en va de même pour le compte rendu de lecture de Maude. Elle a lu un thriller qu'elle a trouvé excellent, et son résumé nous donne tous envie de le lire. Du beau travail. Tout le monde lui fait des compliments, ce qui est toujours agréable pour Maude, mais aussi pour nous: quand Maude rougit, elle est
25 encore plus appétissante.

Roxanne nous soumet un récit policier très réussi, dont nous discutons un bon moment: son histoire a plus de trente pages, et nous ne savons pas s'il faut la publier en un seul morceau ou bien la découper en deux ou trois épisodes. Comme nous ignorons s'il y aura d'autres livraisons de notre revue avant l'été, nous décidons
30 de la publier telle quelle. Tant pis si le numéro est déséquilibré, et tant pis si ça coûte cher de papier: M. Vinet nous assure qu'il nous dénichera des sous.

Je soumets pour ma part une nouvelle dont je suis assez content et qui s'intitule «Un festin pour les mouches». Le texte d'une dizaine de pages raconte l'histoire d'un inspecteur qui se penche sur un cadavre trouvé dans un champ. Il en fait une
35 description interminable, bourrée de détails juteux. Ce n'est qu'à la toute fin qu'on apprend que l'inspecteur travaille pour le ministère de l'Agriculture et qu'il examine une carcasse de cochon.

Mathieu est d'accord pour qu'on la publie. «C'est dégueulasse, c'est vrai, mais c'est quand même moins pire que ce qu'on mange à la cafétéria…»

40   Maude et Roxanne voudraient que je l'expurge de ses passages les plus dégoû-
tants, mais je m'obstine: «Si j'étais un auteur américain, vous seriez prêtes à
accepter n'importe quoi! Mais vous me connaissez, alors vous analysez, vous
chipotez sur des détails, vous me prêtez des intentions… Mathieu a raison: la vraie
vie est parfois bien plus dégueulasse que la fiction! Avez-vous regardé les informa-
45 tions, dernièrement?»

    Nous avons une discussion passionnante à ce sujet, mais comme le temps nous
manque, c'est M. Vinet qui a le dernier mot:

    — C'est un bon texte, Steve, mais je pense que les filles ont raison: on risque
d'avoir le comité de parents sur le dos…

50   Il n'a pas à insister longtemps pour me convaincre. Ayant déjà eu des problèmes
avec les autorités de mon école, je préfère me tenir tranquille pour un bout de
temps. Je n'aurai donc pas de texte de fiction dans ce numéro, et je me contenterai
d'un compte rendu du dernier roman de Stephen King, que j'ai moyennement
apprécié.

55   Nous bouclons notre réunion tout juste avant que la cloche sonne, et c'est à ce
moment-là que nous découvrons notre premier vrai cadavre.

    C'est un cadavre bien propre, et j'oserais même dire sympathique, du moins de
prime abord. C'est Roxanne qui l'aperçoit la première en ouvrant la porte de la
classe. Il est là, recroquevillé sur lui-même, en plein milieu du corridor. Elle ne
60 pousse pas de cri strident, elle ne s'évanouit pas et elle se pencherait volontiers
pour le ramasser si elle le pouvait. (Roxanne n'aime pas qu'on en parle, mais sa
jambe gauche est emprisonnée dans un appareil compliqué qui l'empêche de se
pencher et qui l'oblige à marcher avec une canne.)

M. Vinet est le premier à parler.

65 — Qu'est-ce que c'est que ça? On dirait que quelqu'un a laissé tomber son chapeau… C'est un chapeau, oui, c'est bien ça. Drôle d'idée de porter un chapeau de fourrure quand il fait si chaud… Ma foi, on dirait la toque de Davy Crockett. J'en avais une comme ça quand j'étais petit…

M. Vinet se penche, il prend le chapeau de fourrure dans ses mains, mais il le
70 laisse retomber aussitôt et se relève tellement vite qu'on le croirait propulsé par un ressort.

Maude émet alors un cri, un tout petit cri étouffé mais glacial, et elle recule jusqu'au mur, comme poussée par le souffle d'une explosion. Les yeux écarquillés, elle fixe le chapeau de fourrure.

75 Mathieu et moi, nous nous approchons, et nous comprenons enfin ce qui a provoqué cette réaction: ce n'est pas un chapeau de fourrure, mais un raton laveur. Un raton laveur adulte, visiblement mort depuis quelques jours. Une de ses pattes avant a été grossièrement arrachée, et la tête, presque entièrement sectionnée, forme un angle horrible avec le reste du corps. Si j'apprécie les cadavres, c'est à la
80 condition expresse qu'ils soient dans un livre, avec la mention *roman* sur la page couverture. Dans la vraie vie, ils ne m'inspirent pas autre chose que de l'horreur, et c'est justement parce que j'en ai si peur que j'en mets autant dans mes histoires. Je recule à mon tour tout en essayant tant bien que mal de convaincre le contenu de mon estomac de rester à sa place.

François Gravel, *Sekhmet, la déesse sauvage*,
Montréal, Québec / Amérique Jeunesse,
coll. «Titan Jeunesse», 2005, p. 9, 10, 17 à 21.

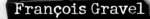

François Gravel

François Gravel est né à Montréal en 1951. Enfant, il rêvait d'être gardien de but au hockey et d'écrire. Adulte, il est devenu professeur puis s'est mis à l'écriture, d'abord pour les grands, mais bien vite pour les jeunes, à la demande de son fils. François Gravel est l'auteur de la série *Klonk* et de nombreux autres romans, dont *Guillaume*.

4

12 ?

MEURTRE OU ACCIDENT

CADAVRES EXQUIS
MAGAZINE

Les braconniers d'histoires

Les écrivains sont des pies voleuses, des chapardeurs, perpétuellement aux aguets, à la recherche d'histoires, de bribes étincelantes de récits qu'ils pourront accaparer et sertir, telles
5 des pierres précieuses, dans l'un de leurs projets littéraires — nouvelle, roman, pièce de théâtre. Quand deux écrivains se rencontrent, leurs yeux s'illuminent aussitôt: curiosité aiguë; méfiance tout aussi aiguë; qu'a-t-elle vécu récemment?
10 que pourrait-il avoir à me raconter? qu'ont-ils vu ou entendu ou appris d'une façon ou d'une autre au cours de ces derniers mois? quelle anecdote pourrait leur glisser d'entre les lèvres et devenir un fil coloré pour la tapisserie que je suis
15 en train de tisser?

Inversement, chaque écrivain sait qu'il doit faire attention de ne pas être trop disert, trop flatté par les étincelles d'intérêt qu'il voit naître dans les yeux de ses auditeurs, de peur de laisser
20 échapper les histoires mêmes dont il veut régaler ses futurs lecteurs… Il est plus reposant pour les écrivains de fréquenter des artistes qui ne sont pas eux-mêmes des écrivains — ou, encore mieux, des gens ordinaires, qui raconteront leurs
25 histoires de façon franche et innocente, sans même remarquer qu'on est en train de les engranger pour pouvoir les sortir plus tard, les étudier et en trouver une exploitation littéraire.

Nancy Huston et Chloé Poizat, *Les braconniers d'histoires,*
Paris, © Éditions Thierry Magnier, 2004, p. 3 et 5.

Nancy Huston

Romancière et essayiste, Nancy Huston est née en 1953 à Calgary, en Alberta. Auteure anglophone du Canada, elle vit à Paris depuis une vingtaine d'années et écrit ses livres en français et en anglais! Elle traduit elle-même ses livres du français à l'anglais ou de l'anglais au français. Par exemple, Nancy Huston a d'abord écrit en anglais *Le cantique des plaines* (*Plainsong*) pour ensuite le traduire en français.

Roméo et Juliette

DU THÉÂTRE AUX SPECTACLES MULTIMÉDIAS

Eleanor Fortescue-Brickdale (1871-1945),
«Adieu, adieu! un baiser, et je descends.»

L'histoire d'amour de Roméo et Juliette se déroule à Vérone, en Italie du Nord, au 16e siècle. Les deux jeunes gens sont issus de deux familles puissantes de la ville:
5 les Capulet et les Montague. C'est lors d'un bal que Roméo Montague et Juliette Capulet tombent amoureux l'un de l'autre. Malgré les conflits qui opposent leurs familles, ils décident de vivre leur amour.
10 Ils en mourront.

L'histoire de *Roméo et Juliette* apparaît pour une première fois dans une nouvelle de Luigi da Porto, en 1535. Toutefois, c'est Shakespeare qui détermine les grands
5 traits des personnages et de l'intrigue dans sa tragédie *Roméo et Juliette*, écrite en 1594. Depuis cette époque, cette histoire ne cesse de faire l'objet d'adaptations à l'écrit, sur scène ou à l'écran. En
10 effet, des romans, des films, des séries télévisées, des ballets, de la musique symphonique et des opéras sont nés de cette célèbre tragédie.

Source utilisée:
Wikipédia, «Roméo et Juliette»,
Wikipédia. L'encyclopédie libre, [en ligne].
[Site Web de Wikipédia]

Roméo et Juliette

Une nuit, il arriva — la lune brillait plus fort que d'habitude — qu'au moment où Roméo allait monter sur le balcon, la jeune fille — par hasard ou parce que, les autres nuits, elle l'avait entendu — vint ouvrir la fenêtre, et, en sortant, l'aperçut.

Il crut d'abord que ce n'était pas elle, mais quelqu'autre qui ouvrait le balcon et il
5 voulut s'enfuir à l'ombre d'une muraille. Mais elle l'avait reconnu et elle l'appela par son nom, puis lui dit:

— Que faites-vous ici à cette heure, tout seul?

Lui, l'ayant à son tour reconnuc, répondit:

— J'obéis à mon amour.

10 — Et si l'on vous surprenait? reprit la jeune fille. Ne risquez-vous pas bien légèrement de périr?

— Oui, madame, répondit Roméo, je pourrais y laisser ma vie… et j'y mourrai sûrement une nuit si vous ne me venez pas en aide. Puisque, d'ailleurs, je suis aussi proche de la mort en tout autre endroit qu'ici, j'aimerais mieux mourir tout près de votre per-
15 sonne, avec laquelle je serais si heureux de vivre, s'il plaisait au ciel et à vous!

Luigi da Porto, *Roméo et Juliette* (extrait), 1535.
Traduit de l'italien par Jacques Soldanelle, 1892.

Carte postale (détail), 1902.

Luigi da Porto

Luigi da Porto (1485-1529) est un gentilhomme, un soldat et un homme de lettres italien. Il écrit la nouvelle *Histoire récemment retrouvée de deux nobles amants* en s'inspirant d'une légende siennoise et d'un conte de Masuccio de Salerne. Dans sa version, publiée en 1535, Luigi da Porto situe l'action à Vérone et donne les noms de Roméo et de Juliette à ses personnages.

Roméo et Juliette

Carte postale, 1909.

JULIETTE

Ô Roméo ! Roméo ! pourquoi es-tu Roméo ? Renie ton père et abdique ton nom ; ou, si tu ne le veux pas, jure de m'aimer, et je ne serai plus une Capulet.

5 **ROMÉO, *à part***

Dois-je l'écouter encore ou lui répondre ?

JULIETTE

Ton nom seul est mon ennemi. Tu n'es pas un Montague, tu es toi-même. Qu'est-ce qu'un
10 Montague ? Ce n'est ni une main, ni un pied, ni un bras, ni un visage, ni rien qui fasse partie d'un homme… Oh ! sois quelque autre nom ! Qu'y a-t-il dans un nom ? Ce que nous appelons une rose embaumerait autant sous un autre nom. Ainsi, quand Roméo
15 ne s'appellerait plus Roméo, il conserverait encore les chères perfections qu'il possède… Roméo, renonce à ton nom ; et, à la place de ce nom qui ne fait pas partie de toi, prends-moi tout entière.

ROMÉO

20 Je te prends au mot ! Appelle-moi seulement ton amour, et je reçois un nouveau baptême : désormais je ne suis plus Roméo.

JULIETTE

Quel homme es-tu, toi qui, ainsi caché par la nuit,
25 viens de te heurter à mon secret ?

ROMÉO

Je ne sais par quel nom t'indiquer qui je suis. Mon nom, sainte chérie, m'est odieux à moi-même, parce qu'il est pour toi un ennemi : si je l'avais écrit là, j'en
30 déchirerais les lettres.

JULIETTE

Mon oreille n'a pas encore aspiré cent paroles proférées par cette voix, et pourtant j'en reconnais le son. N'es-tu pas Roméo et un Montague ?

35 **ROMÉO**

Ni l'un ni l'autre […].

JULIETTE

Comment es-tu venu ici, dis-moi? et dans quel but? Les murs du jardin sont hauts et difficiles à
40 gravir. Considère qui tu es: ce lieu est ta mort, si quelqu'un de mes parents te trouve ici.

ROMÉO

J'ai escaladé ces murs sur les ailes légères de l'amour: car les limites de pierre ne sauraient arrêter
45 l'amour, et ce que l'amour peut faire, l'amour ose le tenter; voilà pourquoi tes parents ne sont pas un obstacle pour moi.

JULIETTE

S'ils te voient, ils te tueront.

ROMÉO
50

Hélas! il y a plus de péril pour moi dans ton regard que dans vingt de leurs épées: que ton œil me soit doux, et je suis à l'épreuve de leur inimitié.

JULIETTE
55 Je ne voudrais pas pour le monde entier qu'ils te vissent ici.

ROMÉO

J'ai le manteau de la nuit pour me soustraire à leur vue. D'ailleurs, si tu ne m'aimes pas, qu'ils me
60 trouvent ici! J'aime mieux ma vie finie par leur haine que ma mort différée sans ton amour.

William Shakespeare, *Roméo et Juliette* (extrait), 1594.
Traduit de l'anglais par François-Victor Hugo, 1868.

John William Waterhouse (1849-1917),
Juliette.

William Shakespeare

William Shakespeare (1564-1616) est un célèbre poète dramatique anglais. Son répertoire est imposant: on lui attribue une trentaine de pièces de théâtre. C'est en 1594 qu'il écrit *Roméo et Juliette*, une histoire d'amour tragique entre deux adolescents.

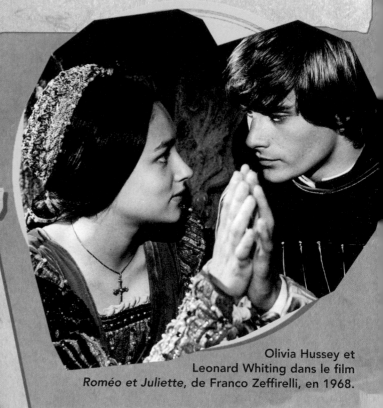

C'est en 1936 qu'un premier film naît de la pièce de Shakespeare. Mais il faut attendre en 1968 pour voir le *Roméo et Juliette* de Franco Zeffirelli. Le film du réalisateur italien fait l'unanimité. Le jeu tout
5 en finesse des acteurs retient l'attention de même que les costumes et les décors, qui reflètent parfaitement l'époque de Shakespeare. Encore aujourd'hui, le film de Zeffirelli sert de référence. On le trouve dans les cinémathèques spécialisées.

Leslie Howard et Norma Shearer dans le film *Roméo et Juliette*, de Georges Cukor, en 1936.

Olivia Hussey et Leonard Whiting dans le film *Roméo et Juliette*, de Franco Zeffirelli, en 1968.

Des opéras, des ballets et de la musique

Des opéras et des ballets sur le thème de Roméo et Juliette ont été montés sur les plus grandes scènes du monde. Les opéras les plus célèbres sont ceux de Bellini (*Capuleti e*
5 *Montecchi*, 1830) et de Gounod (1867). Parmi les ballets relatant cette histoire, celui de Serge Prokofiev, écrit entre 1935 et 1938, est à retenir

pour sa sensibilité et sa modernité. Les célèbres amants de Vérone ont aussi inspiré de grands
10 compositeurs. Hector Berlioz a composé une symphonie dramatique, *Roméo et Juliette*, en 1839, maintes fois interprétée depuis. Piotr Tchaïkovski a écrit une ouverture-fantaisie en 1870.

• • •

15 De nos jours, des opéras, des ballets ou des spectacles mariant la musique, le chant, la danse et la vidéo mettent encore en vedette les personnages de Roméo et Juliette et continuent d'attirer les foules.

Evgenia Obraztsova et Igor Kolb dans le ballet *Roméo et Juliette*, une production du Kirov en 2005.

Source utilisée:
Patrick Schupp, «400 ans après Shakespeare: Roméo et Juliette», *Son Hi-Fi Vidéo*, janvier-février 1994, n° 89, p. 41 à 45.

Accords
et
désaccords

Mes mots m'essoufflent
tes mots t'étouffent
ses mots s'émoussent
nos mots nous amochent
5 vos mots vous accrochent
leurs mots les ameutent

C'est la conjugaison
des mots durs
Voici l'autre

10 Mes mots m'animent
tes mots t'apaisent
ses mots sont comme mousse
nos mots nous rabibochent
vos mots vous revigorent
15 leurs mots les ravigotent.

François David, *Les croqueurs de mots*,
avec des illustrations de Dominique Maes,
Paris, Éditions du Rocher,
coll. «Lo Païs d'Enfance», 2004, p. 41.

François David

Né en 1950 à Paris, François David
enseigne la littérature et travaille
dans l'édition littéraire. Il écrit
de la poésie, des contes, des
nouvelles, des romans et des
pièces de théâtre pour les adultes
et les jeunes. Dans *Les croqueurs
de mots*, le poète joue avec les mots et les sons,
traduit des émotions avec finesse, fait rire et
réfléchir.

NOTRE-DAME DE PARIS

Toute ville en France au Moyen Âge, et, jusqu'à Louis XII, avait ses lieux d'asile. Ces lieux d'asile, au milieu du déluge de lois pénales et de juridictions 5 barbares qui inondaient la cité, étaient des espèces d'îles qui s'élevaient au-dessus du niveau de la justice humaine. Tout criminel qui y abordait était sauvé; mais il fallait qu'il se gardât d'en sortir. Un pas hors du sanctuaire, 10 il retombait dans le flot. La roue, le gibet, l'estrapade faisaient bonne garde autour du lieu de refuge et guettaient sans cesse leur proie comme les requins autour du vaisseau. On a vu des condamnés qui blanchissaient ainsi dans 15 un cloître, sur l'escalier d'un palais, dans la culture d'une abbaye, sous un porche d'église; de cette façon l'asile était une prison comme une autre.

James Webb, *Une vue de Paris, France* (détail), 1879.

Dans le roman *Notre-Dame de Paris*, Victor Hugo raconte les destins entremêlés d'Esmeralda, de Frollo, de Quasimodo et de Phœbus.

Les églises avaient d'ordinaire une logette
20 préparée pour recevoir les suppliants. À Notre-Dame, c'était une cellule établie sur les combles des bas-côtés sous les arcs-boutants, en regard du cloître.

C'est là qu'après sa course effrénée et triom-
25 phale sur les tours et les galeries, Quasimodo avait déposé la Esmeralda. Tant que cette course avait duré, la jeune fille n'avait pu reprendre ses sens, à demi assoupie, à demi éveillée, ne sentant plus rien, sinon qu'elle
30 montait dans l'air, qu'elle y flottait, qu'elle y volait, que quelque chose l'enlevait au-dessus de la terre. De temps en temps, elle entendait le rire éclatant, la voix bruyante de Quasimodo à son oreille; elle entr'ouvrait ses yeux; alors
35 au-dessous d'elle elle voyait confusément Paris marqueté de ses mille toits d'ardoises et de tuiles comme une mosaïque rouge et bleue, au-dessus de sa tête la face effrayante et joyeuse de Quasimodo. Alors sa paupière
40 retombait; elle croyait que tout était fini, qu'on l'avait exécutée pendant son évanouissement, et que le difforme esprit qui avait présidé à sa destinée l'avait reprise et l'emportait. Elle n'osait le regarder et se laissait aller.

45 Mais quand le sonneur de cloches échevelé et haletant l'eut déposée dans la cellule du refuge, quand elle sentit ses grosses mains détacher doucement la corde qui lui meurtrissait les bras, elle éprouva cette espèce de secousse
50 qui réveille en sursaut les passagers d'un navire qui touche au milieu d'une nuit obscure. Ses pensées se réveillèrent aussi et lui revinrent une à une. Elle vit qu'elle était dans Notre-Dame, elle se souvint d'avoir été arrachée des mains
55 du bourreau, que Phœbus était vivant, que Phœbus ne l'aimait plus; et ces deux idées,

dont l'une répandait tant d'amertume sur l'autre, se présentant ensemble à la pauvre condamnée, elle se tourna vers Quasimodo qui
60 se tenait debout devant elle, et qui lui faisait peur. Elle lui dit: «Pourquoi m'avez-vous sauvée?»

Il la regarda avec anxiété comme cherchant à deviner ce qu'elle lui disait. Elle répéta sa
65 question. Alors il lui jeta un coup d'œil profondément triste et s'enfuit.

Elle resta étonnée.

Ancienne édition du roman
Notre-Dame de Paris de Victor Hugo.

La lecture de *Notre-Dame de Paris* suscite dans le public un nouvel intérêt pour le Moyen Âge. Dans ce roman historique, Victor Hugo fait revivre le Paris du 15e siècle avec sa cathédrale gothique et sa Cour des Miracles, le quartier parisien des truands.

Quelques moments après il revint, apportant un paquet qu'il jeta à ses pieds. C'étaient des vêtements que des femmes charitables avaient déposés pour elle au seuil de l'église. Alors elle abaissa ses yeux sur elle-même, se vit presque nue et rougit. La vie revenait.

Quasimodo parut éprouver quelque chose de cette pudeur. Il voila son regard de sa large main et s'éloigna encore une fois, mais à pas lents.

Elle se hâta de se vêtir. C'était une robe blanche avec un voile blanc. Un habit de novice de l'Hôtel-Dieu.

Elle achevait à peine qu'elle vit revenir Quasimodo. Il portait un panier sous un bras et un matelas sous l'autre. Il y avait dans le panier une bouteille, du pain et quelques provisions. Il posa le panier à terre et dit: «Mangez.» Il étendit le matelas sur la dalle et dit: «Dormez.»

Le succès touristique de la cathédrale Notre-Dame, à Paris, daterait de la publication du roman de Victor Hugo en 1831.

C'était son propre repas, c'était son propre lit que le sonneur de cloches avait été chercher.

L'Égyptienne leva les yeux sur lui pour le remercier; mais elle ne put articuler un mot. Le pauvre diable était vraiment horrible. Elle baissa la tête avec un tressaillement d'effroi.

Alors il lui dit:

«Je vous fais peur. Je suis bien laid, n'est-ce pas? Ne me regardez point. Écoutez-moi seulement. Le jour, vous resterez ici; la nuit, vous pouvez vous promener par toute l'église. Mais ne sortez de l'église ni jour ni nuit. Vous seriez perdue. On vous tuerait et je mourrais.»

Émue, elle leva la tête pour lui répondre. Il avait disparu. Elle se retrouva seule, rêvant aux paroles singulières de cet être presque monstrueux et frappée du son de sa voix qui était si rauque et pourtant si douce.

Puis, elle examina sa cellule. C'était une chambre de quelque six pieds carrés, avec une petite lucarne et une porte sur le plan légèrement incliné du toit en pierres plates. Plusieurs gouttières à figures d'animaux semblaient

William Gale (1823-1909), *La leçon d'épellation: Esmeralda et sa chèvre.*

se pencher autour d'elle et tendre le cou pour la voir par la lucarne.

Au moment où la pensée de son isolement lui apparaissait, plus poignante que jamais,
115 elle sentit une tête velue et barbue se glisser dans ses mains, sur ses genoux. Elle tressaillit (tout l'effrayait maintenant), et regarda. C'était la pauvre chèvre, l'agile Djali, qui s'était échappée à sa suite, au moment où Quasimodo avait
120 dispersé la brigade de Charmolue, et qui se répandait en caresses à ses pieds depuis près d'une heure, sans pouvoir obtenir un regard. L'Égyptienne la couvrit de baisers. «Oh! Djali, disait-elle, comme je t'ai oubliée! Tu songes
125 donc toujours à moi! Oh! tu n'es pas ingrate, toi!»

En même temps, comme si une main invisible eût soulevé le poids qui comprimait ses larmes dans son cœur depuis si longtemps,
130 elle se mit à pleurer; et, à mesure que ses larmes coulaient, elle sentait s'en aller avec elles ce qu'il y avait de plus âcre et de plus amer dans sa douleur.

Le soir venu, elle trouva la nuit si belle, la
135 lune si douce, qu'elle fit le tour de la galerie élevée qui enveloppe l'église. Elle en éprouva quelque soulagement, tant la terre lui parut calme, vue de cette hauteur.

Victor Hugo, *Notre-Dame de Paris* (extrait), 1831.

Victor Hugo

Victor Hugo (1802-1885) est une figure imposante de la littérature française. Écrivain engagé, ardent défenseur de la liberté, il participe activement à la vie politique de son époque. Victor Hugo a laissé une œuvre littéraire imposante, dont *Notre-Dame de Paris*, *Les misérables* et *Les contemplations*.

Le roman *Notre-Dame de Paris* a donné lieu à de nombreuses éditions illustrées au 19ᵉ siècle. En 1979, Gotlib et Alexis en ont fait
5 une bande dessinée. Ce roman a aussi été adapté pour la scène et l'écran. Parmi les réalisations les plus remarquées, mentionnons l'opéra de Louise Bertin, au
10 19ᵉ siècle, ainsi que le spectacle musical de Luc Plamondon et Richard Cocciante, créé en 1998. Signalons également les films de Wallace Worsley, de William
15 Dieterle et de Michael Tuchner et le film d'animation des studios Disney, *Le bossu de Notre-Dame*.

Source utilisée:
Patrick Schupp, «Notre-Dame de Paris:
Un chef-d'œuvre romantique», *Son Hi-Fi Vidéo*,
novembre-décembre 1996, n° 106, p. 50 à 54.

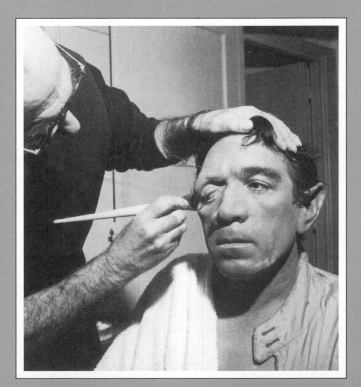

Transformation de l'acteur américain Anthony Quinn en Quasimodo dans le film *Notre-Dame de Paris* de Jean Delannoy, en 1956.

Notre-Dame de Paris :
un spectacle musical enlevant

La scène est vide. Pour créer l'illusion de la cathédrale, le concepteur de décor a imaginé une mu-
5 raille dont certains blocs s'ouvrent sur l'intérieur selon les besoins des tableaux. Deux hautes colonnes carrées et mobiles portent les gar-
10 gouilles évocatrices. Les éclai-rages créent les formes com-plémentaires pour rendre l'effet des vitraux. Un brouil-lard de fumée ajoute à cette
15 atmosphère chargée de drame et de mystère, tandis que Gringoire raconte la fin du temps des cathédrales.

Avec les Sans-papiers, la
20 véritable modernité de cette production se révèle. Victor Hugo a écrit une histoire d'amour grandiose se situant au 15e siècle. Le parolier Luc
25 Plamondon a marié les héros du grand écrivain à ceux de son temps. Inévitablement, on fait le lien (qu'il a lui-même voulu) entre les per-
30 sonnages de la Cour des Miracles et ces réfugiés occu-pant l'église Saint-Bernard de Montréal (dans les années 1990), ultime coup de force
35 dans l'espoir d'avoir un droit d'asile définitif au Canada.

Les principaux artisans de la production musicale *Notre-Dame de Paris*, en 1998. Dans la première rangée, à droite, le compositeur Richard Cocciante et le parolier Luc Plamondon, qui ont créé cet opéra rock.

L'auteur, s'inspirant toujours de l'œuvre de Victor Hugo, transpose les bavures de notre
40 temps dans sa création. Les policiers qui ont délogé les réfugiés à Montréal se re-trouvent sous les traits de Phœbius et de ses soldats.
45 Obéissant à Frollo, ils assiè-gent la cathédrale occupée par les Sans-Papiers venus défendre Esmeralda. Celle-ci ne sera plus la victime passive
50 d'une histoire d'amour tra-gique, mais une héroïne

bravant la mort pour accom-pagner son protecteur, Clo-pin, assassiné par les soldats.
55 La mort de la belle bohé-mienne sera transcendée dans le magnifique chant d'amour de Quasimodo re-nonçant à vivre sans elle :
60 « Danse mon Esmeralda. » ■

Christiane Laforge, « Rencontre ultime des meilleurs talents. "Notre-Dame de Paris" épuise tous les superlatifs disponibles », *Le Quotidien*, samedi 3 avril 1999, p. 28.

Texte légèrement modifié à des fins pédagogiques.

LES BONS ANGLES
FONT LES BONS JOURNALISTES

Si les premiers choix d'une rédaction concernent les sujets et leur emplacement dans les pages d'un journal ou dans le déroulement d'une émission de télévision, un autre choix s'impose très vite aux journalistes: celui de la manière d'aborder leur sujet. Ce qu'on appelle «trouver un angle», c'est cela: rendre compte de l'information à travers une certaine mise en lumière. L'angle d'un article, c'est l'éclairage que le ou la journaliste choisit de lui donner, le fragment d'un sujet sur lequel il ou elle va concentrer ses recherches, le point de vue qu'il ou elle va développer. Imaginez, par exemple, que vous soyez responsable d'un article sur la grève des professeurs. Votre angle peut être la façon dont les parents vont faire garder leurs enfants pendant

Dans certaines situations, c'est le reportage en direct qui est le plus approprié pour couvrir un évènement.

Des journalistes choisissent de faire un interview pour couvrir un sujet.

la grève (dans un journal qui s'adresse aux parents, par exemple), ou ce que disent les élèves de la grève de leurs professeurs (dans un journal pour ados, par exemple), ou encore la position de différents syndicats d'enseignants sur cette grève (angle social). L'angle permet, en se rapprochant des lecteurs, d'éveiller leur curiosité ou bien de présenter le sujet d'une façon qui corresponde mieux à la ligne éditoriale du journal, à la sensibilité du ou de la journaliste ou à une certaine actualité. Dans les médias, on entend dire souvent qu'une même information peut être traitée sous dix angles différents.

Choisir un angle est donc fondamental, et, pour certains sujets, comme les marronniers*, changer d'angle est même obligatoire si l'on ne veut pas risquer de lasser le lecteur et la lectrice. Les journalistes doivent donc trouver des approches intéressantes et novatrices. Ce travail de recherche d'un traitement original permet d'être plus pertinent, et donc plus lu. C'est pourquoi on dit dans la presse que le bon ou la bonne journaliste se reconnaît à sa capacité à trouver des angles insolites ou inédits.

Mélina Gazsi et Florence Vielcanet,
Les dessous de l'info, Paris,
De La Martinière Jeunesse, 2005, p. 59.

Texte légèrement modifié
à des fins pédagogiques.

* Dans ce contexte, un marronnier est un sujet qui revient tous les ans ou de façon cyclique: la rentrée des classes, les départs en vacances, les fêtes de fin d'année, les régimes, etc.

LA RESCAPÉE DE MÉTABIEF

Un terrible accident d'hélicoptère s'est produit dans la falaise, près des pistes de ski de Métabief. Véronique, une journaliste, y passe ses vacances chez son jeune cousin Nicolas et son ami Aldric. Aussitôt, elle communique avec Marc, un photographe, et tous les quatre se rendent sur les lieux de l'accident. C'est la stupeur... Nicolas et Aldric reconnaissent leur amie Manon parmi les blessés... Elle est mal en point, et son état s'aggrave quand elle apprend que son oncle, le frère de son père, a péri dans cet accident...

— Entre ! fit la voix claire de sa cousine.

Nicolas obtempéra. La jeune femme était assise à la petite table face à la fenêtre, son ordinateur portable ouvert devant elle, l'imprimante crachant des feuillets.

— Tu ne dors pas ? s'étonna-t-il.

Véronique ironisa :

— Bravo pour ton flair, Sherlock.

Nicolas se mit à rire.

— Tu travailles ?

— Depuis plus de deux heures, confirma la journaliste en s'étirant. Je rédige mes articles sur… sur hier, précisa-t-elle en cherchant ses mots.

Nicolas baissa les yeux.

— J'aime mieux écrire quand j'ai le sujet bien en tête, continua-t-elle. Je ne me sens jamais aussi bonne pour rendre les détails qui font vivre l'événement qu'immédiatement après l'enquête, quand rien n'est encore venu s'interposer entre mon sujet et moi. Cet après-midi, je rencontrerai d'autres gens, je vivrai d'autres ambiances, j'oublierai.

«J'oublierai» ! Nicolas préféra hausser les épaules et ne rien dire. Il pensa : «Moi, je n'oublierai jamais.»

Contrairement à l'habitude, la jeune femme avait peiné pour écrire son article. Quelque chose se dérobait, elle avait l'impression que c'était elle-même qui refusait d'avancer. Au moment de décrire la découverte de Manon, le visage de l'adolescente se glissait entre la rédactrice et l'écran de l'ordinateur. La journaliste revoyait sa douleur, son expression d'incrédulité au moment où les mots «mort» et «frère du capitaine Truchot» éclataient dans la forêt. Elle se sentait liée à Manon par quelque chose de fort et de secret. À cause de sa présence au moment où la terrible nouvelle avait fait basculer la vie paisible de la jeune fille ? Désormais, Manon ne pourrait plus mener une existence insouciante. Une cassure irrémédiable s'était produite. Ce jour noir pèserait toujours sur sa mémoire. Manon s'était montrée si brave, si digne.

Véronique avait poursuivi son travail malgré l'espèce de honte qui l'envahissait. En avait-elle le droit ? Pouvait-elle noter, puis raconter ces minutes pour les jeter ensuite en pâture aux lecteurs ? Ce matin, ses mains se paralysaient. La souffrance qu'elle avait captée à l'instant où la nouvelle tombait sur la forêt refusait de se laisser transformer en texte. On ne pouvait pas, sans impudeur, dire cette douleur trop intime. Non, on ne peut pas tout raconter, tranchait Véronique. Témoigner signifiait aussi respecter. Son métier consistait à choisir ce qu'il fallait taire sans pour autant mentir. À force d'obstination, elle avait fini par ramener la vie dans ses doigts. L'article était écrit. Elle n'avait pas donné tous les détails. Certaines choses resteraient dans l'ombre.

À présent, l'imprimante s'était tue et rien ne bougeait dans la chambre d'amis. Nicolas se rendit compte qu'un silence pénible s'installait entre lui et sa cousine. Il proposa :

— Tu veux un thé, ou du café ?

— Je veux bien un thé, répondit Véronique en se levant de sa chaise.

Elle étendit les bras, fit quelques flexions des jambes et rejoignit Nicolas dans la cuisine.

— Merci, p'tit cousin, tu me gâtes, plaisanta-t-elle sans conviction.

La conversation avait du mal à reprendre. Au bout d'un moment, Nicolas demanda :

— Marc n'est pas là ?

— Non, il a filé à Pontarlier…

— … Chez Babar ?

— C'est ça. Je pense que les photos seront ici dans la matinée.

Nicolas sentait le poids des événements d'hier. La tristesse empâtait sa langue, elle empoisonnait ses muscles. Une sorte de courbature insidieuse s'insinuait dans les fibres de son corps. En ouvrant les yeux après cette nuit sans rêves, il avait cru d'abord que ce matin était un matin comme les autres. Ensuite tout lui était revenu : Aldric, l'accident, Manon. Il avait du mal à croire qu'hier était vrai. Et pourtant cette douleur dans son corps, cette lenteur, cet engourdissement, il ne les inventait pas. Son corps ne mentait pas. «Hier» était réel et il devrait s'habituer à vivre 90 avec «cela» imprimé dans sa tête.

Comme si elle craignait de brusquer son cousin, Véronique annonça à voix basse:

— Marc et moi, on doit aller à l'hôpital de Pontarlier cet après-midi.

95 Nicolas dit un peu trop fort, d'une voix qui tremblait:

— Ah! oui, vous allez encore photographier des blessés…

Véronique, surprise, releva la tête.

100 — C'est le métier, s'excusa-t-elle, mais on ne restera pas longtemps. Après, je rencontrerai le maire et les autorités pour le bilan…

Nicolas gardait le silence. Véronique proposa:

— Si tu veux, on peut vous emmener, Aldric 105 et toi. On vous laissera seuls avec Manon.

Les yeux de Nicolas s'embuèrent.

— Je vais en parler à Aldric, s'écria-t-il en s'esquivant vers l'entrée de l'appartement.

La porte se referma. Véronique soupira et se 110 dit qu'il lui fallait encore préparer ses deux encadrés. Trois photos au moins accompagneraient l'article. Avec ce qu'elle avait écrit ce matin, les trois pages sur «hier» commandées par Jean étaient quasiment bouclées. Si les 115 clichés s'avéraient aussi bons que l'annonçait Marc, ils occuperaient de l'espace, elle devrait peut-être couper une partie de son texte.

Elle y réfléchissait quand la sonnette retentit. C'était Marc. Debout sur le seuil, il tenait à la 120 main une grande enveloppe qu'il lui tendit avec une satisfaction visible:

— Je savais que c'était le reportage du siècle!

Puis, se ravisant, il reprit l'enveloppe des mains de la jeune femme, claqua la porte, entra 125 dans «sa» chambre et clamant: «Tu vas voir!», il étala les clichés sur le lit. Relevant la tête, il provoqua Véronique sur un ton gourmand:

— Il n'est pas bon, ton associé?

Les photos étaient bonnes, en effet, elles 130 étaient même saisissantes. Marc les avait exposées dans l'ordre où il les avait prises: d'abord le chemin avec les blessés, les débris qui jonchaient le sol, puis la falaise. Ensuite le sentier et ces lambeaux de vêtements accrochés aux branches. Les 135 photos étaient en couleurs et… oui, le jaune claquait sur le fond sombre de la forêt, la perçant comme si une balle meurtrière l'avait trouée!

Devant le visage de Manon, Véronique se retint de crier. Manon écarquillait les yeux, elle 140 ouvrait la bouche, la photo faisait quasiment «entendre» le «Non!» rauque qui s'étouffait dans sa gorge. Oui, c'était une photo remarquable. Bouleversée, Véronique se tourna vers Marc qui attendait, les yeux rivés sur ses réactions.

145 — C'est… c'est excellent, murmura-t-elle.

Marc, sûr de son travail, avait pourtant besoin de cette confirmation. Il laissa exploser sa fierté :

— Hein ? Je l'avais dit !

Accablée, Véronique continua :

150 — Mais tu ne peux pas publier celle-ci…

Elle montrait la photo de Manon prise en gros plan, alors que les mots «mort», «frère du capitaine Truchot» heurtaient ses oreilles. Hésitant sur le sens des paroles de Véronique, Marc eut
155 besoin de le lui faire préciser :

— Qu'est-ce que tu veux dire ? bégaya-t-il.

— Je veux dire, prononça la jeune femme d'une voix ferme, que cette photo-ci, uniquement celle-ci, ne doit pas paraître.

160 Sûr de comprendre, cette fois, Marc s'emporta :

— Tu es folle ! C'est la meilleure que j'aie jamais réalisée en dix ans de carrière. Je t'ai déjà dit qu'on a eu de la chance. De la chance que tu passes tes vacances ici, de la chance que ton
165 cousin nous aide… Sans cela, on ne serait pas arrivés les premiers. Cette photo va faire le tour du mon… enfin, de la France !

— Non, elle ne le fera pas. Cette photo appartient à Manon et à elle seule.

170 Marc s'obstina :

— Tu disjonctes, Véro. Tu oublies d'être une pro. Tout ça parce que cette fille est la petite amie du copain de ton cousin !

Il reprit son souffle un instant puis bougonna,
175 comme pour lui-même : «Où va-t-on ?»

Véronique gardait un air buté.

Comprenant qu'il ne convaincrait pas par la colère, il demanda d'une voix suppliante :

— Ressaisis-toi, s'il te plaît.

180 Ni l'un ni l'autre n'entendirent Nicolas rentrer de chez Aldric. Assailli par les éclats de voix en provenance de «sa» chambre, le garçon avait entendu la remarque de sa cousine et les arguments du photographe, et il restait prudemment
185 en retrait dans l'entrée. Se sentant inutile, Marc attrapa son sac photo et ses appareils. Il se rendit à peine compte qu'il bousculait Nicolas — le voyait-il seulement ? — et lança :

— Pendant que tu réfléchis, je vais me défou-
190 ler en prenant des photos de bonheur niais. Elles te plairont, celles-là : la réouverture des pistes, les remontées mécaniques qui marchent à nouveau comme si rien ne s'était passé…

Il claqua furieusement la porte. Véronique,
195 qui ne s'était toujours pas aperçue de la présence de Nicolas, prit soin de refermer la porte de la chambre aux photos. Puis elle s'effondra sur un fauteuil du salon où elle resta prostrée. Elle tâtonnait : elle n'acceptait pas l'information-
200 spectacle, l'information-sensation. Jusqu'où pouvait-elle aller pour informer ? Le respect de l'autre n'imposait-il pas une limite ?

Roselyne Morel, *La rescapée de Métabief*,
Arles, © Actes Sud Junior, coll. «Raisons d'enfance»,
2000, p. 122 à 128.

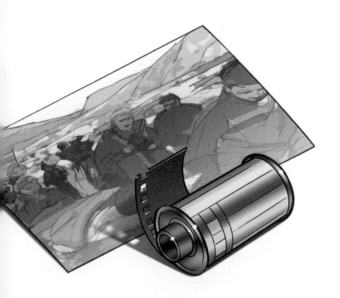

Roselyne Morel

Roselyne Morel est née en France en 1942. Après des études de langues et de lettres, elle devient professeure d'anglais, bibliothécaire-documentaliste et auteure de livres pour les jeunes. Elle a publié une trentaine d'ouvrages, parmi lesquels des livres documentaires, des romans d'aventures ou des contes pour les petits.

Regardez la télévision en gardant vos distances

Comme pour la presse écrite, il faut, pour être des téléspectateurs critiques et avisés, connaître certaines astuces qu'utilise la télévision pour vous séduire et vous empêcher par-
5 fois d'avoir votre propre vision des choses.

La télévision est un média qui vous happe beaucoup plus que la presse écrite, car elle mobilise tout à la fois: vos yeux, vos oreilles et votre cerveau. Elle permet d'oublier ce qui se
10 passe autour de soi. Vos copains et vous la regardez, d'après les statistiques, près de deux heures par jour en moyenne. Ce sont en général les clips, les émissions de variétés ou de téléréalité que vous choisissez le plus sou-
15 vent. Mais vous appréciez quand même aussi le journal télévisé et les émissions de reportages. […] Pour avoir un œil critique sur ce journal télévisé, vous devez surveiller ses petits défauts cachés.

20 ## OBSERVEZ TOUT D'ABORD LA HIÉRARCHIE DE L'INFORMATION

Quelle est la nouvelle qu'on y annonce en premier (la plus importante)? quelle est celle qui vient ensuite? et enfin celle qui n'arrive
25 qu'en troisième position? Faites un tri entre les informations illustrées par des minireportages

et les autres. Rien qu'avec ce petit exercice d'observation, vous pourrez savoir quelles sont les informations que la rédaction a voulu mettre
30 au premier plan. Vous avez le droit de ne pas être d'accord avec ce classement!

OBSERVEZ ENSUITE LES IMAGES

Les images violentes sont perçues de manière affective, et il faut pouvoir en parler pour les
35 mettre à distance. Si vous êtes bien entourés, ça va… Mais elles sont d'autant plus angoissantes que vous êtes jeunes. Pour vous immuniser contre elles, vous en arrivez à adopter une grande indifférence à leur égard. Qu'on puisse
40 souper tranquillement en regardant des gens se faire trucider à l'autre bout du monde, cela fait froid dans le dos. Cet état d'indifférence est, selon les psychologues, de plus en plus fréquent chez les adolescents. Il arrive aussi que,
45 à force de voir de telles images, certains adolescents plus fragiles que les autres commettent des actes violents. Les images sont donc parfois un véritable danger.

Mélina Gazsi et Florence Vielcanet, *Les dessous de l'info*, Paris, De La Martinière Jeunesse, 2005, p. 82-83, 86-87.

Texte légèrement modifié à des fins pédagogiques.

«CORRESPONDANTS DE GUERRE»:
LES DANGERS DU MÉTIER

Présents depuis toujours, sur tous les fronts, les «correspondants de guerre» [...] sont exposés à de nombreux dangers. Beaucoup sont morts dans l'exercice de leur 5 mission au Vietnam, au Proche-Orient ou ailleurs. Le nombre des décès dans la profession a connu une spectaculaire augmentation ces dernières années: plusieurs dizaines de journalistes et de personnes salariées des médias 10 ont perdu la vie en 2003. La guerre d'Irak a fait 42 morts parmi eux (techniciens, guides, chauffeurs, interprètes). En 2004, 54 journalistes sont décédés. Pourquoi tant de journalistes sont-ils tués dans l'exercice de leur métier?

15 — Parce que le métier a évolué. Un correspondant ou une correspondante de guerre couvrait autrefois le conflit d'un seul côté, alors qu'aujourd'hui il ou elle rend parfois compte de ce qui se passe dans les deux camps, 20 voire davantage selon le nombre des factions combattantes.

— Parce que les risques se sont multipliés. Les armées des États ne sont plus seules dans les conflits. Des civils ou des insurgés locaux les 25 rejoignent, sans compter les preneurs d'otages. Depuis quelques années, les représailles directes se sont ajoutées aux tirs des armées et des insurgés (tirs croisés, embuscades, attaques).

— Parce que les correspondants ont peu de 30 temps pour prendre connaissance du terrain et s'adapter aux risques qu'il présente, même s'ils sont parfois accompagnés par des guides locaux, que l'on appelle des «pisteurs». Au lieu de rester un moment sur place, ce qui leur per- 35 mettrait de prendre toute la mesure des risques, ils doivent faire vite. Les correspondants de guerre sont désormais des «envoyés spéciaux sur le terrain», qui doivent mener rapidement leur enquête pour la ramener le plus 40 vite possible à leur rédaction.

Mélina Gazsi et Florence Vielcanet, *Les dessous de l'info*, Paris, De La Martinière Jeunesse, 2005, p. 39.
Texte légèrement modifié à des fins pédagogiques.

UNE JOURNÉE DANS

Comment on traite l'information

1   `9h00`

Un pétrolier a échoué au large des côtes du Labrador. Cet échouement n'est pas sans rappeler le terrible accident du pétrolier *Exxon Valdez* dans le détroit du Prince William (Alaska) en 1989.

2   `9h15`

La chef de division de la photo et le chef de division de l'information générale envoient sur les lieux des journalistes bilingues et des photographes qui sont en poste à Terre-Neuve.

5   `11h00`

Dans les bureaux du journal, la réunion de planification de l'avant-midi débute. On fait le tour des sujets susceptibles de connaître un développement durant la journée, afin de choisir ceux qui seront publiés dans le journal du lendemain. L'échouement du pétrolier au large des côtes du Labrador retient l'attention. Un journaliste à l'interne concevra un dossier sur les règlements canadiens de prévention de la pollution par les hydrocarbures depuis vingt ans.

LA SALLE DE RÉDACTION
que vous lisez dans votre quotidien

3 `9h30`

Un des journalistes appelle la représentante des relations publiques avec les médias du ministère de l'Environnement du Canada.

4 `9h50`

Les journalistes et les photographes survolent les lieux de la catastrophe du haut de leur avion.

6 `11h10`

L'éditorialiste en chef se présente à la réunion. Elle écrira non seulement sur les enjeux environnementaux dans la région du Labrador et de Terre-Neuve, mais également sur la souveraineté canadienne sur la côte de l'Atlantique. L'échouement d'un pétrolier au large des côtes du Labrador remet en cause nos lois et règlements sur la protection de l'environnement ainsi que nos priorités écologiques, économiques et politiques.

7

Les photographes font parvenir régulièrement aux bureaux du journal leurs photos de la catastrophe écologique.

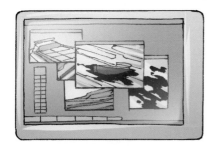

10 **15h00**

Dans les bureaux du journal, la réunion de production débute. Une quinzaine de personnes y prennent part. Chaque secteur fait un rapport commenté des évènements qui feront l'objet d'articles. On choisit les nouvelles qui feront la une, de même que celles qui iront en pages cahiers. L'échouement du pétrolier au large des côtes du Labrador fera la une, et on lui accordera aussi les pages 2 et 3.

11h30-15h00

9

Les journalistes arrivés sur les lieux de la catastrophe font leurs rapports au chef de division de l'information générale.

15h30 **11**

De son côté, le directeur photo fait une sélection parmi les photos transmises par les photographes. Une des photos est prévue pour la une. Les photos sont traitées à l'ordinateur par une technicienne, selon les spécifications de calibrage données par le directeur photo.

11h30

8

Une autre journaliste à l'interne reçoit le mandat de faire un rappel historique des échouements de pétroliers dans le monde depuis celui de l'*Exxon Valdez* en 1989. Elle aura d'abord recours aux archives du journal, conservées dans une banque de données.

12 **16h00**

La répartitrice informe les journalistes des longueurs des textes dont elle a besoin, compte tenu de l'espace disponible dans le journal. Le chef de division de soir discute avec les journalistes de l'angle à privilégier, leur fait savoir qu'ils doivent écrire plus d'un papier. Les journalistes se mettent à l'œuvre : ils doivent rendre leurs articles avant 21 heures.

La répartitrice donne le texte à un pupitreur pour qu'il le place dans une page précise. Le pupitreur choisit le titre (parfois le ou la journaliste en a suggéré un), place le texte et la photo en fonction de la longueur du texte et des directives du directeur photo. Il écrit les légendes des photos, si le ou la journaliste ne l'a pas fait. Il relit encore une fois le texte pour le corriger.

Une première épreuve de la page est imprimée pour qu'une réviseure relise les textes, les légendes et les titres une dernière fois.

14 **20h00**

Les textes sont révisés avant d'être mis en pages. Les fautes d'orthographe, les passages moins clairs sont corrigés.

19h00

17

24h00

Le pupitreur assemble dans un même fichier électronique l'information et la publicité. Le fichier est transmis à l'imprimeur.

3h00

Imprimé, encarté et emballé, votre quotidien est placé dans des camions pour être distribué chez les camelots et dans les points de vente.

6h00

13

La directrice artistique choisit le traitement graphique du reportage. Elle fait préparer par un graphiste une carte de la région de l'Atlantique, ainsi que des tableaux historiques sur les lois et règlements concernant la protection de l'environnement.

Vous prenez connaissance des nouvelles, des analyses et de l'éditorial sur l'échouement d'un pétrolier au large des côtes du Labrador.

D'après Mathieu Perreault, «Une journée dans la salle de rédaction», *La Presse,* 12 octobre 2003, p. 15.

INVITATION À LA LECTURE

**Consultez votre enseignant ou votre enseignante
pour faire un choix éclairé parmi les propositions de lecture suivantes.**

BOUCHARD, Camille. *La caravane des 102 lunes,*
Montréal, Boréal, coll. «Boréal inter», n° 37, 2003,
193 pages.

Une course au trésor conduit Quentin aux portes de la
mythique cité de Tombouctou où se trouve la clé de
l'énigme laissée par le chef touareg de la caravane des
102 lunes.

BOUCHARD, Camille. *La déesse noire,* Montréal,
Boréal, coll. «Boréal inter», n° 41, 2004, 162 pages.

Julien, adepte d'un jeu vidéo dans lequel il se mesure à
Kali, la déesse indoue de la mort et de la destruction,
est kidnappé par les membres d'une secte indienne et
expédié par voie de conteneur à Pondichéry.

BOUCHARD, Camille. *Les tueurs de la déesse noire,*
Montréal, Boréal, coll. «Boréal inter», n° 44, 2005,
134 pages.

De retour dans sa petite ville de la Côte-Nord, Julien
mène une enquête pour mettre fin aux meurtres per-
pétrés par les thugs, les adorateurs de Kali, la déesse
indoue de la mort et de la destruction.

BRUSSOLO, Serge. *Peggy Sue et les fantômes:
Le jour du chien bleu,* Paris, Pocket Jeunesse,
coll. «Pocket junior», n° 830, 2002, 285 pages.

Voici la première aventure de Peggy et de son chien
bleu, qui ont été choisis par les protecteurs de l'univers
afin de combattre les Invisibles, des créatures fantas-
magoriques ayant le pouvoir de se transformer à leur
guise.

BRUSSOLO, Serge. *Sigrid et les mondes perdus:
L'œil de la pieuvre,* Paris, Éditions du Masque, 2002,
320 pages.

Sigrid Olafssen explore depuis dix ans les eaux empoi-
sonnées de la planète Almoha à bord de son sous-
marin en espérant découvrir les secrets d'une civilisation disparue.

CHRISTIE, Agatha. *Cinq petits cochons,* traduit de
l'anglais par Jean-Michel Alamagny, Paris, Hachette
Jeunesse, coll. «Le livre de poche jeunesse», 2003,
n° 936, 349 pages.

Une jeune femme convainc Hercule Poirot de rouvrir
l'enquête concernant le meurtre de son père, un
célèbre peintre, pour lequel sa mère a injustement été

condamnée. Le célèbre enquêteur retrouve cinq sus-
pects parmi lesquels il doit démasquer le véritable
coupable.

CHRISTIE, Agatha. *Le crime de l'Orient-Express,*
traduit de l'anglais par Jean-Marc Mendel, Paris,
Hachette Jeunesse, coll. «Le livre de poche
jeunesse», n° 1130, 2001, 412 pages.

Hercule Poirot est appelé à démasquer l'assassin de
Mr Ratchett, qui a été poignardé par l'un des quinze
voyageurs du train Orient-Express.

CORDER, Zizou. *Lion Boy: Les fugitifs,* traduit
de l'anglais par Jean Esch, Paris, Albin Michel,
coll. «Wiz», 2005, 357 pages.

Dans ce deuxième volet des aventures de Charlie
Ashanti, Charlie est à Venise avec ses six lions. Il espère
retrouver ses parents, d'éminents scientifiques dont la
vie est menacée.

CÔTÉ, Denis. *L'arrivée des inactifs,* nouvelle édition
revue et corrigée, Montréal, La courte échelle, coll.
«Roman plus», n° 23, 1993, 158 pages.

En 2010, les meilleurs joueurs de hockey mondiaux,
dont Michel Lenoir des *Raiders*, affrontent une équipe
d'androïdes. Ce roman est le premier d'une série mettant en vedette Michel Lenoir.

CÔTÉ, Denis. *Terminus cauchemar,* Montréal, La
courte échelle, coll. «Ado», n° 29, 2005, 153 pages.

En fugue, Isabelle se retrouve chez un scientifique dont
les expériences pour créer des surhommes conduisent à
l'apparition d'horrifiantes créatures.

CROTEAU, Marie-Danielle. *Lettre à Madeleine,*
Montréal, La courte échelle, coll. «Ado», n° 12, 2005,
139 pages.

Kyhana est née au Rwanda, un pays ravagé par la
guerre. Seules les lettres échangées avec Madeleine, une
jeune Canadienne, lui font croire en un avenir meil-
leur. Aussi, quand un soldat tente de les lui voler, elle
fuit, prête à tout pour les conserver.

CROTEAU, Marie-Danielle. *Un vent de liberté,* Montréal, La courte échelle, coll. «Ado», n° 24, 2005, 139 pages.

> Anna est sur le point de célébrer son anniversaire. Son grand-père, qui est sa seule famille depuis le décès de ses parents, lui avait promis une énorme surprise. Mais il est introuvable.

DELAUNOIS, Angèle. *Variations sur un même «t'aime»,* Saint-Lambert, Dominique et compagnie, coll. «Échos», 1997, 156 pages.

> Dans ces dix nouvelles, l'auteure célèbre l'amour, l'amitié, la tendresse et la compassion.

DESSUREAULT, Guy. *Les caves de Burton Hills,* Saint-Laurent, Éditions Pierre Tisseyre, coll. «Conquêtes», 2001, 190 pages.

> Ce thriller psychologique relate l'enquête menée pour retrouver un étudiant ayant mystérieusement disparu dans les caves du collège.

DESSUREAULT, Guy. *Lettre de Chine,* Saint-Laurent, Éditions Pierre Tisseyre, coll. «Conquêtes», 1997, 216 pages.

> Adoptée à six mois par un couple québécois, Catherine s'envole vers la Chine, où la réclame sa mère biologique gravement malade.

DOYLE, Sir Arthur Conan. *Le monde perdu,* Paris, Gallimard Jeunesse, coll. «Folio junior», n° 665, 1997, 320 pages.

> Un scientifique révolutionnaire organise une expédition afin de prouver que des dinosaures ont survécu dans un coin reculé de la jungle amazonienne.

DOYLE, Sir Arthur Conan. *Une étude en rouge: la première enquête de Sherlock Holmes,* traduit de l'anglais par Pierre Baillargeon, Paris, Gallimard Jeunesse, coll. «Folio junior», n° 726, 1998, 157 pages.

> Dans cette première enquête, le détective au légendaire esprit de déduction, Sherlock Holmes, est confronté à un phénomène étrange: un homme est retrouvé mort dans une maison inhabitée. Or on ne trouve aucune trace de blessure sur lui. Pourtant, il y a du sang sur les murs.

DU BOUCHET, Paule. *Dans Paris occupé: Journal d'Hélène Pitrou, 1940-1945,* Paris, Gallimard Jeunesse, coll. «Mon histoire», 2005, 205 pages.

> Inspiré de faits véridiques, ce récit donne à lire le journal intime d'Hélène Pitrou, qui raconte son quotidien difficile dans la ville de Paris assiégée par les Allemands.

FUNKE, Cornelia. *Le cavalier du dragon,* traduit de l'allemand par Marie-Claude Auger, Paris, Hachette Jeunesse, 2005, 523 pages.

> Long et Fleur de Soufre, une chatte géante anthropomorphe, entreprennent un périlleux voyage vers la «lisière du ciel», le refuge mythique des dragons argentés campé dans les majestueuses montagnes de l'Himalaya. Ils doivent absolument empêcher le terrible Ortimore le Doré d'exterminer les dragons.

FUNKE, Cornelia. *Le prince des voleurs,* traduit de l'allemand par Marie-Claude Auger-Gougeat, Paris, Hachette Jeunesse, 2003, 462 pages.

> Orphelins, Prosper et Bo se sont enfuis à Venise afin d'éviter d'être séparés. Ils y sont accueillis par une bande d'enfants des rues dirigée par Scipio, surnommé le Prince des voleurs, un jeune homme au grand cœur cachant un lourd secret. Mais un détective est à leurs trousses et un mystérieux comte leur confie la mission de voler une aile magique. Aventure, mystère et magie sont au rendez-vous.

GANDOLFI, Silvana. *Aldabra, la tortue qui aimait Shakespeare,* traduit de l'italien par Nathalie Bauer, Paris, Seuil, 2003, 155 pages.

> Ce roman fantaisiste et poétique propose une magnifique métaphore de la vieillesse et de la mort, à travers le destin de Mamie Eia, que sa petite-fille voit se transformer, au fil des jours, en une tortue géante.

GANDOLFI, Silvana. *La mémoire de l'eau,* traduit de l'italien par Diane Ménard, Paris, L'École des loisirs, coll. «Médium», 2003, 235 pages.

> Nando, un jeune garçon complexé par ses pieds dotés de six orteils chacun, rejoint son oncle au Yucatán. Il y découvre une civilisation maya aux étranges coutumes qui semble attendre sa venue depuis longtemps.

GILBRETH, Ernestine et Frank. *Six filles à marier,* traduit de l'américain par Hélène Commin, Paris, Hachette Jeunesse, coll. «Le livre de poche jeunesse», n° 740, 2001, 188 pages.

> Ce roman retrace la suite des aventures de l'excentrique famille américaine, dont les filles sont à la recherche de maris.

GINGRAS, Charlotte. *Un été de Jade,* Montréal, La courte échelle, coll. «Ado plus», 2005, 150 pages.

> Théo part à contrecœur pour l'île Eiders, où une tante éloignée lui a légué sa vieille demeure. Il y rencontre Jade, qui lui transmet son amour de la nature et le convainc de faire de sa nouvelle propriété un petit coin de paradis.

GRAVEL, François. *La piste sauvage*, Montréal, Québec/Amérique jeunesse, coll. «Titan jeunesse», n° 51, 2002, 190 pages.

La passion de Steve pour la course automobile tourne au cauchemar lorsqu'il est recruté comme pilote clandestin sur une piste sauvage où ses compagnons disparaissent mystérieusement.

GRAVEL, François. *L'araignée sauvage: histoire d'horreur au cube*, Montréal, Québec/Amérique jeunesse, coll. «Titan jeunesse», n° 55, 2004, 256 pages.

Dans cette suite de *La piste sauvage*, Steve écrit un roman d'horreur dont les personnages sont abondamment inspirés de ses proches. Scandalisé par son imagination meurtrière, le directeur de l'école exige une analyse médicale. Steve se retrouve en compagnie d'un psychiatre très inquiétant.

GREIF, Jean-Jacques et Jean de LA FONTAINE. *La cigale et la télé*, Paris, L'École des loisirs, coll. «Neuf», 2004, 151 pages.

Ce recueil présente une trentaine des célèbres fables de Jean de La Fontaine, suivies de pastiches ou de suites revues à la sauce contemporaine.

HUGO, Victor. *Les misérables*, édition abrégée et annotée, 3 volumes (vol. 1 *Jean Valjean*; vol. 2 *Cosette*; vol. 3 *Gavroche*), Paris, Hachette Jeunesse, coll. «Le livre de poche jeunesse», nᵒˢ 1105-1106-1107, 2002.

Jean Valjean, un ancien forçat, décide de racheter tout le mal qu'il a jadis commis en aidant Fantine, une jeune mère célibataire, et sa fille Cosette.

HUSTON, Nancy. *Les souliers d'or*, Paris, Gallimard, coll. «Page blanche», 1998, 47 pages.

Une adolescente de 14 ans, passionnée de jazz, de blues et de ragtime, entre en conflit avec les valeurs d'une société fermée et bourgeoise.

LECLERC, Félix. *Allegro*, Montréal, BQ, 1989, 207 pages.

L'amour du poète pour la vie, la nature et sa terre natale s'exprime dans ce recueil de fables animalières.

LE CLÉZIO, J.M.G. *Celui qui n'avait jamais vu la mer*, suivi de *La montagne du dieu vivant*, Paris, Gallimard, coll. «Folio junior», n° 492, 1988, 107 pages.

Ces deux récits empreints de poésie brossent le portrait de deux adolescents épris de liberté partant à la découverte de la mer et de la montagne.

LE CLÉZIO, J.M.G. *Pawana*, Paris, Gallimard Jeunesse, coll. «Folio junior», n° 1001, 1999, 86 pages.

Ce récit est inspiré de la vie de Charles Melville Scammon, un chasseur de baleines qui, après avoir réalisé qu'il commettait une irréparable erreur en tentant d'exterminer les baleines grises, consacra le reste de sa vie à leur sauvegarde, sur les côtes du Mexique.

MARINEAU, Michèle. *La route de Chlifa*, Boucherville, Québec/Amérique jeunesse, coll. «Titan jeunesse», 1996, 245 pages.

Karim a beaucoup de difficultés à s'adapter à sa nouvelle vie au Québec. Il confie sa colère, ses craintes et ses peines à son journal. Il y relate aussi ses souvenirs de la guerre qui l'a forcé à fuir son pays avec Maha.

MARINEAU, Michèle. *Les vélos n'ont pas d'états d'âme*, Montréal, Québec/Amérique jeunesse, coll. «Titan jeunesse», 1998, 187 pages.

Jérémie réussit à percer le secret que garde sauvagement la mystérieuse Laure et l'aide à faire la paix avec son passé.

MAUPASSANT, Guy de. *Le Horla et autres nouvelles fantastiques*, Paris, Hachette Jeunesse, coll. «Classiques», n° 1170, 2005, 184 pages.

Le texte intégral de ce classique de la littérature fantastique, *Le Horla*, est suivi de huit autres nouvelles: *L'auberge*, *Qui sait?*, *La peur*, *Sur l'eau*, *Auprès d'un mort*, *Denis*, *Le tic* et *Un fou*.

Mc CLINTOCK, Norah. *Cadavre au sous-sol*, traduit de l'anglais par Claudine Vivier, Montréal, Hurtubise HMH, coll. «Atout policier», 1999, 278 pages.

Lorsque le corps de sa mère est retrouvé dans le sous-sol du café que son père a vendu récemment, Tasha tente de reconstituer la terrible soirée au cours de laquelle est survenu le drame. Réussira-t-elle à disculper son père?

Mc CLINTOCK, Norah. *Sous haute surveillance*, traduit de l'anglais par Marie-Josée Brière, Montréal, Boréal, coll. «Boréal inter», n° 40, 2004, 268 pages.

Harley Dansker ne se pardonne pas de ne pas avoir évité l'accident qui a coûté la vie à son père. Une profonde conviction le porte cependant à croire que cet accident était en fait une tentative d'assassinat et que l'ex-associé de son père, avec qui sa mère s'est remariée, n'y est pas étranger.

MORPURGO, Michael. *Soldat Peaceful*, traduit de l'anglais par Diane Ménard, Paris, Gallimard Jeunesse, 2004, 185 pages.

Souffrant du froid et de la faim dans les tranchées de la Première Guerre mondiale, Tommy se remémore avec émotion sa jeunesse passée à la campagne, les odeurs du bois, les jeux partagés avec ses frères, la belle Molly. Un hymne à la vie et à la paix.

MOURLEVAT, Jean-Claude. *La rivière à l'envers,* Paris, Pocket Jeunesse, coll. «Pocket junior», n° 616, 2000, 190 pages.

Tomek part à la recherche de la mythique rivière Ijar afin de ramener à la jeune fille dont il est éperdument amoureux un peu de son eau qui, dit-on, rend immortel, quiconque la porte à ses lèvres.

MOURLEVAT, Jean-Claude. *La troisième vengeance de Robert Poutifard,* Paris, Gallimard Jeunesse, coll. «Hors piste», 2004, 168 pages.

Un professeur à la retraite élabore, en compagnie de sa vieille mère, des plans machiavéliques afin de se venger de trois étudiants lui ayant fait des affronts particulièrement cuisants.

OUIMET, Josée. *Au château de Sam Lord,* Montréal, Hurtubise HMH, coll. «Atout», n° 79, 2003, 128 pages.

À la mort de sa mère, Élizabeth rejoint son père dans une plantation de la Barbade. Appuyée par la sorcière Ménador, elle se bat afin de libérer les esclaves exploités par cet homme qu'elle déteste.

OUIMET, Josée. *L'orpheline de la maison Chevalier,* Montréal, Hurtubise HMH, coll. «Atout», n° 32, 1999, 102 pages.

Afin de sauver les quelques biens que possède sa famille, Marie accepte de devenir la servante du créancier de son père décédé, un riche marchand de Québec qui la fait trimer très dur. Une page de l'histoire du Québec sous l'emprise des Anglais.

PELLETIER, Maryse. *La fugue de Leila,* Montréal, La courte échelle, coll. «Roman plus», n° 60, 2001, 156 pages.

Alors que Vincent cumule les succès avec son groupe Tubulures, Leila, la violoncelliste, fait une fugue afin de protester contre la séparation de ses parents.

PELLETIER, Maryse. *La musique des choses,* Montréal, La courte échelle, coll. «Roman plus», n° 52, 2001, 150 pages.

Vincent, un jeune musicien de grand talent, est à la recherche de son identité et du sens qu'il désire donner à sa vie.

REYNAUD, Florence. *Taïga,* Paris, Pocket Jeunesse, coll. «Pocket jeunesse», n° 1187, 2005, 76 pages.

Yvan, dont l'avion s'est écrasé dans la taïga, rencontre une louve qui le prend sous sa protection.

SOULIÈRES, Robert. *L'épingle de la reine: Une autre aventure palpitante du chevalier de Chambly,* Saint-Lambert, Éditions Soulières, coll. «Graffiti», n° 24, 2004, 138 pages.

La reine Larissia a égaré l'épingle sertie de diamants que le roi Gustave le Bon lui avait offerte. Elle réquisitionne aussitôt le chevalier de Chambly pour qu'il retrouve le précieux bijou.

SOULIÈRES, Robert. *Un cadavre stupéfiant,* Saint-Lambert, Éditions Soulières, coll. «Graffiti», n° 11, 2002, 147 pages.

L'inspecteur au langage truffé de quiproquos enquête sur l'enlèvement de sa fiancée.

TURK et DE GROOT. *Le génie donne sa langue au chat,* Bruxelles, Le Lombard, coll. «Léonard», n° 34, 2005, 48 pages.

Ces nouvelles histoires humoristiques mettent en scène les découvertes abracadabrantes de Léonard, un génial savant du Moyen Âge très en avance sur son temps.

TWAIN, Mark. *Le prince et le pauvre,* traduit de l'américain par Jean Muray, Paris, Hachette Jeunesse, coll. «Le livre de poche jeunesse», n° 1112, 2004, 347 pages.

Ce conte philosophique montre ce qui arrive quand le riche prince de Galles change d'identité avec un gamin de la rue.

TWAIN, Mark. *Les aventures d'Huckleberry Finn,* traduit de l'américain par Suzanne Nétillard, Paris, Gallimard Jeunesse, coll. «Folio junior», n° 230, 1999, 380 pages.

Ce roman d'aventures relate la fuite d'Huckleberry Finn, l'espiègle copain de Tom Sawyer, et d'un esclave noir. Ensemble, les fugitifs exploreront le Mississippi à bord de leur radeau de fortune.

VERNE, Jules. *Le tour du monde en quatre-vingts jours,* édition spéciale, Paris, Gallimard Jeunesse, coll. «Folio junior», n° 521, 2001, 333 pages.

Philéas Fogg a fait le pari d'effectuer le tour de la Terre en 80 jours. Mais les obstacles se multiplient dans cette course contre la montre.

VERNE, Jules. *L'île mystérieuse,* Paris, Gallimard Jeunesse, coll. «Folio», n° 1126, 2001, 738 pages.

Après une tempête, cinq hommes échouent sur une île perdue au milieu du Pacifique où se produisent des phénomènes inexpliqués.

VIGNEAULT, Gilles. *Les gens de mon pays: l'intégrale des chansons enregistrées par l'artiste,* Paris, L'Archipel; Montréal, Édipresse, 2005, 476 pages.

Ce recueil regroupe 210 chansons de ce grand poète, compositeur et interprète québécois.

SOURCE DES PHOTOGRAPHIES

(g.) = gauche, (d.) = droite, (h.) = haut, (m.) = milieu, (b.) = bas, (a.p.) = arrière-plan, (p.p.) = premier plan.

P. 6-7 : Getty Images. P. 9 : The Art Archive/Culver Pictures. P. 14 : Droits réservés. P. 19 : © Josée Lambert. P. 20-21 : (a.p.) © George Logan/zefa/CORBIS. P. 20 : Dorling Kindersley. P. 21 : © Xavier Rossi/Gamma/PONOPRESSE. P. 24 : Prose inc. P. 27 : © E.O. Hoppé/CORBIS. P. 32 : Photo de Jennifer Anderson. P. 33 : (h.) Dorling Kindersley; (b.) Dorling Kindersley. P. 34 : (h.) Photo de James Morgan. P. 35 : (h.) CP/REX (Nils Jorgensen); (b.) Claudius Thiriet/PHONE/Alpha Presse. P. 42-43 : Veer. P. 46 : © Bettmann/CORBIS. P. 47 : (h.) SPL/Publiphoto; (b.) Figure Captions Copyright © 1995 by Eric M. Jones. Droits réservés. P. 48 : Agence spatiale canadienne. P. 49 : (h.) Archives photographiques Notman. Musée McCord d'histoire canadienne; (b.) P.G. Adam/PUBLIPHOTO. P. 50 : CP Photo/*Le Journal de Montréal* – Gilles Lafrance. P. 53 : Maison natale de Louis Braille – Coupvray France. P. 54 : (h.) Louis Desjardins, photographe. P. 54-55 : (b.) AP Photo/Ben Curtis. P. 59 : © Hélène Bamberger/Gamma/PONOPRESSE. P. 60-61 : PhotoDisc. P. 62 : (b.) Valérie Deltour. P. 63 : (h. et b.g.) PhotoDisc; (b.d.) Gracieuseté des Éditions Michel Quintin. P. 64 : Droits réservés. P. 67 : PhotoDisc. P. 69 : PhotoDisc. P. 71 : Droits réservés. P. 72-73 : © Jeff Vanuga/CORBIS. P. 77 : akg-images. P. 81 : Eléonore Nessmann. P. 82-83 : Getty Images. P. 86 : Droits réservés. P. 87 : Gracieuseté des Éditions Michel Quintin. P. 91 : Droits réservés. P. 93 : © Serge Clément/Publiphoto. P. 96 : Robert Laliberté, photographe. P. 98 : © Keren Su/CORBIS. P. 99 à 101 : (a.p.) © Keren Su/CORBIS. P. 101 : (h.) Gracieuseté des Éditions Hurtubise HMH. P. 102 : (g.) Paul G. Adam/PUBLIPHOTO; (d.) © Tom Bean/CORBIS. P. 103 : (g.) Transit Alpha Presse; (h.d.) Kevin Miller/Getty Images; (d.) Jeremy Woodhouse/Getty Images. P. 104-105 : © Bettmann/CORBIS. P. 106 : © Bettmann/CORBIS. P. 110 : Marguerite de Angeli Collection. P. 111 : © Collection BASILE/Opale. P. 117 : Gracieuseté des Éditions Pierre Tisseyre. P. 118 : Droits réservés. P. 123 : (m.) Droits réservés. P. 125 : (h.) Gracieuseté de Christine Roy; (g.) Walter Bibikow/Getty Images. P. 128 : © Louis Monier/Gamma/PONOPRESSE. P. 132 : Gracieuseté des Éditions Hurtubise HMH. P. 135 : Eleanor Bentall/FSP/PONOPRESSE. P. 138-139 : Bob Elsdale/Getty Images. P. 144 : Gracieuseté des Éditions Pierre Tisseyre. P. 149 : PhotoDisc. P. 154 : akg-images. P. 155 : Archives personnelles de l'auteur. P. 156 : © S. Hambourg/Opale. P. 159 : The Art Archive/Culver Pictures. P. 165 : Gracieuseté des Éditions Hurtubise HMH. P. 166-167 : © Christie's Images/CORBIS. P. 168 : (h.) Bibliothèque des Arts Décoratifs, Paris, France, Archives Charmet/Bridgeman Art Library; (b.) akg-images. P. 169 : (h.) akg-images; (b.) Bibliothèque des Arts Décoratifs, Paris, France, Archives Charmet/Bridgeman Art Library. P. 172 : Photo de Toma Popovici. P. 175 : akg-images. P. 178 : PhotoDisc. P. 181 à 182 : (a.p.) PhotoDisc. P. 185 : akg-images. P. 187 : Jocelyn Bernier, photographe. P. 189 : Photo de François Brunelle. P. 193 : Photo de la collection Mourlevat. P. 199 : Angèle Delaunois. P. 200 : © Mark A. Johnson/CORBIS. P. 205 : Gracieuseté des Éditions Albin Michel. P. 207 : Robert Laliberté, photographe. P. 208 : Fondation Maurice Carême. P. 213 : Gracieuseté des Éditions Syros. P. 214 : (g.) PhotoDisc; (d.) CP Photo. P. 217 : Robert Laliberté, photographe. P. 220 : © CORBIS. P. 223 : Robert Laliberté, photographe. P. 224-225 : Getty Images. P. 228 : © Catherine Gravel. P. 229 : © Frederic Souloy/Gamma/PONOPRESSE. P. 230 : Private Collection, © The Maas Gallery, London, UK/Bridgeman Art Library. P. 231 : akg-images. P. 232 : © PoodlesRock/CORBIS. P. 233 : (g.) akg-images; (d.) Private Collection, By courtesy of Julian Hartnoll/Bridgeman Art Library. P. 234 (h.) : © John Springer Collection/CORBIS; (m.) akg-images; (b.) © Robbie Jack/CORBIS. P. 235 : Marc Solal. P. 236 : © Fine Art Photographic Library/CORBIS. P. 237 : akg-images. P. 238 : (h.) © Bill Ross/CORBIS; (b.) © Art Gallery of New South Wales, Sydney, Australian/Bridgeman Art Library. P. 239 : (b.) akg-images. P. 236 à 239 : (a.p.) Paul C. Pet/zefa/Corbis. P. 239 : akg-images. P. 240 : © Robert Eric/CORBIS SYGMA. P. 241 : (h.) Paul Jeffrey/GlobalAware; (b.) © Louise Gubb/CORBIS SABA. P. 245 : Jean-Marie-Guinchard. P. 247 : Photo cpl Rob Knight/Crown.